노동야학, 해방의 밤을 꿈꾸다

노동야학, 해방의 밤을 꿈꾸다

노동과 학습은 어떻게 만나는가

지은이 | 김한수

초판 1쇄 발행 | 2018년 11월 28일

펴낸곳 | 도서출판 따비
펴낸이 | 박성경
편 집 | 신수진·차소영
디자인 | 이수정

출판등록 | 2009년 5월 4일 제2010-000256호
주소 | 서울시 마포구 월드컵로28길 6 (성산동, 3층)
전화 | 02-326-3897
팩스 | 02-337-3897
메일 | tabibooks@hotmail.com
인쇄·제본 영신사

김한수 ⓒ 2018

ISBN 978-89-98439-55-2 93370
값 18,000원

이 도서의 국립중앙도서관 출판예정도서목록(CIP)은 서지정보유통지원시스템
홈페이지(http://seoji.nl.go.kr)와 국가자료공동목록시스템(http://www.nl.go.kr/kolisnet)에서
이용하실 수 있습니다.(CIP제어번호: CIP2018033815)

| 일러두기 |

* 본문의 '*' '**'는 각주, '1)' '2)'는 미주이며, 인용문의 [ ]는 저자의 설명이다.
** 몇몇 고유명사(예: '크리스챤'아카데미) 및 인용문은 현재 국립국어원의 한글 맞춤법과 다르지만
당시 표기를 살렸다.

노동야학, 해방의 밤을 꿈꾸다

노동과 학습은
어떻게
만나는가

김한수 지음

따비

| 차례 |

노동과 교육이
만나는 길

한국 사회에서 '노동'은 여전히 기피해야 할 '무엇'이다. 대한민국 전체 인구의 3분의 1이 노동자로 일하고 있지만, 노동과 노동자는 환영받지 못하는 대상이다. 어떤 국회의원에게 학교급식 노동자는 "밥이나 하는 동네 아줌마"로, 또 어떤 교육공무원에게 노동하는 국민은 "개돼지"로 불린다. 최근 촛불집회와 대통령 탄핵 이후 탄생한 정부의 고용노동부 장관이 '근로자'라는 용어 대신 '노동자'로 부르겠다고 해서 기사가 되기도 했지만, 아직까지 5월 1일은 '일만 하는' 사람인 '근로자'의 날이고, 노동에 대한 기초적인 것을 규정한 법의 정식 명칭은 '근로'기준법이다.[*]

또한, 비정규직, 계약직, 하청 노동자가 만연화되면서 이러한 노동 형태를 정상인 양 인식하고, 청년수당이 생길 정도로 청년의 실업 문제도 심각하다. 일본에서부터 시작된 프레카리아트(Precariat. 불안정함+노동계급)라는 용어는 21세기 대한민국의 고용과 노동의 불안정에도 그대로 적용된다. 여기에 장애인, 이주

---

[*] '근로'는 '부지런히 일하다'를 뜻하는 말로, 반공주의와 국민 통제를 위해 쓰였다고 할 수 있다. 2017년 노동자 조직에서는, '근로'가 일제강점기 강제노역 등을 미화하기 위해 사용된 단어이며, 노동자의 자주성과 주체성을 폄훼하는 수동적이고 복종적인 뜻이라며 노동 법률 용어에서 '근로'라는 단어를 없애고 '노동'으로 변경해 달라고 촉구했다.

민, 노인, 청소년 계층까지도 노동 소외 계층으로 새로이 등장하고 있다. 굴뚝으로 상징되던 제조업의 노동이 줄어들고 서비스와 감정에 기반한 노동이 증가해, 노동 상황이 세련돼지고 나아진 것 같은 착시 현상도 생긴다(박주영, 2012).

이렇듯 노동 상황이 열악해지는데도, 한국의 노동조합 조직률은 10.3%(2016년 기준)로 OECD 국가 중 최하위다. 대기업의 하청 구조가 양은 늘고 질은 나빠지면서, 한 작업장 내에서 정규직과 비정규직의 차별 심화로 노-노 갈등이 심해지고 대기업 노조는 귀족노조라 손가락질 받는다. 또한, 국제노동기구ILO는 대한민국이 노동 3권을 보장하지 않는다고 지적하며 계속 노동법 개정을 권고하고 있다(김동춘, 2014).

노동에 대한 기피는 바로 교육 현장으로도 이어진다. 우스개 급훈이라고는 해도 '공부 못하면 공돌이 공순이 된다' '10분 더 공부하면 배우자가 바뀐다' '대학 가서 미팅 할래, 공장 가서 미싱 할래' 등의 말은 노동과 교육에 대한 씁쓸한 우리 현실을 보여 준다. 그래서 한국 사회에서 교육은 '노동자가 되지 않기 위한 교육'이며 '노동을 다루지 않는 교육'이다. 청소년들의 50%는 교사, 연예인, 전문직이 되고 싶어 한다. 반면, 육체노동은 '몸빵' 노동이라 부르며 수치스럽게 생각한다.

또한, 아이들은 이미 중학교 때부터 소위 알바를 통해 노동을 접하는데, 노동에 대한 정보 제공과 교육은 학교가 아닌, 아르바이트 중개 사이트가 한다. 감정 노동과 서비스 노동이 점차 증가하는 상황에서 아이들은 불안정, 부당 노동 속에 방치되는 경우가 많다. 기본적인 노동 인권조차 교육하지 않는 학교에게, 독일, 프랑스, 미국, 영국의 초중고 교과서에 실린 노동의 가치, 노동운동사, 노사 교섭 훈련에 대한 교육을 요구하는 건 너무 사치일까?[1] 어떻게 보면, 노동 인권, 노동운동이 우리 경제의 발목을 잡는다는 교과서의 노동관부터 바꾸는 것이 더 시급한 일일지도 모르겠다.*

더 나아가, 학령기 이후의 노동 관련 교육은 어떠한가? 고용의 불안정과 급속한 사회 변화는 성인에게도 끊임없이 (기능적, 성과 중심적) 학습을 '강제'한다. 취준생(취업준비생)은 자격증, 외국어 등 다양한 스펙을 위한 의도된 경험에 시달려야 하고(학벌, 학점, 토익 점수에 자격증, 어학연수까지 더한 '5종 세트'가 나오더니, 얼마 전에는 공모전, 인턴, 봉사, 성형까지 더해 '9종 세트'가 됐다), 퇴준생(퇴사준비생)은 사업 노하우를 공부하거나 자신의 가치를 업그레이드하기 위해 또 무언가를 학습해야(일례로, '퇴사학교 t-school.kr') 한다. 더 큰 문제는, 평균수명의 증가와 함께 고용 불안 기간도 점점 길어지는데 이러한 과정에 들어가는 시간, 비용은 모두 개인이 부담해야 한다는 점이다. 스웨덴 같은 선진국에서 실시하는 유급 교육 휴가는 과연 한국에서는 꿈같은 이야기일까? 노동자의 노

---

* 중고등학교의 사회 교과서는 기본적으로 친기업적이다. '노동자'라는 표현을 부정적으로(힘든 생산직 노동자에게만 한정적으로) 사용하고 있고, 노동기본권, 노동관계법 등은 전혀 다루지 않는다. 또한, 노동자의 파업과 단체 활동을 경제 발전의 저해 요소로 바라보는데, 노사 간 갈등의 자세한 원인을 거의 다루지 않은 채 노사협력적인 문화만 강조하고 있다. 이에 반해, 기업과 기업가에 대해서는 기업의 이윤 극대화, 생산 비용 최소화를 당연한 것으로, '기업가 정신'을 경제 발전의 원동력으로 바라보고 있다.

동에 대한 전문성과 이직을 위한 준비 교육을 국가와 사업장이 책임져야 한다고 우리는 생각해 본 적이나 있을까? 이렇듯 우리 사회에서 노동과 교육은 서로를 성장시키기보다는 짐을 지운다.

　이 책은, 우리 일상을 이루는 매우 중요한 요소인 노동과 교육이 어떻게 서로를 성장시킬 수 있을지 역사적 경험을 탐색하고 미래를 모색하는 과정 속에서 나왔다. 노동을 생각해 볼 수 있게 하는 교육, 더 나은 자신의 노동을 위한 학습, 노동자의 권리와 노동 중심의 사회는 꿈꿀 수 없는 것일까? 그 가능성을 엿보기 위해 노동과 학습이 만난 역사적 실천들을 찾아보았고, 1970년대 이후 등장한 '노동야학'을 만났다.

　노동야학은 1970년대 중반부터 생기기 시작해, 1980년대에는 서울에만도 수십 개, 전국적으로는 백여 개가 있었고, 작업장이나 교회에서부터 대학생이나 노동자의 자취방에서까지 열려 그 정확한 규모도 파악이 안 될 정도로 활성화되었다. 그리고 수많은 대학생, 지식인, 사회운동가가 노동자의 학습을 지원하는 강학(學講. 노동야학에서는 교사, 학생이라는 호칭 대신 서로 가르치고 배우는 존재라는 뜻에서 '강학' '학강'으로 불렀다.)으로 노동야학을 거쳐 갔다.

　노동야학은 당시 급속한 근대화에 따른 도시화와 산업화 속에서 교육으로부터 소외된, 그럼에도 배움에 대한 열망을 가진 노동자를 위한 배움의 공간이자 해방의 장이었으며, 우리 사회에서 노동운동이 성장하는 데 산파 역할을 했다. 군부독재의 탄압과 감시로 노동자들이 모여 있거나 노동조합을 만드는 데 관여하기만 해도 해직, 투옥을 감수해야 하는 상황에서, 노동야학을 통해 노동자와 지식인은 만날 수 있었다. 지식인(주로 대학생)은 노동야학에서 당시 노동자의 열악한 현실을 이해하고 노동자에게 필요한 지식을 전달할 수 있었고, 노동자는 자신에게 필요한 지식을 배우면서 자신의 노동과 노동자를 둘러싼 세계를 비판적으로 이해할 수 있었다. 프랑스의 정치철학자 자크 랑시에르Jacques Rancière의 표현을 빌리자면, 노동야학은 노동자가 더 나은 다른 존재가 되기 위한 시간과 공간으로서 '노동자의 밤'이었다.

그런데 1990년대 초중반이 되면서 노동야학은 아주 짧은 순간에 대부분 없어져 버렸다. 독재, 군사정권의 정치적 탄압도 있었고, 그 사라짐이 너무 급속하게 진행되어 역사적 흔적조차 거의 남지 않았다. 당시 노동야학의 증가와 함께 노동자, 노동운동을 위한 다양한 노동자대학, 민중학교, 정치학교가 100여 개 가까이 생겨났는데, 비슷한 시기에 대부분 문을 닫았다. 그러다 보니 노동야학의 존재는 자신의 역사와 의미도 정리되지 못한 채, 노동운동을 위한 전 단계, 준비 단계 정도로만 이해되었다.

어떻게 보면, 노동야학의 쇠퇴와 소멸을 밝히는 작업은 한국 사회에서 노동교육과 민중교육의 중요한 측면들을 보여 주고 이후 노동과 학습의 만남에 대한 과제를 풀어나가는 데 소중한 성찰 지점을 제공하는 일이기도 하다. 이 책은 노동야학을 통해 우리 사회에서 노동과 학습이 만나는 과정과 내용들을 살펴보고, 이를 통해 이후 노동을 위한 교육, 희망을 위한 교육이 어떻게 가능할 수 있을지 모색해 보는 시도라고 할 수 있다.

이 책은 크게 다음과 같은 내용을 다루고 있다.

우선은, 노동야학의 개념을 정리하고 그 범주를 살펴보았다.
최근 한 야학 활동가의 헌신적인 노력으로 《한국야학운동사》가
나와 100여 년이 넘는 역사가 정리됐지만, 1970년대 이후 노동
야학은 본격적으로 정리된 사례가 없다. 노동야학의 경우 국가
의 탄압으로 인해 자료를 남기기 쉽지 않았고, 노동운동과 연결
되어 있어 노동야학 자체에 대한 연구는 거의 없다고 할 수 있다.
그렇다 보니 노동야학은 노동운동을 위한 부차적인 사전 과정으
로만 이해되고, 교육적으로는 제대로 주목한 적이 없다. 그래서
이 책에서는 노동야학과 관련된 그간의 연구, 담론을 검토하면
서, 노동야학을 좀 더 다차원적으로 이해할 수 있는 작업을 진행
했다. 이 작업은 노동야학과 밀접하게 연결된 야학운동, 학생운
동, 노동운동 간의 복잡다단한 관계를 이해하면서, 노동야학을
노동교육적 측면에서 분석해 보는 작업도 포함한다.

다음으로는, 노동야학의 실제 활동 과정과 교육 내용을 다루
었다. 앞서 이야기했듯이 노동야학은 구체적인 교육 활동 사례로
는 주목받지 못했다. 당시 활동 관련 자료도 거의 남아 있지 않
고, 지금까지 존재하는 노동야학이 없다 보니 그 역사를 추적하
기는 더더욱 어려울 수밖에 없었다. 그래서 1970년대 중반 노동
야학의 시초라고 볼 수 있는 겨레터야학의 사례를 중심으로, 노
동야학에서 어떤 학습이, 노동을 위한 활동이, 그리고 노동자와

지식인의 교류가 이루어졌는지 살펴보았다.

이와 함께 1970~80년대 대구, 부산, 광주 지역 등에서 노동야학이 변화, 발전하면서 전국적으로 확산되는 과정을 살펴보았다. 이러한 과정은 부분적으로나마 노동야학의 역사를 복원하며, 구체적 교육 내용과 활동들을 소개하는 작업이 될 것이다.

그다음으로는 노동야학의 학생이었던 노동자의 입장에서 배움과 야학의 의미를 분석했다. 지금까지 노동야학에 대한 의미나 분석은 강학(지식인)에 의한 것이 대부분이고, 내용적 방향이나 의미(평가)는 노동운동이나 민주화운동에 다소 편중되어 있었다. 또한, 야학 학습자의 활동에 대한 이야기 역시 노동운동과의 연결 지점이나 사건 중심으로 파악하는 경향이 강했다. 이러한 한계를 뛰어넘어 노동야학을 다른 각도와 시각으로 바라보기 위해서는, 노동자 학습자의 관점으로 바라볼 필요가 있다. 그렇지만 당시 학습자의 경험과 목소리를 찾아내는 작업은 교사의 기록과 목소리를 찾아내기보다 훨씬 어렵다. 그래서 여기서는 일차적으로 당시 야학 학생들이 회지나 소식지에 자신의 이야기를 글로 쓴 자료와 노동자 문학의 소중한 자료인 야학 노동자 수기집의 글을 토대로 야학에서 배움의 의미를 분석하고, 여기에 인터뷰를 통해 학습자의 경험에 대한 내용을 보충했다.

또한 노동야학의 이론적 논의들을 풍부화하기 위해, 1970년대 노동야학을 세우는 데 이론적 기초가 됐던 브라질 교육실천가인 프레이리의 의식화 이론과 최근 민주주의, 노동과 학습에 대해 새로운 문제 제기를 하고 있는 사회철학자 랑시에르의 '프롤레타리아트의 밤'과 관련한 내용도 함께 검토했다. 이 이론들은 노동야학에서 이루어진 다양한 교육 활동을 좀 더 깊게 성찰해 보는 데 도움을 줄 것이다.

책의 후반부에서는 주로 노동야학이 쇠퇴, 소멸하는 과정과 원인을 살펴보았다. 1980년대는 '노동야학의 시대'이기도 했지만, 억압적 정권과 기업주의 착취, 탄압이 횡행하던 때이기도 했다. 그 속에서 수많은 노동야학이 생겼다가 사라졌다. 1987년 6월 항쟁과 이어진 노동자 대투쟁으로 형식적 민주화를 달성하고 노동운동은 합법화, 활성화되었는데, 객관적 조건만 놓고 본다면 과거에 비해 노동야학은 더욱 활성화되어야 했다. 그런데 결과는 그 반대였다. 강학들은 노동야학보다 노동 현장으로 직접 들어갔고, 야학 기간은 6개월에서 3개월로, 1개월로 점점 줄어들었다. 그러다 1990년대 중반에 들어서면서 노동야학은 대부분 자취를 감추었다. 노동야학의 쇠퇴는 하나의 원인이 아니라 여러 요소가 복합적으로 영향을 끼친 결과라고 할 수 있다. 특히 노동야학의 쇠퇴는 산업구조, 학생운동, 노동운동의 변화와도 깊은 연관을 맺고 있던 만큼, 그 외적인 환경 요소의 변화도 참고했다. 구체적으로는, 1990년대 초중반까지 운영했던 두 노동야학(디딤돌야학, 관악노동자학교)과 다소 전문화된 노동자교육기관이라 할 수 있는 인천노동자대학의 사례를 통해 노동야학의 쇠퇴, 소멸의 원인을 추적했다.

마지막으로, 한국 사회에서 노동과 학습의 미래를 모색해 보았다. 노동야학은 '몫 없는 노동자들이 자신의 목소리, 권리 그리

고 몫을 찾기 위해, 다른 무엇이 되고자 했던 지적 해방 과정'이
라고 생각한다. 이러한 노동야학의 의미를 살리면서, 지금 시점
에서 노동을 담는 교육, 더 나은 노동과 노동자를 위한 학습의
가능성을 탐색해 보았다. 이를 위해, 국내에서 진행되는 노동교
육의 현실을 먼저 진단했다. 그리고 이에 대한 대안으로 주로 해
외 사례를 살펴보았는데, 노동교육을 위한 구체적 방법론과 과정
으로 프레이리 방식을 적용한 캐나다의 노동교육 방법론과 주로
노동건강 이슈에 자주 쓰이는 참여적 실행 연구participatory action
research, PAR가 그 사례다. 또한, 노동과 학습을 결합해 사회 변화
를 위한 기본 동력으로 만들어 가는 스웨덴의 노동교육 체제를
통해, 우리 사회에서 노동교육 체계화의 방향도 모색해 보았다.

1

노동야학,
노동과 학습의 만남

노동자의 밤, 노동야학

미싱대에 앉아서
아파 오는 허리를 만지다가
문득 창 사이로 비껴든 하늘을 보았다.
이상하다 파란 색깔이 낯설다.
하늘 속에는
묻어둔 어린 시절의 꿈이
전설이 되어 뒹굴고 있었다.
…
소아마비 철이를 보며
의사가 되려 했고
예쁘고 고운 선생님도 되고 싶던 그 시절
나는 시방 하늘과 멀리 떨어져
구멍 난 살림을 꿰매는 미싱사가 되었다.
어쩌다 바늘이라도 부러지면
못 이룬 꿈보다 더 섬찟해지고
관리자의 갈라진 목소리는
더 뾰족한 바늘이 되어 나를 찌른다.

...

요새는 뭣이 다 잘되 간다고 하는데

나 같은 노동자한테도 해당되는 말일까

민주화 되니 세상은

하루 3교대에

야근도 특근도 안 하고

일한 만큼 받는 곳은 세상이라는데

정말 그렇게 웃고 살 날이 올까…

– 정빈시(한얼야학), 〈그날을 기다리며〉,
광주전남지역생활야학연합회, 1988, 172-173쪽

위 시는 1980년대 광주 지역 섬유 공장에서 일하며 비정규 야
간학교를 다닌 10대 후반 노동자 학강이 국어시간에 쓴 시다. 친
구들과 교정에서 까르르 웃으며 학교를 다닐 나이, 어린 노동자
는 "구멍 난 살림을 꿰매는" 노동자가 됐다. 노동자들은 하루 열
시간 넘게 일하며 자신의 몸보다 기계가 부서질까 걱정했고, 관
리자들의 폭언과 성희롱에 시달려야 했다. 하지만 소아마비 철
이에게, 또 다른 누군가에게 의미 있는 존재가 되고자 했던 꿈을
포기하지는 않았다. 그 꿈의 한 자락이라도 잡기 위해 노동야학
이라는 공간을 찾았다.

야간학교는 차가운 공장과 달리 따뜻한 곳이었고, '공순이' '공
돌이'라 칭하는 노동자 형제자매가 모인 곳이었다. 집안 살림을
책임지기 위해 학교를 그만둘 수밖에 없었던 노동자는 뒤늦게,

막연하게나마 공부라는 것을 하기 시작했다. 그런데 이 공부는 하면 할수록 이상한 공부였다. 짧은 가방끈이지만 그래도 학교 다닐 때는 공부를 곧잘 했는데, 야학에서의 공부는 때로는 혼란스러움과 분노, 때로는 희열, 때로는 자신과의 싸움 같았다. 강학講學이라 부르는, 주로 대학생이었던 교사들은 선생님이라기보다는, 노동자들과 마찬가지로 자신의 삶을 어딘가에 던지지 못해 몸부림치는 사람들 같았다. 어설프지만 당시 사회의 모순을 비판하는 지식들을 공부하고 대학이라는 곳에서 그것을 공유하면서, 그 지식들이 정말 옳은지 현실에서 실현해 보려고 애쓰는 듯했다. 그러다가 일부 강학은 대학생이라는 신분을 벗어던지고 공장으로 뛰어들기도 했다. 수천, 수만의 노동자와 지식인이 배우고 가르치기 위해, 노동야학이라 불린 이 특별한 학교를 거쳐 갔다. 노동야학은 어떤 공간이었기에, 수많은 노동자와 지식인이 머물다 갔을까? 그리고 그곳에서 노동자와 지식인은 서로 무엇을 배우고 가르쳤을까? 또, 야학이라는 교육 공간에만 머물지 않고 왜 공장으로, 투쟁의 현장으로 뛰쳐나갔을까?

　살짝 철학적 논의를 빌려 표현하자면, 이 책은 노동야학에서 일어난 '노동자의 밤'에 대한 탐구 보고서다. 랑시에르는 19세기 프랑스 혁명 이전 노동자들이 시인, 화가, 철학자와 같은 다른 무언가가 되기 위해 꿈꾸었던 것을 "프롤레타리아트의 밤Proletarian Nights"이라고 불렀다. 그리고 이 책은 배움을 열망했던 노동자들이 (지식인들과 함께) '밤'에 '노동야학'에 함께 모여 학습하고, 토론하고, 자신의 문제를 풀어 나가려 했던, 새로운 '밤(또는 낮)'을 모색하기 위한 실천에 대한 기록이다. 여기서 '밤'은 노동자가 야학에서 학습했던 구체적 시간을 뜻하기도 하지만, 다른 '무엇'이 되고 싶은 마음으로 오로지 자신을 위하고자 했던 시간, 공간, 행위에 대한 은유라고도 할 수 있다.

우리 역사에서 이러한 '노동자의 밤'은 여러 형태로 계속 존재해 왔다. 1890년경부터 시작된 야학의 역사가 그 출발이었다고 할 수 있고, 해방 후 미군정기에 전국노동자평의회는 노동자 교양 활동(신문 읽기, 강연회, 토론 등)을 통해 조직화, 의식화 활동을 진행했다(홍유희, 2010). 1960년대 압축적으로 진행되기 시작한 도시화, 산업화 속에서는 개혁적인 기독교의 성직자와 신도가 산업 전도를 통해 노동자들과 만났다. 그리고 1970년 노동자 전태일의 분신 사건으로, 지식인들은 정치적 탄압과 비인간적인 산업화에 시름하면서도 저항하고자 했던 민중에게 눈을 돌리고, 노동운동이 본격화되기 시작했다. 종교성이 강했던 산업 전도는 사회운동성이 강화된 산업선교(산선)로 발전, 확산됐고, 크리스챤아카데미, 도시산업선교회UIM, Urban-Industrial Mission, 가톨릭노동청년회JOC, Jeunesse Ouvrière Catholique, 천주교 노동사목 등 주로 정치적 탄압으로부터 조금이나마 자유로울 수 있었던 종교 영역에서 노동자를 위한 지원 활동과 교육이 이루어졌다(홍현영, 2005).*

여기서 살펴보고자 하는 1970년대 이후 본격화된 노동야학 역시 비슷한 흐름 속에서 탄생했다. 노동야학은 종교계의 노동 활동보다는 조금 늦은 1970년대 중반부터 시작됐지만, 1980년대를 거치면서 양적인 면(활동 시간이나 야학의 수)이나 활동 범위에서 압도적이었다. 또한, 설립 주체, 교육 내용, 커리큘럼, 교육 장소 등 여러 측면에서 하나로 규정되기 힘들 정도로 다양하고 자발적으로 전개됐다. 주로 지식인(대학생)이 운영 주체인 경우가 많았지만, 노동자 몇 명이 모여 직접 야학을 만들기도 했다. 야학의 공간으로는 교회나 성당의 공간을 많이 이용했는데, 자취방 하나로도 야학은 만들어졌다. 지역적으로, 사회운동이 집중됐던 서울, 경기 지역뿐만이 아니라 전국적으로 퍼지면서 각 지역에 맞게 다양하게 활동했다는 점에서도 큰 의미를 갖는다. 노동야학은 (가장 이름난 노동야학인 들불야학처럼) 들불과 같은 성격을 가지고 있었다. 그래서 야학은 야간학교夜學이기도 했지만 들판 학교野學이기도 했다.

노동야학은 앞선 노동 활동들과 달리, 야학이라는 일종의 학교 형태를 가진 교육적 활동이었다. 그래서 노동야학은 우리 역사에서 가장 광범위하게 오랜 시간 동안, 그리고 가장 다양한 형태로 전개된 노동교육의 대표적 사례로도 꼽을 수 있으며, 1970년대부터 등장한 다양한 민중(농민, 노동자, 빈민 등)을 대상으로 한 '민중교육'의 핵심 분야였다고 할 수 있다. 노동야학에서

---

* 가톨릭노동청년회, 도시산업선교회(영등포, 인천, 경수산업선교회)는 1970년대 초반부터 독재정권의 탄압을 피해 소모임 방식 위주로 교육 활동을 펼쳤다. 그리고 크리스챤아카데미는 '산업사회 중간집단 교육'의 일환으로, 민주적 지도자와 '노동자' 정체성에 대한 내용을 가지고 주로 노동조합 간부 대상의 숙박 교육을 진행했다. 1980년대 노동교육은 대학이나 다양한 사회교육기관에 의해 확대되기 시작했고, 1987년 6월 항쟁 이후 노동운동의 급격한 성장과 함께 노동운동 현장에 대한 지원과 교육을 담당하는 다양한 기관이 생겨났다(김민호 외, 2002).

이루어졌던 노동자의 자기 목소리 표출, 권리 의식 학습, 민주주의 훈련 등의 측면에서 보면, 서구 민주주의의 뿌리 역할을 했던 민중대학, 시민대학, 노동자대학의 전통과 역사에 결코 뒤지지 않는다.

1980년대까지 '노동야학의 시대'라 불릴 정도로 활성화됐던 노동야학은 안타깝게도 1990년대 초중반 급속히 사라졌다. 야학에서 주장했던 노동자의 권리와 꿈이 실현되어서였을까? 그래서 노동자가 '밤'뿐만이 아니라 '낮'까지 찾은 것일까? 아니면 노동자에게 더 이상 야학에서의 배움이 필요 없어진 것일까? 결론부터 말하자면, 노동야학이 없어진 뒤 몰아닥친 외환위기와 신자유주의로 인해 발생한 우리 사회의 고용불안정과 비정규직 만연화, 청년실업 증가 등의 상황을 생각한다면 노동자의 바람이 이루어졌다고 보기는 어려울 듯하다.

그렇다면 노동자에게 소중한 배움의 공간이었던, 그 많던 노동야학은 왜 사라졌을까? 노동야학의 역사에는 '노동'과 '야학'의 결합에서 알 수 있듯이, 우리 사회 노동의 역사와 교육의 역사가 함께 녹아 있다. 그래서 1970년대부터 1990년대까지 이어지는 노동야학의 탄생, 변화, 소멸의 역사에는, 우리가 미래의 노동과 학습의 연결을 고민할 때 성찰해야 하는 여러 유산과 과제가 포함되어 있다. 하지만 아직 노동야학과 관련한 연구는 야학 관련한 연구에서만 부분적으로 찾을 수 있고, 노동야학의 교육 활동이나 쇠퇴의 원인을 분석한 연구는 거의 찾아볼 수가 없다. 노동운동 분야에서도 노동운동의 조직화에 대한 기여 정도로만 언급되어 있고, 노동교육적인 의미나 교육과 조직화의 관계성이나 상호간의 영향에 대한 부분은 거의 없다.

결국, 이 책은 사라진 노동야학의 역사에 대한 부분적인 복원 작업인 동시에, 그 역사적 의미에 대한 분석을 통해 우리 사회의 새로운 노동교육, 노동자 학습, 노동자의 밤을 모색하는 작업이기도 하다. 이는 여전히 10대의 파견 현장 실습생과 알바 노동자, 그리고 이주노동자가 작업 중 사망을 당하고, 삼성이라는 거대 기업에서 산업재해를 인정받기 위해 유가족이 싸우고 있으며, 직장에서의 갑질과 괴롭힘으로부터 벗어나기 위해 수많은 노동자가 싸우고 있는 상황에서, 새로운 노동자의 밤은 어떻게 가능하며 이를 위한 교육은 어떻게 진행되어야 할지 묻는 과정이라고 할 수 있다.

노동야학은 '야학'이라는 정체성을 가진 교육 활동의 일환이지만, 역사적으로 학생운동, 노동운동, 종교운동, 지역운동, 정치사상운동 등과 다양하게 결합됐다. 이러한 복합적 관계성은 노동야학에 대한 분석과 평가 작업을 어렵게 만드는 주요한 원인이다. 노동야학은 여러 사회운동 영역과 밀접하게 관련을 맺으며 형성됐고, 제반 운동의 변화에 함께 영향을 주고받으며 진행됐다. 그래서 노동야학에 대한 평가와 분석을 위해서는 다소 복잡하더라도 야학의 역사적 전개에 대한 이해뿐만이 아니라, 다양한 사회운동 영역에서 노동야학을 어떻게 이해하고 있었는지에 대한 담론 분석도 함께해야 한다. 또한 노동야학에서 이루어진 교육 활동과 노동 관련 활동의 관계에 대한 이해, 그리고 야학의 교육 활동을 분석하기 위한 이론적 이해도 함께 진행해야 한다.

한국 야학의 역사 속 노동야학

먼저, 한국 야학의 역사 속에서 노동야학이 어떤 위치인지 살펴보자. 야학夜學은 전 세계적으로도 사례를 찾아보기 힘든 130년이 넘는 긴 역사와 다양한 내용을 가진, 한국 사회에서 가장 오래된 대중교육기관이며 민중을 위한 교육 형태라고 할 수 있다. 그렇다면 야학은 구체적으로 어떤 곳을 가리킬까? 《한국 야학운동사》*를 정리한 천성호는 야학의 특징을 ① 대중교육기관 ② 학력 인정이 되지 않는 비제도권 교육기관 ③ 민중을 위한 교육기관 ④ 대안교육기관 ⑤ 가난하고 소외된 모든 이를 위한 교육기관, 이렇게 다섯 가지로 정리했다(천성호, 2009, 30-32쪽).

조선 후기 근대교육의 역사와 함께 시작된 야학의 역사 속에 여러 유사한 형태의 비제도 교육기관이 동시에 존재했기에 이렇게 정리한 것이다. 공교육이 보편화되지 못했던 일제 강점기에는 공교육을 대신하기 위한 서당, 소학교, 학당, 강습소가, 그리고 해방 후에는 재건학교, 향토학교, 직업청소년학교, 새마을학교, 공민학교, 산업체특별학교 등의 교육기관이 동시에 존재했다. 이러

---

* 한국 야학의 세밀한 역사와 관련해서는 《한국야학운동사》를 읽어 보는 것이 큰 도움이 될 것이다. 그래서 이 책에서는 노동야학과 관련한 야학의 큰 흐름만 다루고자 한다.

한 다양한 교육시설 속에서 야학을 구분해 보면, 야학은 배움이 필요한 민중에게 열려 있는 대중적인 비제도 기관으로, (포괄적 범위에서) 지식 전수의 기능보다는 대안적 교육문화운동을 주요 방향으로 삼은 교육 형태와 실천으로 볼 수 있다. 다양한 명칭 중에서 '야학'이라는 이름이 대표적으로 선택된 것은, 아마도 주요 학생이었던 노동자·농민과 그 자녀가 생계를 위한 노동을 한 후 주로 야간반, 야간학교에 올 수밖에 없었던 현실을 고려했기 때문일 테다.*

해방 전

한국 야학의 역사는 130여 년 전으로 거슬러 올라간다. 역사적으로는 1890년의 세천야학교, 광흥학교를 야학의 시초로 보며, 1907년 마산노동야학에서 처음으로 '노동야학'의 명칭을 찾을 수 있다(천성호, 2009, 78쪽). 야학은 봉건제도의 붕괴와 근대사회로의 진입, 주변 강대국에 의한 식민지배라는 복잡한 상황 속에서 시작됐다. 근대화는 새로운 지식과 지식인을 요구했고, 급변하는 상황 속에서 민중도 새로운 배움이 필요했다. 그러나 당시 조선을 식민지배 했던 일본은 민중의 배움을 반대하며 자기 방식을 강요하려 했고, 이에 반해 조선의 지식인은 민중에 대한 계몽을 독립

---

* 그렇다고 야학이 꼭 야간에만 진행된 것을 일컫지는 않는다. 야학 설립 초기에는 주간에 학교를 가지 못하는 학생이 주 대상이었지만, 이후 주야간 상관없이 민중이 배우러 갈 수 있는 대중교육기관으로 변화, 발전했다.

운동이나 사회주의운동의 밑거름으로 삼고자 했다.

야학이 처음 만들어진 당시에는 주로 생활에 필요한 조선어, 일본어, 산술, 한문 등이 주요한 과목이었다. 급격한 사회 변화와 억압된 식민 상황은 이에 대응하고자 하는 엄청난 교육 욕구를 만들어 냈고, 1919년 43개였던 야학은 1928년에는 전국적으로 무려 1,022개까지 폭발적으로 설립됐다. 함주군 지역에서만 1927년부터 4년 새 야학이 98개에서 370개로까지 늘어난 사실은 당시의 야학의 폭발적 증가를 보여 준다(이동환, 1985). 1920년대는 식민지배의 탄압 속에서도 1919년의 3. 1 운동을 계기로 독립운동과 사회주의·민족주의 운동이 활발해지는 시기였는데, 야학은 양적 증가뿐만 아니라 농민야학, 노동야학, 여성야학, 기독교야학 등으로 다양성도 늘었다. 아마도 이때부터 야학은 비제도 교육기관의 대명사가 됐을 것이다.

이 시기의 노동야학은 당시 사회의 자본주의화 정도나 노동자층의 독립적인 계급화라는 면에서 볼 때, 아직 노동자 계급의식 같은 주제를 학습 내용으로 다루지는 못했고, 다소 계몽적인 성격이 강했다. 노동야학이라고 이름 붙였지만 농촌 지역의 농민이나 그 자녀가 다니는 경우가 많았고, 근대적 의미에서 계몽된 노동력을 창출하기 위한 노동야학도 있었다.* 서울에서는 2,000여 명의 물장수가 자신의 권익과 배움을 위해 서북학회라는 애국계몽운동 조직에 요청하여 물장수야학을 열었는데, 다양한 업종별 야학으로 퍼져 나가는 계기가 되기도 했다. 노동자의 권익을 위한 노동야학도 존재했는데, 이런 야학들은 당시 노동 현장에서 발생하는 문제들을 실질적으로 해결하는 데 필요한 지원들을 했다.

일제 강점기 야학 관련한 가장 대표적인 노동사건 중 하나로 1921년 부산 부두 노동자 총파업 사건을 들 수 있는데, 이 사건에서 부산의 노동야학 교사들이 중심이 되어 노동자들을 지원했고, 일본 상선 회사에서 예고도 없이 한꺼번에 인하해 버린 임금의 인상을 위해 투쟁을 조직했다. 또한, 평양 포목상들의 노동조건을 개선한 활동들도 당시 노동야학 활동의 단면을 보여 준다(김형묵, 2016). 노동야학의 확산으로 1920년대에는 대전 노동야학연합회, 조선노동교육회, 신흥야학연합회, 언양노동야학연합회 등 야학연합이 만들어지기도 했다. 일제 강점기 동안 7만 개 이상의 야학이 만들어지고 300만 명 이상의 민중이 참여했다고 하니, 야학 활동은 일본에게 큰 위협으로 작용했을 것이다. 1920~30년대 독립운동과 사회주의운동이 활성화되자 곧바로 일제는 사회운동과 야학에 대한 탄압으로 많은 야학을 폐쇄시켰는데, 3,000개 이상의 야학 운영자가 피검된 사실이 이를

---

* 당시 노동야학의 주요 내용은 국한문, 산술, 지리, 역사 수업 등이었는데, 1930년대 조선 인구 전체의 77%가 한글을 읽지 못하는 상황이었다. 그래서 독본 읽기가 유행했는데, 이를 위한 농민독본, 노동독본, 여성독본 등이 집필됐다(조윤정, 2010). 일제 강점기 계몽적 노동교육의 가장 대표적인 사례는 1908년에 나온 유길준의 《노동야학독본》이라고 할 수 있다. 온건개화파였던 유길준은 흥사단을 만들어 교육 사업을 중요시했는데, 노동야학회 고문으로 활동하면서 《노동야학독본》을 집필했다. 유길준은 《노동야학독본》을 통해 노동자가 비문해 상태를 벗어나, 국가를 위해 독립적으로 노동을 수행할 수 있어야 함을 강조했다.

증명해 준다(조윤정, 2010).*

해방 이후

이후 해방을 맞이했지만, 연이은 한국전쟁으로 야학은 침체되어 있다가 1960년대에 가서야 다시 활성화되기 시작했다. 1960년대에 정치적으로는 이승만·박정희 독재정권이 이어졌고, 경제적으로는 압축적인 산업화가 추진됐다. 값싼 노동력의 창출을 위한 저곡가 정책과 경공업을 중심으로 한 인력 중심 산업 체계로 재편하면서 수많은 인력이 농촌에서 도시로 이주해 왔고, 정부는 과잉화된 도시 문제를 해결하고 국민을 길들이기 위한 방편의 하나로 다양한 비제도 교육기관을 만들고 지원하기 시작했다. 독재정권 유지를 위한 사회문화적 통합 정책인 새마을운동의 진행에 맞춰, 관이 주도가 되어 국민계몽을 위한 재건학교, 공민학교, 새마을학교, 향토학교 같은 야학을 설치하고 지원했다.** 독재 체제 유지에 기여하는 보수적 야학들은 일자리를 구하기 위해 올라온 어린 노동자를 대상으로 한글, 산수 등 기초적인 의사소통에 필요한 내용과 함께 검정고시 과목, 그리고 정부 시책

---

* 심훈의 소설 《상록수》에서도 일제의 야학 탄압을 확인할 수 있다. 소설의 실제 모델인 최용신은 농촌 교육 계몽 운동에 대한 관심을 가지고 YMCA 소속으로 1931년 수원군 반월면 샘골(현재 안산시 상록구) 지역에서 야학을 시작했다. 일제는 야학의 확장을 위협으로 느껴 110명의 강습소 인원을 60명으로 줄여 버렸고, 최용신은 이에 반발해 야학에 다니지 못하게 된 50명을 대상으로 따로 야학을 차려 수업을 계속 진행했다. 이 과정에서 최용신은 과로와 영양실조 때문에 각기병을 얻어 1935년 세상을 떴다.

에 따른 국민 의식 함양에 해당하는 내용을 가르쳤다. 1960년대부터 만들어진 체제 보완적 야학은 검정고시야학 형태로 점차 다양하게 확산되기 시작했다.

전태일과 1970년대

이러한 흐름은 1970년 청계천 평화시장에서 일하던 노동자 전태일의 분신 사건으로 급격하게 변화했다. 열악한 노동 상황을 바꾸려 했던 전태일의 헌신과 분신으로 인해 드러난 노동자들의 상황은 당시 지식인들에게 큰 충격을 주었고, 독재정권의 탄압 속에서도 노동운동과 반독재운동을 촉발하는 계기가 됐다. 야학에서도 그런 움직임이 일어나기 시작해, 전태일 분신을 계기로 생겨난 청계피복노동조합에서 세운 (새마을)노동교실을 시작으로, 1970년대 중반부터 의식화야학, 빈민야학, 노동야학이 생겨났다. 이러한 야학들은 검정고시보다는 노동자의 노동 현실을 이야기하고, 열악한 상황을 개선해 나가는 데 필요한 노동교육을 실시하기 시작했으며, 사회 현실을 비판적으로 바라보고 노동운동으로 발전시켜 나가고자 하는 의식화 교육을 진행했다. 1920년대 독립운

** 최초의 공민학교는 1946년 공민학교설치요령에 의해 만들어졌고 다음 해 1만 5,000개까지 급격하게 설립된 후 점차 줄어들었는데, 1960년대 초반까지 1,000여 개가 넘게 존재했다. 재건학교는 국민 집결과 동원을 위해 조국 근대화의 일꾼을 양성하기 위한 목적으로 1964년 재건국민운동중앙회 설립으로부터 시작됐다. 2년 정도의 과정으로 진행된 재건학교는 검정고시야학의 전형으로 농촌, 도시 변두리 청소년에게 근로의 꿈, 희망을 제공하기 위해 만들어졌으며, 11년 동안 7만 명이 수강할 정도로 정부에서는 이 교육 활동을 급속도로 확산시켰다(이훈도, 1997, 280쪽).

동, 사회운동이 활성화되었던 때와 마찬가지로, 1980년대를 지나면서 다양한 사회운동의 활성화와 함께 '노동야학의 시대'가 열렸다(노영택, 1980). 정확한 통계는 알 수 없지만, 1970년대 후반부터 1980년대까지 전국적으로 적어도 100여 개가 넘는 노동야학이 생겨났고, 체제 보완적인 검정고시야학도 그 영향을 받아 교육 내용에 변화를 주거나 노동야학을 접목한 중간 형태인 생활야학으로 탈바꿈하기도 했다.

5. 18 광주 항쟁과 1980년대

이후 노동야학은 개별화된 의식화 교육에서 더 나아가 점차적으로 노동 현장과 연결한 지원 활동을 늘리기 시작했다. 광주 항쟁을 무참히 진압하며 등장한 신군부정권은 노동운동의 확산을 우려해 1980년대 초반부터 야학을 불순한 조직으로 몰아가면서, 동학회 사건(1981년), 야학연합회사건(1983년) 등을 조작해 거세게 탄압했다. 이에 야학 활동의 불길이 조금 사그라들기는 했지만, 감시의 눈길을 피해 보이지 않는 곳에서 자취방야학, 교회야학, 공장야학 등으로 계속 확장하면서 노동운동과 연결하고 민주화운동을 지원하는 역할을 했다. 이 과정에서 노동야학은 학생운동, 노동운동, 교육운동, 종교운동 등과 서로 연결되면서 정체성, 방향성 논쟁 속에 놓였다.

1980년대 중반 지식인들을 중심으로 당시의 한국 사회 성격과 모순을 규정하고, 이를 변화시킬 주체와 방법은 무엇인가를 밝히는 '사회구성체논쟁'이 벌어졌다. 사회구성체논쟁은 혁명적 사회 변화라는 전제 아래 전위적 정치투쟁, 사회변혁을 위한 사상투쟁 등을 주요 쟁점으로 삼았고, 빠른 시간 내에 혁명의 주체를 만들고 이들이 전투적 투쟁을 하는 것이 중요한 문제의식이었다. 이후 야학의 주 방향성은 노동운동 활성화를 위한 준비 단계로 그 축이 기울었다.

1987년 민주화 항쟁 이후

1987년 민주화 항쟁과 연이은 노동자 대투쟁을 통해, 억눌렸던 사회 변화에 대한 욕구가 폭발하면서 노조 결성이 늘어나고 노동쟁의 현장이 활성화됐다. 대학생과 지식인은 야학이라는 '과정'보다는 현장으로의 직접 투신을 더욱 중요시했고, 야학은 노동운동 조직화를 위해 문을 닫거나 이를 지원하는 다양한 노동운동 단체로 변모했다. 그렇다고 노동야학의 교육적 내용이 없어진 것은 아니었다. 1970년대 후반 생겨난 생활야학이 1980년대를 거치면서 진보적 성격이 강해져, 지역의 미조직 노동자를 대상으로 의식화 교육 활동을 1990년대 중반까지 계속 이어 나갔다. 하지만 노동자를 둘러싼 환경과 조건의 변화는 야학에도 영향을 끼쳤다. 1987년 이후 노동자 의식화나 문화 활동을 위한 합법적 기구가 늘어나기 시작하고 노동자의 기본적인 학력 수준도 높아지면서, 야학을 찾는 노동자가 줄어들기 시작했다. 야학 교사의 주축을 담당했던 대학 사회 역시 신세대 논쟁 등으로 변화를 겪고, 사회운동성의 약화로 1990년대 중반부터 야학운동은 급속히 쇠퇴하기 시작했다. 진보적 생활야학도 1990년대 후반 대부분 문을 닫고, 검정고시야학의 주 학생층도 노동자 대신 비문해자, 중년 여성, 학교 중도 탈락 청소년, 이주민으로 변화되기 시작하면서 분화 과정을 겪었다.

검정고시야학, 생활야학, 노동야학

지금까지 개략적으로 살펴본 한국 야학의 역사에서 보이듯이, 야학은 100년 넘게 존재하면서 다양한 명칭과 형태로 변모를 거듭해 왔다. 지금부터는 이 책에서 집중해서 보고자 하는 1970년대 이후 본격화된 노동야학의 성격과 방향성을 좀 더 세부적으로 살펴보도록 하자. 이를 위해 노동야학을 포함해 야학을 어떻게 분류하고 규정짓고 있는지 살펴보면 도움이 될 것이다. 통상 야학은 교육의 목표와 주요 내용을 기준으로 검정고시야학, 생활야학, 노동야학, 이렇게 세 가지로 구분한다. 아마도 이러한 분류 방식은 가장 나중에 등장한 생활야학의 발생 시점을 생각해 볼 때 1980년대 초반부터일 테다. 아래의 인용은 교육목표를 중심으로 야학을 각각 분류한 경우다.

검정고시야학

검정고시야학의 원류는 앞서 살펴본 바와 같이 1961년 관 주도의 재건야학에서 볼 수 있었다. 선성장 후분배라는 모순에서 출발한 경제개발계획은 정규학교에서 소외된 도시의 근로청소년들을 낳았는데, 이들이 검정고시야학의 대상이고 말 그대로 검정고시를 목적으로 한다. 그러므로 검정고시는 배우지 못한 것이 항상 한스럽고 사회에서 공돌이, 공순이, 불량배, 깡패 등으로 손가락질 받는 노동자나 빈민 자제에게 학교 교육을 받을 수 있는 기회와 검정고시를 볼 수 있는 기회를 제공해 주었다. 뿐만 아니라 열심히 공부해서 검정고시에 붙으면 햇빛 비치는 곳으로 나갈 수 있으리라는 생활의 기쁨과 용기와 희망을 불어넣어 주었다.

생활야학

전태일의 분신, 산동네 판자촌의 철거는 경직된 검정고시야학에 반기를 들고, 좀 더 실제적이고 생활을 통한 다양한 전인교육으로서 생활야학이라는 개념을 만들어 내었다. 여기서는 주로 꽃꽂이, 붓글씨, 한문 등을 가르친다. 그러나 생활야학은 아주 넓게 퍼져 하나의 확실한 형태를 설명하기도 힘들고 개념 또한 정의 내리기 쉬운 일이 아니다. 대개의 경우 검정고시야학과 노동야학의 중간 또는 검정고시야학이 넘어가기 쉬운 과도기적 형태 등 애매모호한 개념 정의가 많이 사용되나 아직 미정립 상태다.

노동야학

노동야학은 1960년대 이후 사회적 불평등 현상의 심화, 노동조건의 열악화라는 상황과, 학생, 기독교계 등의 민중에 대한 자각이 결합하여 생겨난 것이다. 즉, 노동야학은 검정고시야학의 시대적 한계를 깨달으면서 이 한계를 극복하기 위해 역사 속에서 새로이 창출

된 것이다. 그러므로 노동야학은 기업가에 의해 심어진 현실의 환
상을 깨고 자신에 대해 긍지를 가지며, 스스로의 인간적인 삶을 위
해 주체적인 권리를 찾고자 하는 의식으로 변하는 것을 목적으로
한다. … 그리고 역사의 진보와 발전의 기초는 생산에 있으며 그 생
산의 직접적인 담당자인 노동 대중이야말로 사회의 주인공이라는,
노동자의 본질에 대한 정확한 판단에 기초한 과학적 이론을 가지고
있다.

– 한완상 외,《한국민중교육론》, 1985, 163-165쪽

검정고시야학

김정고시야학의 경우, 위 구분에서도 볼 수 있듯이 그 방향성
과 교육 내용이 뚜렷하다. 검정고시야학은 1961년에 세워진 재건
야학을 그 원류로 보며, 이후 직업청소년학교, 공민학교, 향토학
교, B.B.SBig Brother's and Sister's Movement학교 등이 모두 검정고시야학
에 해당한다. 검정고시야학은 교육 기회 제공을 통한 검정고시
합격을 일차적인 목표로 하기에, 교과목 역시 검정고시 교과*가
중심이었다. 통상 1~2년의 학제로 편성하며, 지식 교과가 중심이
므로 수업은 주로 강의식으로 진행했다. 1969년 종로 재동초등
학교 내에 세워진 종로직업청소년학교(종로야학)는 불우한 학생

---

* 검정고시는 현재 중입(초졸), 고입(중졸), 대입(고졸)검정고시로 나뉘어 있고, 현재 고
입의 경우 필수과목이 5과목(국어, 수학, 영어, 사회, 과학), 선택 과목이 1과목(도덕, 기
술·가정, 체육, 음악, 미술 중 선택)이며, 대입은 필수 과목이 한국사가 더해진 6과목, 선택
과목 1과목, 총 7과목으로 연 2회 실시한다.

1982년도 종로직업청소년학교 신입생 모집

본학교는 배움에 뜻이 있으나 기회와 여건이 닿지 않아 애타는 직업청소년 여러분을 위하여 설립된 10년 전통의 학교입니다. 본교는 종로 지구 청소년선도위원회 및 종로경찰서의 후원과 고려대학교 재학생들로 구성된 교사진으로 운영됩니다. 상급 학교 진학을 꿈꾸는 여러분 공부에 대한 열의를 채우려는 여러 직업청소년을 모두 환영합니다.

•입학 자격
1. 중학교를 중퇴한 자 또는 초등학교 졸업자(나이, 성별, 직업에 제한 없음)
2. 독학으로 중고등학교에 진학을 원하는 자

•교육과정
1. 중학교 전 과정(2년 과정)
   1년: 1학기 중1 과정, 2학기 중2 과정
   2년: 1학기 중3 과정, 2학기 고검 준비 과정
2. 수업 시간: 오후 6:30~9:30 (매 월요일~토요일)

•기타
1. 교과서 무상 배부 및 수업료 없음
2. 졸업 후 상급학교 진학 시 장학금 지급
3. 장소: 비원 앞 모범약국 골목(2층 건물)(약도 참조)
4. 모집 기간: 1982. 2. 1~1982. 2. 28(매일 오후 6시 이후 접수함)
5. 문의처: 722-3626

출처: 종로야학, 1982

수습교사 연수

운화회의 일에서 큰 비중을 차지하고 있는 종로직업청소년학교 교무단은 이번 겨울방학 기간 중에 내년도에 교사를 맡게 되는 84학번을 대상으로 수습교사 연수를 갖기로 하여 지금 진행 중에 있다. 이번 수습교사 연수의 목적과 진행 과정은 다음과 같다.

• 목적
야학관의 확립, 우리의 현실 이해(특히 노동 현실, 사회 현실), 교육의 단면, 교사의 자질 개선, 자세 가다듬는 계기.

• 일정
1985. 1. 12 오후 7시
  야학의 종류와 문제점: 야학의 역사, 야학의 종류, 우리가 지향해야 할 야학은
1985. 1. 15 오후 7시
  교사의 모습: 교육이란, 교사의 자세, 교사 의식화의 단계
1985. 1. 17 오후 7시
  노동관계법: 노동법과 우리네 노동 현실 이해

출처: 종로야학, 1985

들에 대한 선도 사업의 일환으로 종로 지역의 빈민 아동이나 구두닦이를 주 대상으로 초등, 중등 과정을 가르쳤는데, 앞 쪽의 1982년 신입생 모집 공고문을 통해 검정고시야학의 교육목표와 교육과정들을 확인할 수 있다.

검정고시야학은 경제적 이유 때문에 배움의 기회를 가지지 못

한 사람에게 교육 기회를 제공해 상급학교로 진학하는 것이 목적이어서, 기존 체제의 변화보다는 시혜적이고 봉사적인 관점이 강한 교육기관이었다고 할 수 있다. 검정고시야학은 검정고시의 통과, 합격이 1차 목표이기는 하지만, 검정고시 준비만을 한 것은 아니다. 종로야학의 경우 당시 대학 내 학생운동과 노동야학의 영향으로 교양 수업을 활성화하기도 하고, 교사 연수에 노동 현실 관련 내용을 넣기도 했다.

검정고시야학은 검정고시 교과와 함께 각 학교의 정체성에 따른 다양한 교양 교과를 함께 운영했다. 어떤 야학은 검정고시가 끝난 이후에는 별도의 교육과정을 진행하기도 하고, 생활야학이나 노동야학에서 주로 진행했던 문화, 시사 토론, 철학, 경제 등의 수업을 병행하기도 했다. 사회적 역할을 요구하는 분위기가 강해질 때 생활야학 형태로 변모를 시도하는 야학도 있었다. 특히 개인 설립자 중심이 아니라 대학생이 중심이 되어 운영하는 야학일수록, 대학 사회의 영향을 강하게 받기에 그 변화의 폭이 더 컸다고 할 수 있다.

야학의 안정화 속에서 당시 야학의 방향에 대한 논의는 검정고시(중학교 과정)의 필요성에 대한 긍정과 함께 그 이외의 부분들도 같이 해 나가야 한다는 쪽으로 방향이 잡혔다. 그래서 야학의 수업에 있어서도 교양 수업을 활성화시키고자 하거나 수업도 검정고시 이후에는 교과서 이외의 다양한 내용들로 구성을 하였다. … 25기를 모집하며 검정고시에 치중하기보다는 고등 과정 일반이 줄 수 있는 것에 방향을 맞추었기 때문에 당시의 좀 추상화된 방향성은 "주체적 삶, 세계를 바라볼 수 있는 주체적 인식을 가지는 것"이었다. … 시사 수업, 예능 수업 같은 과목들이 나름의 중요성을 띠었고 교사와 학생과의 소통의 역할을 하는 데 있어 의미를 가지기도 했다.

– 종로야학, 2005, 27-28쪽

생활야학

생활야학은 그 시초와 개념 규정이 다소 애매하고 임의적인데, '생활'이라는 개념에 대한 구체적 정의가 없었기 때문이다. 주로 여성 노동자의 '실생활'에 필요한 취미나 교양(꽃꽂이, 붓글씨 쓰기, 한문)을 가르치는 것 정도로 추정할 수 있을 뿐이다. 그래서 생활야학에 대해서는 검정고시와 노동야학의 중간 형태라는 설명이 대부분일 뿐, 그 방향과 정체성을 명확히 한 설명은 찾기 힘들다. 아마도 야학에서 출발했다기보다는 1970년대 초중반 노동운동에서 성행했던 다양한 '소모임 활동'에서 유래한 것이 아닐까 한다. 1970년대 노동자 소모임 활동은 주로 노동자의 '여가생활의 필요'에 해당하는 취미와 교양을 목표로 하는 활동이었는데, 1968년 인천 동일방직과 영등포 원풍모방에서부터 시작돼, 이후 인천, 청계천 등지로 확산됐다(김경일, 2006). 원풍모방에서는 공장 내 부서나 반별로 7~8명 단위로 만들어졌는데, 50~60개의 소모임에 모임원이 500명에 달했다. 청계피복노조에서도 소모임은 노조 조직을 확산시키는 데 기여했는데, 주요 내용은 노래, 등산, 서예, 꽃꽂이, 기타(악기), 한문, 교양 등이었다.

소모임이 주로 회원 간 자발적 모임과 학습으로 진행되는 데
반해, 생활야학은 수업이라는 형태로 진행되는 것이 그 차이점이
라 할 수 있겠다. 생활야학은 여러 교과를 진행하기도 하고, 한
문 같은 특정 과목만을 진행하기도 했다.* 앞선 설명에서도 보듯
이, 생활야학은 그 폭이 너무 넓고 다양해 정의 내리기가 다소
어렵다. 그리고 뒤에서 자세히 살펴볼 1980년대 부산, 대구, 광
주 등지의 생활야학이나, 1990년대 초반 서울 지역 생활야학협
의회들은 그 내용과 방향성이 거의 노동야학에 가까웠다(천성호,
2009; 이성홍, 2009). 당시 노동야학이 감시와 탄압의 대상이었음
을 감안한다면, '노동'이라는 도드라지는 명칭 대신 중립적으로
보이면서 대외적으로도 부담 없는 '생활'이라는 용어를 사용했을
가능성도 크다. 부산 지역 노동야학의 역사를 분석한 이성홍은
1980년대 의식화 교육 프로그램은 공개하기도, 체계화하기도 어
렵기에, 야학의 명칭이나 과목의 외형(국어, 영어, 수학 등)만으로
구분하기보다는 어떠한 목적과 과정을 가지고 있었느냐로 구분
해야 한다고 주장한다(이성홍, 2009, 107쪽).** 이러한 주장들은 때
로는 생활야학과 노동야학의 경계를 가르기가 쉽지 않다는 것을

* 생활야학의 교과 중 가장 많은 비중을 차지했던 것은 한문이었다. 한문은 노동야학
에서도 중요한 과목이었는데, 이는 아마도 당시 국한문혼용을 하고 있어 일상생활에서
도 한자를 아는 것이 많은 도움이 되고, 신문, 공문서, 법 등이 모두 한자로 되어 있어
야학의 학생, 교사 모두가 배우고 가르치고자 했기 때문이었던 듯하다.
** 대부분 초기 노동야학의 경우 노동자의 의식 교육과 실생활에 필요한 국어, 영어, 수
학, 사회 등의 과목을 가르쳤다. 대신, 검정고시 위주가 아니라 자신만의 방향을 담은
교재를 만들거나 자료를 구성해 사용하는 경우가 많았다.

말하기도 한다. 그래서 생활야학은 명확하게 구분되기보다는, 검시고시에 얽매이지 않는 다양한 실용적 교육부터 노동야학으로 지향을 꾀했던 야학들까지 포괄하는 형태였다고 할 수 있다.

노동야학

그렇다면 노동야학은 어떻게 정의되었을까? 앞서 한완상 등이 정리한 세 부류의 야학에 대한 인용에서, 노동야학의 목표는 노동자의 권리 의식, 주체 의식의 개발 등 다소 추상적으로 제시되어 있다. 그래서 노동자, 노동을 위한 어떤 교육을 지향하는지 구체적으로 알기에는 한계가 있다. 아래 인용문을 하나 더 살펴보자.

노동야학의 목표

• 노동자 개인의 의식화: 노동자의 체념적 운명론, 소극적인 비관주의를 탈피하여 자신에 대한 긍지와 실천적인 의지를 키워야 한다. 의식화란 언어를 통해서만 가능한 것도 아니고 추상적인 것도 아니다. 생활 노동 현장에서 일어나는 구체적인 일과 사건에 대한 비판적 인식을 말하는 것이다. … 비판적 인식이란 현존하는 것을 현존하지 않는 것에 비추어 해석하고 주어진 사실을 그 사실이 제외시키고 있는 것과 대면시키는 것이다.

• 노동 사회의 조직화: 노동자 개인의 활성화된 의식을 기반으로 하여 노조 결성, 그룹 조직화가 이루어져야 하며, 그 운영이 노동자 스스로에 의해 결정되고 이를 통해 노동문제 해결이 자주적으로 가

능하여야 한다. 야학이 없어지는 사회 지향.

노동야학의 방향

노동자의 계층 상승 의욕을 충족하는 것이 아니라, 현 상황의 구조적 변화를 위한 의식화 교육이어야 한다. 노동자 개인과 노동사회가 인간으로서 긍지와 자신감을 가질 수 있게 현장을 정면에서 직시함으로써 문제를 발견하고 극복해 나가는 것.

노동야학은 힘을 생산, 축적하는 것을 기본방향으로 … 유기적인 관계.

아는 것이 힘이다. 하는 것이 병이다. [하지만] 지식이 현실과 메울 수 없는 거리에 있을 때와 올바른 지식에 의한 판단에 뒤따라야 할 삶의 결단, 행동의 결정이 주저될 때는 어김없이 아는 것은 병이 된다. 그러나 현실을 개선시키기 위해 정확한 판단력을 기르는 데 필요한 지식과 현실 극복, 문제 해결의 과정에서 필요로 느낀 지식은 어김없이 힘이 되는 것이다.

– 전점석, 《1970년말 노동야학 매뉴얼》, 1980

위 매뉴얼에서는 앞선 노동야학의 설명에서 나온 노동자 개인의 의식 변화, 의식화 교육과 함께 노동문제 해결을 위한 노동자 그룹의 조직화 또한 목표로 삼고 있다. 즉, 노동자로서의 존재, 권리 인식과 함께 노동문제를 해결할 힘을 축적하는 실질적 지식과 방법의 학습을 의식화 교육의 방향으로 삼고 있다.

노동야학은 기본적으로 노동자를 주 학습자로 한 야학이다.

노동자가 주 대상인 교육으로는 1977년부터 생겨난 산업체 부설 학교와 야간제 특별학급도 있지만, 이 학교들은 다소 규모가 큰 사업장에서 만든 것으로 무료 교육을 빌미로 노동자를 유인해 저임금의 열악한 현실을 강요하는 경우가 많았다.* 이러한 학교들은 노동자 의식을 갖게 하는 것이 아니라, 배움에 대한 열망을 가지고 있는 노동자를 유인하는 도구로 이용됐다. 대부분 산업체 학교는 졸업장이라는 의미 정도만 있는 형식적 교육을 했고, 교육 기회를 제공하는 대가로 저임금과 열악한 노동환경, 24시간 3교대라는 과도한 노동조건, 부당 노동 행위 등에 대해 불만도 표시하지 못하도록 했다(한주미, 1990).

이와 달리, 노동야학은 수업 과목과 내용을 노동자의 권리 의식과 주체성을 가지게 하는 것을 중심으로 구성했다. 물론 노동법, 노동의 역사, 노동운동사 등 노동운동을 지향하는 특화된 과목도 있었지만, 대부분은 국어, 한문, 사회, 역사 등의 과목 틀에 비판의식과 노동 중심의 내용들을 적용, 배치했다. 노동야학은 검정고시와 같은 시험, 학제에 얽매이지 않으니 대부분 6개월 정도의 학제였다. 또한 노동야학은 노동운동 현장과의 연결 부

---

* 1970년대 중반을 넘어서면서 산업 구조가 경공업에서 중공업으로 변화하기 시작했는데, 대부분 산업체 학교는 경공업 소비재 산업 노동자가 감소하자 값싼 노동자 확보를 위한 전략으로 설립하는 경우가 많았다. 특히 제조업 미숙련 기능자의 비중이 컸는데, 1980년 제조업 미숙련 기능자 중 산업체 취학 노동자 비율은 27%(5만 2,000명) 정도에서 1989년에는 49%까지(12만 5,000명) 상승하다가 1990년부터는 감소했다. 1987년 전국적으로 특별학급(고등학교)이 100개, 산업체 부설학교가 36개 정도 설치됐다(한주미, 1990).

분도 중시했기 때문에, 교과 수업 이외에 노동 현장을 방문한다든지, 연대 활동을 위해 함께한다든지, 행사에 참여한다든지 하는 다양한 방식의 (체험)활동을 했다.

야학의 교육적 관점을 강조한 연구

이와 같이 검정고시야학, 노동야학, 생활야학은 가장 보편화된 야학 분류 방식이지만, 야학의 다양한 활동을 지나치게 단순화해 명칭으로 활동을 거칠게 규정해 버리는 위험성이 있다. 그러다 보니 검정고시, 생활, 노동이라는 목표성이 과도하게 강조되어 학습자와 교사의 만남과 상호 영향, 지속적 성장과 변화 등과 같은 야학의 교육운동적 측면을 놓칠 우려도 있다.

야학의 성향에 따라 크게 보수적 야학과 진보적 야학으로 분류하는 입장도 있는데(이장원, 1982), 보수적 야학은 검정고시야학과 생활야학을, 진보적 야학은 노동야학을 가리킨다. 하지만 이 방식 역시 생활야학을 제대로 판단하기는 어렵고, 야학의 폭넓은 정체성을 단순화 할 수 있다.

야학에 대한 단순화를 피하고, 교육적 관점을 강조한 사례로는 이훈도와 천성호의 연구를 들 수 있다. 이훈도의 경우는 야학의 지향이나 교육과정, 설립 운영의 주체에 따라, 정부 주도 집단 의식화, 민간 주도 집단 의식화, 민간 주도 개인 의식화, 이렇게 세 가지 유형으로 구분했다. 이때 노동야학은 민간 주도 개인 의식화 야학에 해당하는데, 민간에서 노동자를 대상으로 현실을 바로 보고 비판적으로 인식할 수 있는 안목을 제공하는 교육으로 이해했다(이훈도, 1997). 이훈도는 야학의 교육적 관점에 무게를 두고, 의식의 변화라는 과정을 야학의 핵심요소로 이해했나고 할 수 있다.

천성호는 의식의 변화라는 교육적 관점에 삶의 대안이라는 실천 요소를 더해 교육문화적으로 노동야학을 바라보려 하는데, 한국 야학의 가장 큰 특징을 국가(제도) 교육에 대한 저항과 순응으로 보고, 야학의 역할을 보완 교육과 대안교육으로 나눈다(천성호, 2009, 35쪽). 그리고 대안 교육으로서 야학의 목적을 개인의 의식화를 통한 사회 변화로 보고, 민중의 의식 변화에 맞추어서 교육과정을 짜고, 주요 방식인 대화를 통해 사회참여, 민주주의 사회 건설, 지역공동체 건설 등의 실천까지 이어가는 활동으로 설명한다. 그래서 1920년대 반일·반제국주의 의식 교육, 1930년대 농민·노동자조합야학운동, 해방 후 전국노동자평의회, 1970년대 노동야학, 1980~90년대 진보적 생활야학, 장애인야학 등을 대안적 교육의 흐름으로 파악한다. 천성호의 관점은 야학을 대안교육으로서 바라보면서, 교육에 대한 대안으로서만이 아니라 삶의 대안으로서 적극적으로 바라보는 것이다.

지금까지 다양한 야학의 분류 방식을 살펴보았는데, 이 책에서는 어느 하나의 입장을 택하기보다는 공통적인 부분들을 중심으로 노동야학의 정체성을 정리해 보고자 한다. 지금까지의 논의를 토대로 한다면, 노동야학은 노동자가 스스로 권리 의식, 주체 의식, 연대 의식을 가져 사회 변화를 꾀하는 민간 주도의 대안적 교육 활동이며, 일반교양 교과와 노동 특화 교과, 노동 관련 활동을 결합한 형태의 교육 프로그램이라고 정리할 수 있다.

노동교육과 노동야학

노동교육은 일반교양 지식 교육 이외에도 직업교육, 노동조합 교육, 노사관계 교육 그리고 최근에는 인적자원 개발이나 평생교육 담론까지 더해지면서 점차 광범위해지고, 통합적인 교육 형태로 변화하고 있다(오정록, 2013, 216쪽). 반면, 앞서 살펴본 노동야학에서 '노동'은 노동자나 노동운동 등 다소 좁은 범위의 의미를 띤다고 할 수 있다. 그래서 노동교육에 대한 담론 분석을 통해, 광의의 '노동' 개념에서 노동야학의 교육적 의미도 함께 살펴보고자 한다.

한국 사회에서 노동교육의 현실과 기반은 노동운동의 역사와 발전 경험에 비해 다소 척박해 보인다. 한국에서 산업화 이후 노동교육은 1960년대부터 시작됐다고 할 수 있는데, 1961년 결성된 가장 큰 노동자 연합 조직이었던 한국노총은 그 출발부터 사업주를 대변하는 경향이 강해 교육 부분에서 노사 협력만을 강조했다. 이후 1967년에는 노동자의 능력을 개발하는 다소 형식적인 직업훈련법이 만들어졌다.

노동자 중심의 노동교육은 개혁적 종교계가 중심이 됐는데, 가톨릭노동청년회, 도시산업선교회가 노동자들과 함께 소모임

위주의 교육을 진행했고, 크리스챤아카데미는 노조 간부 대상으로 심화된 숙박 교육을 진행했다. 대학에서는 서강대와 고려대가 1966년, 1967년에 각각 대학 부설 노동문제연구소를 세워 노조 간부와 경영진 대상의 교육 프로그램을 만들었다.

1980년대에는 정부가 주도해 노사 교육, 사회교육 프로그램을 만들어 냈지만, 노동환경은 그대로 둔 채로 형식적인 교육을 진행해 호응을 받지 못했다. 이후 정부에서 '노사협의회법'을 제정하면서 노사협조적 교육과 함께 기업 주도 노동교육(산업교육, 사내대학 등)이 본격화되기 시작했다. 그러고도 남은 빈자리를 야학이 채우기는 했지만 노동자 전문 교육기관으로 발전하기에는 한계가 있었다.

1987년 이후 노동운동이 활성화되면서, 야학 이외에도 노동상담소, 노동 관련 연구소가 등장했고 다양한 노동자 학교가 생겨나면서 전문적 노동 교육기관이 등장했다(김민호 외, 2002, 49-57쪽). 하지만 1990년대 초반까지 100여 개에 이를 정도로 많았던 노동교육 조직은 형식적 민주화의 실현, 현실 사회주의 붕괴, 냉전 체제 종식 등 급변하는 사회 변화 속에서 영향력이 약화됐고, 1990년대 중반에 거의 자취를 감추었다.

이후 노동교육은 주로 개별 사업장 노동조합과 연합조직(산별노조 또는 노총)을 중심으로 진행됐는데, 개별 노조에는 훈련된 교육 담당자도 교육을 위한 재정도 거의 없는 상태이다 보니 교육은 거의 강의식으로 진행될 수밖에 없었다(이현경, 2000, 23쪽). 현재 노동자 관점의 노동자교육을 전담하는 기관은, 전태일을 따르는 사이버 노동대학, 노동자교육센터, 노동자교육기관, 미래를 준비하는 노동사회교육원, 성공회대 노동대학 등 10여 개를 넘지 못한다.

상황이 이렇다 보니, 국내에서는 노동교육에 대한 담론 역시 부족한 상황이다. 노동교육에 대한 개념 정의와 분류를 한 연구는 오정록(2013), 이현경(2000), 윤도경(2015), 김민호(1994), 김정일(2006) 등을 참고할 수 있는데, 이 책에서는 외국과 국내의 개념을 함께 분류하고 비교분석한 김민호의 논의를 참고하고자 한다.

김민호는 노동교육을 노동자에게 '진정으로 유용한 지식'을 전달하는 데 주력하는 것으로 이해하면서, 외국의 노동교육 관련 개념인 worker's education(노동자교육), labor education(노동조합원 교육), labor studies(노동자대학 교육), working-class education(노동계급 교육), 일본의 노동교육(勞動教育, 노사문제 해결 교육) 등을 소개한다. worker's education(노동자교육), labor education(노동조합원 교육)은 노동자와 노동조합원이라는 대상에 따른 구분이라고 할 수 있고, labor studies(노동자대학 교육)와 노동교육勞動教育 개념은 학위 취득이나 계몽적 성격이 강한 교육 개념이다. 그리고 working-class education(노동계급 교육)은 노사 간 대립을 전제로 한 계급의식, 참여 의식 고양, 연대 활동 등에 대한 교육이라고 할 수 있다. 여기에 국내에서 사용하는 개념으로 노사(관계)교육, 노동자 대중교육(또는 노동자 정치교육)의 개념도 함께 소개하고 있다. 국내의 개념은 외국의 개념과 큰 틀에서는 유사한데, 노동야학과 관련되어서는 외국의 working-class education과 국내의 노동자 대중교육(또는 노동자 정치교육) 개념 틀이 밀접한 관련성을 가진다고 할 수 있다.

김민호는 이러한 분류와 함께, 한국 사회에서 노동교육이 중심 방향과 목적에 따라 노동운동 지향과 교육운동 지향으로 나뉘거나 경합하는 데 주목했다. 그래서 야학의 경우 노동자 소모임, 노동자 문학회, 노동자 문예 단체 등과 함께 독자적 조직을 바탕으로 기존 체제에 도전하는 지식들을 다루는 '교육운동 지향의 비제도권 노동교육'으로 분류했다. 이와 다르게 노동상담소의 노동교육, 사회민주주의청년연맹의 정치학교, 서울민중연합(서민연)과 인천지역민족민주운동연합(인민연)의 민족학교, 노동교실, 서울민주주의통일민주운동연합의 시민학교 여성교실, 민주화운동청년연합(민청련)의 청년학교 등은 '노동운동 지향의 노동교육'의 예로 들면서 구분했다(김민호, 1998, 312-3쪽). 이러한 구분은 노동운동 지향의 노동교육이 노동운동을 위한 정치적·사상적 교육에 초점을 두었다면, 교육운동 지향의 노동교육은 노동자의 경험을 토대로 한 지식의 창출과 교양 교육의 성격이 강하다고 본 것이다. 즉, 노동교육의 관점에서 노동야학은 노동자 대중교육 working-class education의 성격을 가지는 지식·교양을 위한 교육 활동으로 분류할 수 있다는 것이다.

최근에는 노동교육이 노동자나 노동운동의 범주를 넘어선 전인교육을 지향해야 하며, 이를 위해 노동자의 삶의 현실을 바탕에 두고 기술 교육, 정치 교육, 교양 교육이 통합되어야 한다는 주장이 늘어나고 있다(김민호 외, 2002; 이현경, 2000; 노일경, 2008). 노동야학에 대한 분석과 연구는 이러한 통합적 형태의 노동교육의 다양한 면모를 보여 줄 좋은 사례가 될 것이다.

2

노동야학의
시작

노동야학의 씨앗, 전태일과 청계피복노조 노동교실

어느덧 세월이 흘러 국민학교를 졸업한 지도 5년, 지금 나의 꿈은 어릴 적 생각 그것이다. 지금도 교복 입고 지나가는 학생들을 보면 조금 부럽긴 하지만 나도 그들에게 결코 뒤지지 않는 학교도 나가고 있고 사랑과 믿음으로 한 자 한 자 배워 나가고 있다. 지금 내 마음은 작은 힘이기는 하지만 불우한 사람들을 모아 배움을 주고 싶다. 이것이 전체가 될지는 모르지만 이것이 나에겐 가장 큰 소망이다. 내일을 향하여 1분이라도 열심히 뛰어야지. 내가 지금 부러운 것은 신문 보는 사람들이다. 모두 한문투성이인 신문을 볼 수 없는 내 가슴은 조금 괴롭다고 할까요. 내가 가르치고 싶은 것은 한문. 다는 몰라도 반 정도는 읽을 정도로 말이다.

– 오○○(겨레터야학),《문집》1, 야학협의회, 1980

위의 글은 1970년대 중반, 노동야학의 시초라 할 수 있는 겨레터야학의 학강이 쓴 수기다. 이번 장에서는 1970년대 노동야학이 어떻게 시작되고, 노동야학이라는 정체성을 만들어 가는지 겨레터야학을 중심으로 살펴볼 텐데, 그에 앞서 전태일과 청계피복노조 노동교실, 그리고 새마을노동교실을 이해할 필요가 있다.

전태일 분신 사건의 영향

> 우리들은 왜 이렇게 항상 당하고만 살아야 하는가. 모르기 때문
> 이다. 근로기준법이 뭐고 내용이 어떻게 등등. 우리가 어떻게 강한
> 자와 싸워서 이길 수 있을까? 단결하면 된다. 단결하면 되는데… 이
> 것은 너무도 어려운 문제다. 그렇지만 포기할 수도 없는 문제다.
>
> — 박정화(18세, 미싱사), 《비바람 속에 피어난 꽃》, 2000, 226쪽

앞서 잠깐 한국 야학의 역사에서 살펴보았지만, 해방 이후
1960년대까지는 재건학교, 새마을학교, 공민학교 같은 보수적 검
정고시야학이 주류를 이루고 있었다. 이러한 상황에서 노동자 전
태일의 분신 사건은 당시의 지식인들에게 큰 영향을 끼쳤다. 전
태일 분신 사건의 영향은 크게 세 가지로 볼 수 있다.

첫째, 전태일 분신 사건은 당시 압축적 산업화와 도시화 과정
속에서 무척 열악했던 노동자의 상황을 고발했다. 전태일은 재단
사로 일하면서 청계천 평화시장 노동자 중 126명을 대상으로 직
접 노동 실태 조사를 진행했는데, 평균 하루 노동시간은 14시간
이상이었고, 102명의 노동자가 신경성 위장병을, 그리고 거의 대
부분이 눈곱이 끼는 안질과 신경통, 소화불량, 폐병까지 앓고 있
었다. 이러한 상황인데도 재단사의 월 평균임금 3만원, 미싱사는
1만 5,000원, 시다는 3,000원(일당 70원)에 불과했다.* 전태일은
특히 어린 여공들이 통풍, 채광도 되지 않고 먼지와 원단의 포르말
린 냄새가 가득한 공장 내의 허리도 펼 수 없는 다락에서 타이밍
이라는 각성제를 먹어 가면서까지 장시간 노동을 하고 있는 상황

을 매우 안타깝게 여겼다.

둘째, 이러한 노동자의 상황에 침묵하던 지식인과 국가에 경종을 울렸다. 전태일은 청계천의 어린 여공들의 상황을 안타까워하면서 노동 상황을 개선하려고 홀로 근로기준법을 학습하고 바보회와 삼동회라는 조직을 만들어 문제들을 풀려 했는데, 이 과정을 함께해 줄 '대학생 친구'를 간절히 원했다. 여공들의 입장을 대변하기 위해 사업주에게 항의하고 노동자 조직인 바보회를 창립한 후 전태일은 해고를 당했고 노동청에도 진정서를 넣었지만, 사업주들과 결탁한 근로감독관들의 대응은 "서류를 두고 가라." 라는 무성의한 말밖에 없었다. 전태일은 진정서를 제출하고 집회와 분신까지 감행하면서 기업과 국가에 대해서도 비판했지만 함께해 줄 친구, 동지조차 없었던 상황을 보여 줌으로써, 지식인의 반성과 참여를 촉구했다고 할 수 있다.

마지막으로, 당시 탄압적인 독재정권 속에서 지식인도 저항의 목소리를 내지 못하고 있는 상태에서, 평범한 노동자가 분신이라는 극단적 선택으로 저항했다는 사실이었다. 전태일의 헌신과 의지로 인해 노동운동이 본격화되기 시작했고, 학생, 청년, 종교계

---

* 1970년 주당 평균 노동시간은 51.6시간이었으며, 1970년의 평균임금도 최저생계비의 61.5% 수준이었다. 1966년부터 청계천 삼양사에서 시다로 일했던 신순애는 첫 월급으로 700원을 받았는데 당시 버스 요금이 일반 10원, 학생 5원이었고, 쌀 한 가마가 3,400원이었다(신순애, 2012, 52쪽). 당시 영세한 봉제업체의 경우 대부분 도급제이고, 미싱사와 시다의 관계는 봉건제적 예속 관계였다. 그래서 견습공과 미싱 보조 임금을 오야 미싱사가 지불했는데, 이는 저임금을 합리화하는 경제 통제 시스템이었다(장미경, 2004).

에서 반독재운동이 연이어 일어나기 시작했다. 전태일은 이후 한국 사회운동사에서 생계 능력, 도덕 능력, 사회적 판단 능력, 연대 능력, 자기표현 능력 등 인간적, 사회적 잠재력을 혼자서 계발해 나간 모델이 됐고, 노동운동과 노동야학의 방향을 잡아 가는 데 표본이 됐다(홍윤기 외, 2008, 97쪽).

청계피복노조의 다양한 교육 활동

전태일의 헌신으로, 1970년 11월 청계천에는 지역 노조의 성격을 띠는 청계피복노조가 만들어지면서 1970년대 노동운동의 장이 열렸다. 청계피복노조는 전태일의 뜻을 이어 평화시장 피복제조업체의 열악한 노동조건을 개선하려고, 임금 인상, 사용주의 임금 직접 지불, 체불 임금 해결과 퇴직금 지급, 살인적 노동시간 단축, 이중 다락방 철거 등 열악한 노동 상황 해결을 위한 치열한 싸움을 이어 갔다(청계피복노조의 투쟁의 역사와 과정은 《청계, 내 청춘》(안재성, 2007)에 잘 나와 있다).

노동조합은 특히 어린 여성 노동자의 참여와 활동을 위해 소모임을 활성화하고, 직업교육과 조합원 교육을 위해 노동교실을 개설했다. 청계피복노조는 노동운동과 함께 소모임, 노동교실, 노동야학 등 다양한 학습이 역동적으로 얽혀 진행된 독특한 사례라고 할 수 있다.

가장 먼저 시작한 것은 소모임 활동으로, 저조한 노조 가입 문제를 풀 목적으로 시도했다. 1971년 가장 먼저 만들어진 아카시아회는 1년 후 그 아래 15개의 모임이 생기고 156명의 여성 회원이 참여할 정도로 호응이 좋았다. 이후 동화, 산울림회, 리본침회, 삼진회, 들불회 등 새로운 소모임이 만들어지며 확대 됐다(이광욱, 2005, 191쪽). 소모임은 장시간 고된 노동으로 인해 계모임이나 취미활동을 전혀 누릴 수 없었던 노동자에게 친교 의 장, 서로의 처지를 공감할 수 있는 장이 됐다. 보통 10~20명 의 모임원이 주 1회 정도 정기 모임을 가지면서 야유회, 바자회, 취미 교육, 강연회, 등산, 체육대회 등 사회적 친교 활동을 진행 했다. 그리고 회지 발간을 통해 노동자가 자신의 이야기를 글 로 표현하고, 연말에는 연극도 발표하는 등 문화적 활동도 진 행하면서 노동조합의 활동에도 큰 거부감 없이 참여하게 해 주 었다. 정기 모임은 초기에는 주로 여성 노동자가 관심을 갖는 미용, 꽃꽂이 등의 기술을 배울 수 있게 하고, 이후 근로기준 법, 노동조합론, 근로자의 권리와 의무, 유신헌법 해설, 회의 진 행법, 노동운동의 방향 등 실제적 의식화 교육과 중간 지도자 의 역할에 대한 내용으로 변화, 발전했다(유경순, 2011b, 43쪽). 동화 모임의 경우는 인근의 경동교회와 연결해 중등 과정 야학 프로그램을 진행하기도 했다.

새마을노동교실은 소모임과 비슷한 시기에 만들어졌으나 좀 더 교육적 틀이 갖추어진 형태였다. 정부의 모범근로자 시상식 에 참여한 청계노조원의 '공부할 수 있는 교실에 대한 청원'을 정부(당시 대통령 부인 육영수)가 받아들이고 지원을 약속하면서 1973년 5월 동화시장 옥상에 개설했는데, 노동야학의 초기 모델 이 됐다고 할 수 있다. 노동교실은 청계천의 사업주들이 전세 보증금을 부담하고, 내부 시설은 노동청에서 지원하고, 정부와 사업주, 아시아아메리카자유노동기구(아프리), 전국연합노동조합 등의 기관이 운영비를 분담했다. 교육 활동의 운영은 주로 청계피복노조에서 맡았는데, 사업주들은 계속 노동교실의 운영을 방해하거나 운영권을 뺏으려 했다. 노동교실은 당시 배움의 기회를 포기하고 공장을 선택했던 어린 여공들에게 배움의 기회를 제공하고, 노조 활동이나 작업에 필요한 지식과 정보를 제공하는 기능을 했다.* 옆 쪽의 1975년 노동교실에 대한 모집 요강은 당시 노동교실의 교육 내용을 잘 보여 준다.

새마을노동교실은 배움이 필요한 노동자의 욕구를 반영한 프로그램으로 기초 교육, 교양 교육, 직업훈련 교육을 동시에 진행했고, 이외에도 문화 서클을 운영하거나 1,000여 권의 교양 도서를 열람하고 대여하는 도서실을 운영하기도 했다. 또한, 노동조합 활동에 대한 홍보와 교육을 위한 부수 교육으로 일반 조합원 교육, 간부 실무 교육, 특별 교육 등도 함께 진행했다. 노동교실은 노조 활동에 대한 의식 교육보다는 어린 노동자의 배움과 기초 노동 의식 교육을 목표로 했으며, 실용적인 직업훈련 교육에 대한 호응이 좋았다(천성호, 2009, 296쪽). 당시 여성 노동자들은 노동교실을 통해 청계피복노조에 큰 거부감 없이

---

* 당시 청계천에 일하는 1만 5,000명 노동자 중 80%가 여성이었고, 18세 미만이 40%를 차지했다(청계피복노조, 1972, 노동교실(아카이브 자료)). 1970년대 산업화 시기 여성 노동자 중 20세 이하는 46%에 달했고 그중 67%가 국졸의 학력이었고, 고퇴, 고졸은 3%가 되지 않았다(곽원일, 2011)

중등 교실

ㄱ. 기별 및 집행 횟수: 제6기, 1회

ㄴ. 교육 기간: 75. 6. 2~8. 30 (3개월간)

ㄷ. 교육 인원: 50명

ㄹ. 교육 시간: 주 6일간(월~토요일)으로 매일 오후 2시간씩

ㅁ. 교육 내용: 중학교 1학년 기초 과정(교과 내용은 별도 편성)

ㅂ. 교육 요원: 전임강사 2명 외 대내강사

(청계피복노조, 1975. 청계피복 새마을노동교실 운영 기본 계획 중)

각 과정별 모집 요령

과정별 구분	교양 교실	재단 교실	봉제 교실
교육 내용	별표 참조	재단 기초 과정	봉제 기초 과정
응모 자격	수강을 희망하는 조합원	재단 기술의 기초 과정을 배우려는 조합원	봉제(미싱) 기술의 기초 과정 교육을 원하는 16세 이상의 초보자
모집 인원	제한 없음	30명(선착순으로 심사 결정 후 마감)	20명(선착순으로 심사 결정 후 마감)
교육 기간 및 수업 시간	75.10.13~12.20 매일 오후 8시30분~10시	75.10.13~12.20 매일 오후 8시~10시	75.10.13~12.20 매일 오후 2시~6시
수업료	무료	무료(단, 실습 재료비 일부를 별도 포함)	무료(단, 실습 재료비 일부를 별도 포함)
모집 기간	제한 없음	75.10.6~11	
응모 방법	당일 참가와 동시 개별 등록	소정의 수강신청서를 노동교실(노동의원4층) 또는 지부 사무실(평화시장 옥상)에 제출하고 등록(단 수강신청서는 교실 또는 지부 사무실에서 배부)	

교양 교실	월요일	화요일	수요일	목요일	금요일
교육 내용 일람표	레크 레이션	영어	한문	생활상식(가사, 건강,주산, 사회, 문화상식 등)	특별교육(노동상식,시사문제, 영화, 기타)

일하면서 배우자!-무료 수강생 교육 계획 안내, 청계피복노조, 1975

참여했고, 생활과 작업에 필요한 실질적인 지식을 얻을 수 있었다.

그 소녀는 한 달 전에 노동교실이란 곳을 알게 되었다. 노동교실을 알고부터 노동조합에서 무슨 일들을 하는지 대충 알았다. … 한편 소녀는 요즘에 들어서 배운다는 게 무엇보다 즐겁다는 걸 깨닫게 되어 가슴 속은 기쁨으로 가득 차 있었다. 오늘도 이 소녀는 늦은 밤에 집으로 돌아가야 하는데 여간 무섭고 초조한 게 아니다. 그러나 소녀는 무서움 같은 것은 타지 않는다. 몇 일 만에 많은 친구를 알게 되었고, 소녀가 혼자 가던 길은 이제 여러 친구들과 같이 가게 되었다. 이 친구들이 바로 별에서 내려온 청계피복 동화 모임 회원들이다. 조금 전에도 여럿이서 함께 왔다.
- 이은하,《그러나 이제는 어제의 우리가 아니다-80년대 노동자 생활글 모음》, 1986, 70쪽

중학교 과정을 배우는데 … 국어를 가르치면서 한문도 가르치더라구요. 근데 1, 2, 3, 4… 1에서부터 억까지 한문을 가르쳤어요. 지금은 은행 가서 돈을 찾을 때 아라비아 숫자로 5자나 10자를 쓰는데 그때는 한문으로 썼잖아요? 한문을 모르면 은행을 갈 수가 없었어요. 그런데 나는 그걸 왜 가르치는지 모르고 하래니까 했는데, 그다음에 이 분이 통장을 만들어 오라 그러더라고 … 그다음에는 그 돈을 찾으라는 거예요 … 그때 내가 공부라는 거를 배워서 활용해 보고 한문이 왜 필요한지를 터득한 거예요 … 아 이게 이래서 필

요한 거구나….

- 신순애, 《나, 여성 노동자 1》, 2011, 76-77쪽

청계천 노동교실은 이후 노동자들의 배움의 공간, 모임의 공
간, 투쟁의 공간으로 변화되어 갔고, 그러자 사업주와 독재정권
은 노동교실의 운영권을 빼앗거나 폐쇄하려 했다. 1977년 청계피
복노조를 지원하는 대학생 장기표의 재판에서 전태일의 어머니
이소선 여사가 재판부에게 욕을 한 사건을 빌미로, 정부는 노동
교실을 폐쇄해 버렸다. 청계천 노동교실은 1960년대부터 시작된
체제 보완적 검정고시야학들과 달리 노조에서 직접 운영하며 중
등 교과 내용과 함께 기술 교육, 노동조합 교육을 함께 진행했다
는 점에서 1970년대 노동교육의 대표적 사례로 볼 수 있고, 이후
노동야학을 만드는 데 좋은 예시가 됐다.

1970년대, 겨레터야학

겨레터야학의 설립

박정희 정권은 1970년대 초반부터 일어나기 시작한 저항들을
탄압하기 위해 1972년 유신헌법을 만들고, 이를 바탕으로 계엄
령과 긴급조치들을 연이어 내놓았다. 대학, 종교계, 노동운동에
대한 탄압과 더불어, 1974년 민청학련 사건을 계기로 제적당하
고, 휴학하는 대학생이 증가했다. 그리고 동아일보 등에 대한 언

론 탄압으로 해고당한 기자들이 사회비판적 출판사를 설립하면서 노동문제 관련 서적 출판이 시작되고, 도시산업선교회, 가톨릭노동청년회 같은 종교계에서도 민주화를 위한 노동자교육의 필요성을 제안하는 상황들이 발생했다(전점석, 1980). 1970년대 노동야학의 효시라 볼 수 있는 겨레터야학은 이러한 여러 상황을 배경으로 출발했다.

겨레터는 광주일고, 부산고 [출신이] 중심으로 하게 됩니다. 처음에는 광주일고. 서울대 있는 학회 활동 하면서 … 입장이 철저한 친구, 민중들에게 상처를 주지 않을 것으로 생각되는 친구, 이런 사람들을 선발했어요. 일주일 한 번 세미나하고 강의를 하는 체제로 시작했는데 … 서울에서 광주일고 선후배 모임에서 《페다고지》 윤독회를 하고 있었어요. 이후 한국사 세미나를 하면서 동학혁명과 만민공동회, 의병, 독립전쟁, 마지막 삼일운동 하는데, 거기에서 예속자본가 계층, 지식인으로서 지주의 이익을 위해 이야기를 하는 그 사람들은 친일의 앞잡이, 그런 이야기들까지 공부하면서, 공부보다도 할 수 있는 걸 해 보자, 역사의 헛껍데기들의 이야기를 아무리 해 봐야 흘러간다 … 생각을 안정적으로 하기 위해서는 민중들한테 가는 것이 필요했죠. 당시 학생으로서는 야학밖에 없었어요.

- 김성재 구술

서울대학교를 다니거나 주변에 살고 있던 대학생들이 주축이 되면서 자연스레 서울대 주변의 공간을 찾았는데, 1975년 학생의 날인 11월 3일 서울 관악구 신림동에 있는 밤골이라는 달동네에 겨레터야학을 세우고 1회 입학식을 열었다. 교가는 〈학생의 날〉 노래를 개사해 만들었다. 겨레터야학을 세운 대학생들은 주로 광주일고 선후배가 만든 세미나팀(로바회)에 참여하면서 야학을 세울 결심을 하고, 이후 부산고 출신들이 결합했다. 초기 창립 멤버들은 프레이리의 《페다고지》, 중국의 5. 4 운동, 한국사 등을 학습하면서 민중과 직접 만날 활동을 생각하던 중에 야학을 선택했다. 사회운동에 대한 탄압이 거세지던 당시에 대학생들이 학교를 벗어난 형태에서 할 수 있는 활동은 야학이 거의 유일했다.

밤골은 관악산 자락에 위치한 동네로 과거 밤나무가 많은 지역이었는데, 1960년대 후반부터 시작된 대규모의 이촌향도로 청계천 주변으로 무허가 정착지가 형성되자 정부가 나서서 그 사람들을 트럭으로 실어 날라 가파르고 개척되지도 않은 땅에 약간의 정착 공간을 주면서 형성된 동네였다. 당시 밤골을 비롯하여 미아리, 신림동, 봉천동, 동부이촌동, 사당동, 광주대단지(성남) 등이 이렇게 형성된 동네였다. 정부에서는 8평 남짓한 땅만 주고, 집을 짓는 것은 개인이 알아서 해야 했다. 사람들은 값싼 판자와 루핑 등의 재료로 얼기설기 집을 지을 수밖에 없었고, 아무런 기반시설이 없었기 때문에 물은 우물에서 길어오고, 공동화장실을 쓰는 방식으로 동네를 만들어 갔다. 당시 야학에 나왔던 한 학생의 일기에는 동네에 관해 이렇게 쓰여 있다.

내가 모래내에서 살다가 신림동으로 이사 오게 되었다. 모래내도 조금은 빈촌이지만 나는 신림동으로 와서 깜짝 놀랐다. 모래내에서는 수돗물도 나오고 물도 충분히 쓸 수 있었는데 신림동에 왔을 때 조그만 어린애가 물지게를 지고 물을 긷는 것을 보고 서울에도 이런 곳이 있나 하고 놀랐다. … 나는 처음에는 이런 동네에서 어떻게 사나 하고 생각했는데 점점 날이 갈수록 나도 이 동네 사람들과 같은 생활을 하게 되었다.

― 김정님(20살, 양장),《비바람 속에 피어난 꽃》, 2001, 126-127쪽

겨레터야학은 밤골 꼭대기의 신림B지구(재개발 지구를 뜻함)에 있던 한 교회가 방 하나를 제공하면서 터를 마련했다. 야학의 교사들은 초기에는 고등학교 인맥을 이용해 교사를 모집했고, 이후 교사 모집은 각 대학의 학회 조직으로 확산됐다. 야학의 학생은 밤골과 신림동 지역에서 발품을 팔며 모집했는데, 10대 중후반의 여공이 대부분이었다. 학생들은 주로 동네의 소규모 봉제 공장이나 스웨터를 짜는 요꼬 공장에서 일하고 있었고, 조금 나이가 있는 여학생들의 경우 구로공단의 다소 규모 있는 공장에 다니기도 했다. 처음 터를 잡았던 교회에서 한 달이 지나자 나가기를 요구해 야학은 별도의 공간을 임대로 구할 수밖에 없었다. 이 과정에서 교사들은 아르바이트도 하고, 손수건을 찍어서 팔기도 하고, 대학신문의 논문상 상금을 기부하는 등의 노력으로 이후 집 한 채를 자가로 소유했다. 교사들과 학생들은 공간이 안정화되면서 야학에서 오랜 시간을 함께 보냈다. 야학의 교사들

은 야학에서 자기도 하고, 학생들 역시 수업이 끝나도 한참을 교사들과 이야기를 하고 나서 늦게 귀가하기도 했다. 초기 야학을 설립한 강학들은 기존의 공교육에 대한 실망감(회의)을 많이 가지고 있었기 때문에, 앞서 언급했듯이 교사, 학생이라는 기존 명칭 대신 서로 가르치고 배운다는 의미에서, 강학, 학강이라는 명칭을 독자적으로 만들어 썼다. 이 명칭은 이후 야학협의회에서 공유하면서 전국적으로 확산돼 쓰였다.

겨레터야학의 교육 내용

야학의 교사들은 시작할 때부터 야학의 정체성을 고민하면서 검정고시 방식을 비판하고, 민중의 의식화, 인간화 추구를 목표로 삼았다. 이는 당시 설립 주축 세력이 프레이리의 《페다고지》를 학습한 영향이라고 할 수 있다. 1970년대 초반 주로 개혁적 기독교계에서 프레이리의 의식화 이론과 알린스키Soul D. Alinsky의 조직화 이론을 소개하고 적용하기 시작했는데, 주요 방향은 산업화, 도시화 속에서 소외된 민중이 자신의 침묵의 문화를 깨고, 주체로서 자신의 문제를 풀어 가는 인간이 되게끔 촉진하는 것이었다(한국기독학생회총연맹, 1981, 21쪽). 초기 야학의 과목은 국어, 영어, 사회, 역사, 한문 등이었고, 교재는 교사가 직접 만들어 수업했다. 한 기수가 6개월 정도였는데, 졸업이라는 개념을 명확히 두지 않아, 기간이 끝나더라도 이후 기수와 계속 함께 수업을 했다고 한다. 당시의 수업 교재들이 남아 있지는 않지만, 이후 교사들이 참가한 공동 교재나 수업 관련 글을 통해 당시의 내용을 추측해 볼 수 있다. 한 예로 국어 수업은 주로 읽기와 쓰기로 진행됐는데, 읽기는 일제 강점기 저항 정신을 담은 문학작품을 교재로 삼았다. 그리고 쓰기는 교사가 중심적으로 지도하기보다는 프레이리의 방식처럼 대화 교육을 통해 진행했다.

작문 수업은 이러한 인간화를 위한 수업이다. 인간화에 어느 것보다 효과적인 수업이다. 또, 작문 수업은 교사(대학생)들이 학생(노동 청소년)들을 아는 데 큰 역할을 할 수 있기에 야학에서 작문 수업은 대단히 필요하다. 더구나 낮에는 종일 일하고 지친 몸으로 밤에 공부하는 학생들, 인간적인 삶의 발현의 기회가 극히 없는 학생들, 열등감에 빠져 있어 자기 주장을 전혀 못하는 학생들, 강학(대학생) 과는 이질적인 학생들 … 이러한 학생들을 상대하는 야학이란 특수 상황이기에 야학에서 작문 수업은 절실히 요구된다.

– 김윤희, 〈야학과 작문수업〉

교사 역시 자신의 이야기를 털어놓는 것으로 시작해, 학생들이 자신의 경험과 이야기를 유도하는 방향으로 진행했다.

이러한 작문 수업에서 항상 강조되어야 하는 것은 '진실됨'이고 '한 초라한 인간의 진실'이 수업 시간의 최고의 가치가 되어야 한다. 작문 시간은 꾸밈이나 문학적 지식을 가르치는 시간은 아니다. 그러한 것보다는 생활과 자기를 솔직하게 드러내는 '한 인간의 진실된 모습'

을 쓰고 그것을 가르치는 시간이다. 생활과 자기를 드러내고 알고 모색해서 생활을 충실하게 하고자 하는 것이지, 생활 공간을 넘는 창작을 하자는 것은 아니다. 아울러 자기가 가진 생각과 품은 마음을 솔직하게 이야기하고 듣는 시간인 것이다. 진실, 자기의 모습이 없는 글이나 말은 아사리 죽은 글이고 말인 것이다.

– 김용희, 〈야학과 작문수업〉

당시 글쓰기 수업을 했던 강학은 작문 수업이 자기 눈으로 세상을 보고 해석하며, 같이 읽는 작업을 통해 타인을 이해하고 공동체적 감성을 만들어 낸다는 의미에서 프레이리의 의식화, 프락시스 논리와 똑같다고 설명했다. 이러한 대화를 중심으로 한 방식의 경험은 이후 1970년대 유명한 노동자 수기집인《비바람 속에 피어난 꽃》을 만드는 토대가 되기도 했다.

저는 작문한 기억밖에 없어요. 다른 것도 했을 텐데. 작문이 파울로 프레이리 논리에 딱 맞아요. 글쓰기가 뭐냐면 자기 눈으로 세상을 보는 거잖아요. 자기 입장에서 세상을 보고 자기 나름의 해석을 하는 거예요. 그걸 같이 읽으면서 같이 공유를 할 때 남을 이해할수 있고, 서로 시야를 넓혀 주는 것도 있고 공유를 할 때 주체성이 확립이 되는 거죠. 그래서 서로 읽으면서 서로 신뢰도 생기고 알아야 신뢰가 생기니까. … 세상에 접근하고 반성하고 프레이리, 프락시스랑 딱 맞는 거야. 작문하면서 애들을 좀 더 알면서 세상에 이렇게. 내가 삶을 참 찌질하게 힘들게 살았는데, 삶이 이렇게 아름답구나,

사람이 이렇게 아름답구나를 느꼈어요. 행운이었죠.

– 김용회 구술

한문 과목은 여러 가지 면에서 중요한 의미를 가지고 있었다. 당시 겨레터야학의 학생은 대부분 한글을 깨친 상태였고, 초졸 또는 중퇴 정도의 학력이었는데 영어와 한문 같은 실용적인 지식에 대한 욕구를 가지고 있었다. 당시 조금 큰 공장에 들어가기 위해서는 중졸 정도의 학력과 함께 간단한 영어 테스트를 통과해야 했다. 봉제업의 경우 치수나 전문용어 부분에서는 영어가 약간 필요로 했던 것이다.* 겨레터야학의 1기 학생이었던 김덕님은 구로공단에서 인형을 만드는 대협이라는 공장에 들어갈 때, 학력을 속이고 들어가 영어라도 배울까 하고 야학에 들어왔다고 한다.

나는 그때 당시 직장 큰 데 들어가니까 학력도 속이고 … 영어 쓰는 게 있으니까 에이비씨라도 배워야 하니까. … 공부하는 거 그리 좋아하지 않았어요. 그렇게 공부가 절실하지는 않았죠. 속이고 들어가서 … 친구가 [야학에 대해서] 이야기하니까 그래 같이 가자, 영어라도 좀 배워야 하겠다, 했죠.

– 김덕님 구술

---

* 1970년대 150인 이하 소규모 공장의 경우 노동자의 학력은 국졸·국퇴가 64%일 정도로 낮았고, 300인 이하 중규모는 중졸·중퇴가 50%, 대규모 공장은 중졸·중퇴가 48%, 고졸·고퇴가 18%로 학력차가 심했다(장미경, 2004, 113쪽).

그리고 당시는 국한문 혼용이 보편적 방식이었기 때문에, 한자를 모르면 신문, 공문서, 책 등을 읽을 수가 없었다. 특히 노동과 직접적으로 연관된 근로기준법 등은 모두 한자로 되어 있었다. 그래서 한자는 학생들도 관심을 가지고 배우려고 하는 분야였으며, 교사들 역시 개념 이해를 통한 의식화 수업으로 활용하고자 하는 과목이었다. 이러한 이유들로 야학협의회에서도 공동 교재 개발에 한문과 국어 교재를 가장 우선적으로 시도했다. 아쉽게도 당시의 한문 공동 교재가 남아 있지는 않은데, 다른 자료에서 일부 내용을 확인할 수 있다.

친구(親舊)

검정 작업복을 입었던 내 친구

밤 깊도록 머리 맞대었던 내 친구

아직도 작업복을 입고

한 손에 책을 들고

말없이 어깨위에 손을 얹었다

→ 헤어진 친구에 대해서 이야기해 봅시다.

오늘 배울 한자

친구 진실 인연 죽마고우(소꿉친구) 우애 연인 약속

전화 대화 언쟁 책 객지생활 실망 편지 인생

동고동락 화해 존중 심정 재회

→ 새 친구를 사귄 경험을 얘기해 봅시다.

예시문 '야학 친구'

그런데 한 달 보름이 지난 오늘, 난 공부를 잘한다는 생각보다 실망이 먼저 앞서는 것이다. 왠지 허전하고 어딘가 모르게 우울한 기분이 든다. 그래서 나는 오늘 글로써 표현을 할까 한다. 비록 지금은 10여 명밖에 안 되는 학생들이지만 거기서 더 빠지지 말고 좀 더 건실하고 명랑하고 좀 더 야학을 사랑하는 마음들이 되었으면 좋겠다.

야학에 다니는 형제들이여,

낮에는 일하고 밤에는 공부하는 학생들이지만 비록 오늘이 고단할지언정 열심히 꿋꿋하게 밀고 나가자.

학생들이여 저기 바다를 보십시오.

바위가 아무리 단단하다고 해도 언젠가는 바위는 파도 앞에 무릎을 꿇을 것입니다.

우리 야학 학생들 영원히 파도가 되길 바라며 굳게 뭉쳐야겠습니다.

→ 직장 친구들은 왜 잘 친해지지 않을까요?

- 한문 교재 제1과 '친구'(베다니 선교교육원 편),
한국기독학생회총연맹, 1981, 60-68쪽

한문 수업의 경우, 프레이리의 문해 교육 방식을 적용해 생성어와 생성 주제 방식을 사용했다. 프레이리처럼 직접적인 지역 조사를 하지는 않았지만* 야학 학생들이 작문 시간에 쓴 글들(《비바람 속에 피어난 꽃》의 원고가 된 글들)이나 유동우, 석정남의 수기, 여성 근로자 문집 등 노동자가 직접 쓴 글과 황석영, 이문구 등 작가가 쓴 노동 관련 글을 통해 간접적으로 주제 조사를 했고, 그 내용을 대상으로 단어와 글을 골라 수업의 텍스트로 삼았다. 한문 수업은 학생들의 삶을 주제로 삼아 대화하고, 이를 토대로 노동 같은 주제를 풀어 나갔다. 당시 한문 수업을 진행했던 강학은 학생들의 언어와 경험을 통해 한문 수업을 풀어 나갔다고 했다.

민중교육은 민중이 익숙한 경험에서 출발해야 합니다. 지배자의 언어로 지배자의 문화를, 민중이 하는 것은 억압이죠. 그 사람들의 말을 찾아서 그 사람들의 말로 해야 한다고 생각하고 … 여기서 나온 것이 '비바람'[《비바람 속에 피어난 꽃》을 가리킴]이에요. 기본 소스가 돼요. 거기에서 노동자들이 하는 말들, 석정남의 〈불타는 눈물〉도 보게 되죠. 유동우의 글도. 노동자들의 글은 그 경험을 담은 '비바람'이 가장 중요했어요. 채택되지 않은 글도 참고가 됐어요. 여기에서 어떤 낱말을 많이 했냐, 썼냐를 찾는 것이 중요했죠. 글에서 찾아보니까 어머니, 고향, 친구라는 말을 많이 쓰고, 1과 어머니, 2과 친구, 3과 야학, 이렇게 됐을 거예요. 친구라는 말이 나오면 이런 말들이 많이 나온다, 왜 친구에서 존중을 배울까, 재회 이런 것들도 친구에 대해서 이야기를 해 보자, 이런 다음에 한자로 표현하는 것은 왜 필요할까 이야기 … 그러면 굉장히 빨리 배우게 되죠.

– 김성재 구술

* 프레이리는 민중의 상황을 담고 있으면서 직접 쓰는 단어를 조사해 그중 생성어를 채택했다. 생성어는 민중의 상황을 압축적으로 담고 있는 단어이기도 하고, 철자와 문법을 익힐 수 있는 단어들이었다. 프레이리는 기초 단계에서 20여 개 정도의 생성어로 주제 토론과 문법 학습을 진행했다(김한수, 2018).

이와 같이 겨레터야학은 기존의 검정고시 형태가 아닌, 노동자를 대상으로 한 야학을 만들어 냈고 프레이리 사상의 영향 속에서 의식화, 인간화를 주요한 방향으로 삼았다. 이후 의식화의 방향은 '노동'이라는 주제로 점차 구체화되기 시작했다.

노동야학의 본격화

겨레터야학은 공간의 안정화와 함께 노동자 학생들을 위한 교육 내용을 발전시켜 나갔는데, 당시 야학과 노동운동의 상황 변화로 인해 노동야학으로 본격화됐다. 겨레터야학을 시작으로 1976년경부터 사당동의 희망야학(1976년), 금호동의 시정의 배움터(1977년), 그리고 청계천 주변 여러 개혁적 교회를 기반으로 한 야학 등이 조금씩 생겨났다.

노동운동에서는 1977년부터 인천 삼원섬유 노동자인 유동우의 현장 투쟁을 기록한 〈어느 돌멩이의 외침〉, 인천 동일방직 노동자 석정남의 수기 〈인간답게 살고 싶다〉〈불타는 눈물〉 등이 월간 《대화》에 연재됐는데, 그 파급 효과로 노동운동이 활성화되기 시작했다. 겨레터야학에서도 이러한 노동운동의 움직임을 야학의 교육 내용과 연결하려고 유동우, 석정남 씨를 직접 야학으로 데려와 특별 수업을 진행했다. 이러한 교류 과정에서, 당시 기독교 노동운동을 중심적으로 끌고 가던 영등포 도시산업선교회(산선)*와 만났다.

기본적으로 노동 현장에서 일어나는 일 중 투쟁, 실천하고 엮으려고 의도적으로 했고 도시산선이나 교육받은 활동가들이 공장에서 활동을 하던 때여서 … 상징적인 것이 청계피복노조 사무실이 폐쇄되어 있었는데, [영등포]산선 쪽으로 [청계피복노조] 사람들이 나와 있었어요. 전태일의 친구들이었는데, 의도적으로 컨택하고, 그래서 대학생들이 노동자 데리고 와서 섞이게 하고 … 77년 김동완 목사가 하는 교회 집회가 제일교회에서 [있었는데], 교회에서 하고 청계천 근처 행진을 해서 사무실로, 도로 찾겠다고 백여 명이 무모한 시도를 했어요. 또 중요한 구실을 하는 게 강원룡 목사가 하시는 아카데미에서 나온 《대화》라는 잡지가 있었어요. 거기에 동일방직 투쟁 수기들이 실렸는데 실물도 만나고 싶어서 유동우, 석정남 씨를 찾으러 나가다 조화순 목사하고 만나게 돼요.*

- 홍윤기 구술

겨레터야학과 산선은 서로에게 영향을 주었는데, 겨레터야학은 산선과의 만남을 통해 노동 관련 정체성을 더욱 심화하고, 산선을 비롯한 기독교 쪽으로는 노동야학이 확산되는 계기가 됐다. 당시 겨레터야학의 학생 일부가 구로공단의 대협에 다니고 있었

* 도시산업선교회는 소모임 조직을 중심으로 대중적으로 노동자들과 만났고, 1970년대부터 소모임을 토대로 노동조합을 조직하기 시작해, 4년 동안 100여 개 노동조합, 4만여 명의 노동자가 조직되는 것을 지원했다. 서울·경기에서 235건의 노동문제를 취급했고, 매년 1만 2,000명의 노동자교육을 진행할 정도로 당시 노동운동의 실무적인 면에서 가장 앞서갔다고 할 수 있다(홍현영, 2005, 422-424쪽). 산선이 지원한 주요한 노동쟁의는 홍현영 참조.

는데, 이곳에서 발생한 분규를 계기로 두 조직의 협력은 더욱 강화됐다. 야학의 강학들은 학생들이 겪는 문제들을 계속 함께 이야기하면서 조력하고, 산선과의 교류를 통해 인적자원들을 연결했다. 산선에서 노동운동 실무를 진행하는 전문가를 데려와 수업을 진행하기도 했다.

교육은 대학생으로 한계가 있어요. … 영등포 산선의 조화순 목사를 소개하고 황영환인가 하는 분이 노조 교육의 달인이에요. 이 분을 직접 데려왔어요. 학당에. 그게 쇼킹한 사건이었죠. 노학연대[노동자-학생연대]를 실제로 실현해 버린 거죠. 공장에서 있었던 일 이야기하고 어떻게 하면 좋을지 이야기 하고 담론을 만들어 냈어요. 필요한 게 있으면 자료 만들어 교육하고 그때그때 … 영향을 끼친 건 《대화》지였어요. 그래서 거기 인물들을 실제로 접하는 게 아주 중요한 일 중 하나. 황영환 씨였죠. 현장 경험이 많았고 곤란한 일을 풀어 나가는 것을 컨설팅 하고 우리가 이야기를 하고 ….

– 홍윤기 구술

이러한 과정들을 통해 겨레터야학은 노동야학의 정체성을 강화해 나갔고, 당시의 학생운동, 노동운동, 야학운동에 영향을 주었다. 여러 대학의 학생이 겨레터의 강학으로 왔고, 대부분이 학생운동을 경험한 대학생들이어서 야학 경험이 대학 사회로 전파됐다. 또한, 당시 서울 남부 지역에는 사당동 희망야학, 봉천동 YMCA야학, 구로동 야학이 존재하고 있었는데, 겨레터가 주축이 되어 야학 간의 교류 모임을 만들어 냈다. 야학 교사들은 자신의 방향성, 교육 내용, 연대 활동을 공유했고, 이 과정에서 자연스레 학생들의 교류도 이루어졌다. 이러한 교류들이 심화되면서 1979년 야학 졸업생을 위한 후속 야학인 '봉천고등야학'이 만들어졌다. 봉천고등야학은 공식적인 야학 명칭이 아니었다. 사당동, 봉천동, 신림동의 소수의 야학 교사가 비공식적인 제안으로 개별적으로 접촉해 졸업생을 모으고, 한 교사의 자취방에서 다시 비밀스럽게 수개월 동안 수업을 진행했는데, 그 동네가 봉천동이었고 중등 과정을 졸업한 이후 과정이라는 의미에서 교사들이 임의적으로 '봉천고등야학'이라고 부른 것으로 보인다(1980년 야학협의회 회보 창간호에 교과 연구 분과의 집중 토의 주제로 고등야학이 들어가 있는 것으로 볼 때, 특정 야학의 명칭이라기보다는 하나의 교육 과정으로 인식하고 있었음을 알 수 있다).

그때 야학 졸업생을 묶어서 뭘 하자, 하는 분위기가 서울 시내에 있어서 양평동 야학에서 보육사를 키운달까 하는, 이런 프로그램을 진행했어요. 누가 제안해 와서 선배가 그분하고 같이 서울 시내 야학 졸업생 중에 키울 만한 사람을 모아 보자 해서 시작했어요. 이름은 그냥 우리끼리 고등야학이라고 했고 이름은 없었어요. 그 당시는 밝혀지면 안 된다 … 그래서 철저하게 비밀로, 아무도 모르게 했어요.

― 김융희 구술

봉천고등야학은 어떻게 보면 이후에 등장하는 자취방야학의 시초 격이자 노동자 졸업생 연합 후속 모임으로도 이해할 수 있다. 개별 야학에서 시간적으로, 내용적으로 담기 어려웠던 내용들을, 노동 현장과의 연결을 중심에 놓고 야학이라는 교육 체계에서 벗어나 다룬 비공식적인 의식화, 조직화 작업이었다고 할 수 있겠다. 그래서 학교 형태보다는 일종의 스터디 형태로 노동 관련 철학, 경제, 역사, 글쓰기를 진행했다. 고등야학의 글쓰기 수업에서 나온 결과물들(특히 일기)은 이후 노동자 수기집인 《비바람 속에 피어난 꽃》의 주요한 내용이 됐다. 하지만 고등야학은 교사들이 각자의 활동으로 흩어지면서 한 해를 넘기지 못하고 중단됐다.

야학협의회와 《비바람 속에 피어난 꽃》

겨레터야학은 1970년대 후반의 대표적 노동야학이었고, 야학 간 교류를 만들어 내는 데도 큰 역할을 했는데, 이는 야학협의회의 결성과 노동자 수기집 《비바람 속에 피어난 꽃》의 출간을 통해서였다. 앞에서 보았듯이, 겨레터야학은 야학 간 연대와 노동운동과의 연대를 만들어 내는 가교 역할을 했다. 그리고 1970년대 후반으로 들어서면서 진보적, 개혁적 교회를 중심으로 한 야학이 증가하면서 '야학협의회'를 결성했는데, 이 과정에서도 겨레터야학의 강학들이 중심적인 역할을 맡았다. 야학협의회가

1970년대 야학들의 첫 연합 모임이었던 것은 아니지만, 구체적인 조직을 결성하고 연합 활동을 한 것은 처음이었다고 할 수 있다. 야학협의회에는 검정고시야학과 노동야학이 함께 모였고, 17개 야학이 참여했다.

야학협의회는 1980년 2월 모임을 통해 결성을 확정하고, 조직으로 교사 훈련 분과, 교과 연구 분과, 교재 연구 분과를 두었다. 교사 훈련 분과는 야학 교사의 전문성 강화를 위해 야학사, 야학의 역할, 교육 방법론, 야학의 이념 등의 교육을 기획했고, 교과 연구 분과는 야학의 교과 과정, 교육 방법, 학생과 졸업생의 후속화 등에 대한 문제의식 심화를 위해 고등야학, 졸업생 모임, 학생 상담, 교수법, 학생 모임을 추진했다. 교재 연구 분과에서는 야학의 인간화 교육 취지에 적합한 교재를 만들었는데, 그 첫 번째 교재로 한문 교재를 연구하고 제작하려 했고(야학협의회, 1980a), 이 교재는 협의회 해산 후 베다니선교회의 지원으로 국어 교재와 함께 출판됐다. 하지만 협의회 결성 후 1980년 5월 광주항쟁이 일어났고, 그 시점으로 사실상 활동이 중단됐다(5월 광주항쟁 바로 전에 야학협의회 활동을 구체적으로 논의하기 위한 전체 모임이 있었는데, 여기에는 광주 들불야학도 참석했다).

겨레터야학이 주도한 또 하나의 야학 교류 활동으로는 노동자 수기집 《비바람 속에 피어난 꽃》의 출간이 있다. 이 책은 유동우, 석정남의 수기와 함께 1970년대 후반 대표적 노동자 수기집으로, 앞의 두 책이 노동운동을 경험하고 그에 대한 의식이 형성된 저자들의 책이었다면, 《비바람 속에 피어난 꽃》은 전태일이 만났

던 여공들 같은 일반적인, 평범한 노동자의 최초 수기집이라는
데 큰 의미가 있다(홍성식, 2012).

겨레터야학의 강학들이 중심적으로 이 책의 기획을 진행했다.
그 과정이 조직적이거나 체계적이었던 것은 아닌데, 겨레터야학
의 국어 강학이었던 김용희가 교사이자 아동문학가였던 이오덕
선생을 만나면서 시작됐다. 이오덕 선생은 1978년 농촌 아이들
의 생생한 삶의 내용을 엮은 《일하는 아이들》(청년사)을 출판했
는데, 책의 출간과 함께 전국에서 교사들이 이오덕 선생에게 편
지를 쓰거나 직접 만나러 올 정도로 당시 교육계에 큰 영향을 주
었다. 겨레터야학의 강학 역시 그 내용에 대한 관심으로 직접 이
오덕 선생을 찾아갔다. 함께 이야기를 나누는 과정에서 이오덕
선생이 야학의 이야기를 듣고, "농촌의 일하는 아이들의 도시로
간 이야기로 볼 수 있겠다."라면서 글을 한 번 모아 보라는 제안
을 했다.

> 네. 조직적으로 하지는 않았어요. '비바람' 이야기를 좀 하면, 《일
> 하는 아이들》이라고 아세요? 그걸 보고 놀라서 제가 사서 돌리기도
> 하고 열 권씩 … 직접 이오덕 선생님 댁에 찾아갔어요. 정말 소박해
> 요. 냄비 두세 개 숟가락 … 같이 자면서 세파를 뜯어서 먹고 … 일
> 하는 아이들이 나중에 도시 나가서 어떻게 됐는지 야학 학생들 글
> 을 모아봐라 이야기를 하셨어요. 그러면서 한윤수 선생님 소개를 …
> 그래서 시작하게 됐어요.
>
> – 김용희 구술

이 제안을 들은 강학은 이후부터 전국에 있는 야학들을 조사하고 연락하고, 직접 방문하며 글을 모았다. 김용희의 증언으로는 당시 전국의 300개 야학과 직간접으로 접촉했고, 그중 100여 개의 야학에서 글을 받았다고 한다.

돌아다니기도 하고 … 편지를 많이 썼어요. 황시백이라든지 최교진 이런 사람들한테 … 그러면 문집 부쳐 주고, 명단 적어 놓은 게 300개. 글을 받은 데는 100군데 정도 됐던 거 같아요.

― 김용희 구술

이 원고들은 학강들과의 공동 편집 과정을 거쳐,《일하는 아이들》을 펴낸 청년사에서 출간했다. 출판사의 사장이었던 한윤수 씨는 이 책의 가치를 높게 평가해, 우이동에 있는 자신의 집을 팔아 2만 부를 찍어 전국으로 돌리기 시작했다.[2] 이 책은 대학, 야학, 노동운동권의 입소문을 타고 순식간에 퍼지기 시작했고, 당시 운동권의 필독서가 되면서 경찰들이 운동권의 집을 수색만 하면 이 책이 나온다고 할 정도였다. 하지만 1980년 군부정권의 탄압으로 결국 출판사는 문을 닫았다.

이처럼 거레터야학의 활동이 점점 확산되면서 다른 운동, 기관과의 연대도 강화됐다. 그러면서 독재정권의 감시망에도 들어갔다. 거레터야학은 독립적인 공간을 가지고 있어서 보통 야학들이 겪는 공간으로 인한 불안정성을 가지고 있지는 않았다. 또한, 마을 내에서도 다른 주민과 융화하려고 노력했기에 도드라져 보이지는 않았다. 그럼에도 노동야학으로서 영향력을 가지고 있어서 정부가 계속 주시하고 있는 상태였는데, 겨레터야학을 사찰하는 프락치 사건이 두 차례 일어나기도 했다.

겨레터와 관련된 몇 개 자료는 아마 국정원에 있을 거예요. 중앙정보부에서 야학 사진을 가지고 와서 보여 줬어요. 학생 프락치가 들어와 있었죠. 그 학생은 나이가 나보다 많은 [사람이었다] … 야학 건물 마련했을 때, 노가다 십장을 했는데 공짜로 해 주고 우리랑 친하고 그랬어요. 서울대, 연대 다니는 친구들이 와서 고생하니 먹는 것도 사 주고, 나중에 하루 자면서 이런저런 이야기를 하다가 중동에 돈 벌러 간다고 … 나중에 보니 중동에서 파업이 있었어요. 그래서 그거[파업에 대한 진압] 하러 갔을 거예요. 박정희 정권 말기 증상이 여러 곳에서 나왔죠.

− 홍윤기 구술

1970년대 후반이 되면서 정부의 감시는 더더욱 심해졌고, 그러다 보니 밤골에서도 야학에 대한 불편한 이야기들이 나왔다고 한다. 또한, 야학도 이후 활동에서 밤골 같은 생활 밀집 공간보다 구로공단 같은 직업 공간, 현장 공간이 더 필요하다는 계획 아래 공장 지역으로 이전을 결정했다. 1980년에 야학을 구로동 영림중학교 인근으로 이전했는데, 구로동으로 이전하자마자 발생한 군부에 의한 쿠데타와 광주항쟁으로 사회 분위기는 더욱 얼어붙었고, 당분간 야학을 닫기로 결정했다. 그러던 와중 한 강학이 잠깐 야학에 들렀다가 우연히 광주항쟁 관련 유인물('광주의 진실을 알린다')을 두고 나왔는데, 그게 경찰들에게 발각되어 야학은 강제로 문을 닫게 되었다. 이후 구로동이나 청계천 등지에서 현장을 중심으로 활동 재개의 기회를 보고 있었지만, 연이은 노동탄압 사건으로 기회를 잡지 못한 채 와해됐다.

겨레터야학은 1970년대 중반 최초로 검정고시 위주의 내용에서 탈피해, 프레이리의 의식화론, 노동운동에 기반한 노동야학을 만들어 갔다. 노동법, 국어, 한문 등의 수업을 통해 학강들의 삶과 사회적인 문제들을 수업 내용에 담았고, 노동자 학생들의 문제를 함께 풀기 위해 다양한 노동 지원 조직, 현장 활동가와 만났다. 겨레터야학의 설립과 변화는 1970년대 중반 이후 의식화야학, 빈민야학, 노동야학이 생겨나는 데 큰 영향을 주었고, 광주들불야학을 만드는 모델이 되기도 했다. 또한, 야학협의회를 결성하고 《비바람 속에 피어난 꽃》을 만들어 간 과정은 노동야학을 전국적으로 확산시키는 계기가 됐다.

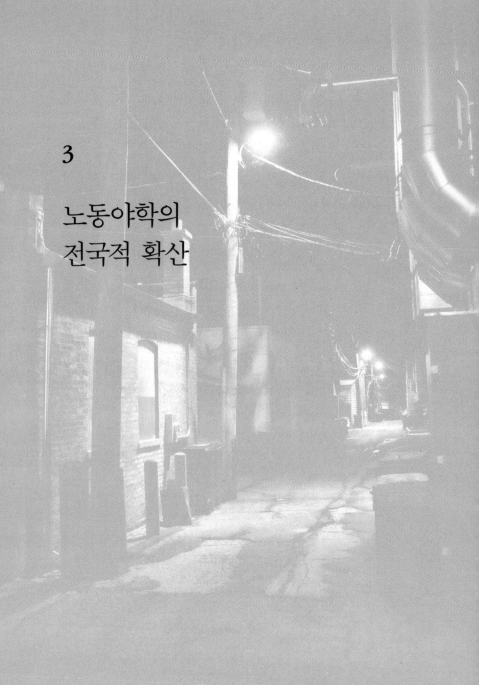

3

노동야학의
전국적 확산

노동야학의 불길

환하게 동이 터서 하루 일과가 시작되면
길거리엔 책꾸러미를 안은 여학생들
우리들은 도시락을 안은 산업전선의 근로자들
야학에다 꿈과 희망과 보람을 찾으며
남들 배울 때 못 배운 아쉬움이 남아서
하루하루의 피로를 무릅쓰고 뭐든지 해 볼려는 긍지와 포부를 앞
세우며 살려 한다
한때는 배움이 두려웠고
길거리의 간판마다 진열대의 상품마다 뚜렷이 새겨진 영어단어들
가슴이 답답하다, 한숨과 아쉬움,
하지만 지금에 와서는 두려움과 어려움 모든 게 없어진다.
봄이 가고 여름이 가고 가을이 가면 겨울이 올 테지만,
우리들은 이제 봄인 양 가슴과 눈과 머리에는 새싹이 피어오른다.
어떤 어려움에 부딪혀도 힘과 힘을 합쳐서
서로가 서로를 보호하면서 보람되게 살아가야겠다.

－ 남명숙(부산YMCA근로청소년교실), 〈우리들의 봄〉,
《인간답게 살자-부산지역 야학노동자 글모음》, 1985, 224쪽

앞서 보았던 겨레터야학을 시작으로, 1970년대 후반으로 접어들면서 노동야학이 대거 등장했다. 한국기독학생회총연맹의 자료에 따르면, 1975년에 생기긴 시작한 노동야학은 1977년 6개, 1978년 12개가 생기면서 20개에 달했다. 당시 검시야학이 20개였으니, 노동야학은 짧은 기간에 급속하게 증가했다고 할 수 있다(한국기독학생회총연맹, 1981). 1976년 희망야학이 사당동의 빈민 지역에서 문을 열고, 1977년 9월 이소선 여사가 구속돼 청계피복노조의 청계노동교실이 폐쇄를 당하면서 인근 개혁적 교회들에서 연이어 노동자 모임이나 노동야학을 열기 시작해, 경

동화모임 교육 프로그램-제1기 교육 개요

- 기간: 1976년 4월 26일~7월 27일(1학기-28일) 1976년 9월 6일 ~11월 30일(2학기-26일)→계 6개월 간 54일
- 시간: 매주 월, 화요일 오후 8시 30분~10시
- 장소: 경동교회 교육관 23호실
- 대상: 동화 시장 근무자 서용곤 외 41명. (명단 별첨)
- 과목: 한문-생활에 가장 필요한 한문과 단어 공부
  교양-문화, 사회, 경제, 정치 분야의 기본 상식
  음악-가곡, 민요 등 즐거운 대중 음악을 배운다
  오락-레크레이숀을 통하여 기분을 전환하고 친목을 도모한다
  특강-필요에 따라서 월 1회 정도의 특강을 개설 예정
  (1주 음악 한문. 2주 오락 교양.)

출처: 동화모임, 1976

동교회의 동화모임, 제일교회의 형제의집 내 야학, 약수동 형제교회 시정의 배움터, 동대문성당야학, 시온교회의 평화모임 등이 생겼다(유경순, 2011a, 371쪽).

이 야학들은 대부분 6개월 과정으로 개설했고, 국어, 한문, 역사, 오락, 근로기준법 등과 함께 가벼운 사회과학 학습과 수련회 등을 통해 노동자의 권리 의식, 자부심을 고취하는 방향으로 진행됐다.《난장이가 쏘아올린 작은 공》《노동의 역사》《비바람 속에 피어난 꽃》《암태도 소작쟁의》《노동의 철학》《경제란 무엇인가》《미국노동운동비사》등이 주요한 수업 자료였다. 1976년 경 동교회에서 진행한 동화모임 프로그램과 국어 교과의 한자 교재는 당시의 교양 수업 내용을 잘 보여 준다.

내 이름은 시다

우리 全體의 製品工場에서 쓰는 말 중에 시다라는 말이 있다. 시다라 함은 누구나 잘 알 듯이 미싱사들이 미싱을 하면 그 옷을 만들기 위해서 가위로 자르고 손으로 뒤집고 다리미질 등을 하여 미싱사들이 옷을 만들 수 있도록 해 주는 獨立的인 役割을 말하는 것이다. 미싱사들은 技術職이라 하지만 시다가 있을 때 옷 20벌을 만들면 시다가 없을 때는 10벌도 못 만든다. 이 점은 예나 지금이나 같다. 가령 자기 시다가 간혹 몸이 아파 못 나올 경우 自然的 미싱사는 그날 일을 안 하고 만다. 그런데 몇 해 전인가 言語純化運動을 할 때 우리 勞動組合에서도 때를 같이 하여 우리 市場商街에 쓰는 말은 거의가 日本말이지만 그 중에서도 특히 시다라는 말은 기껏 獨

立的인 일을 해 주고도 우리말로 풀이하면 밑이라는 뜻이다. 우리말로 고쳐 見習生이라 했다. 우리 시다들은 '1번 시다, 몇 번 시다, 라고 부르면 굉장히 싫어했고 이름을 부르면 친언니 같은 생각이 들어 좋아했다. 그런데 勞動組合에서 見習生이란 말을 해서 무척 좋아했다. 예를 들면 2개 공장 중 앞 工場에 '시다 구함'이라고 써 붙이고 옆에 工場에서는 '見習生 구함' 이렇게 써 붙일 때 우리들 생각에는 왠지 모르게 '見習生 구함'이라고 써 붙인 데가 일하는 사람을 인간적으로 대해 줄 것만 같은 생각이 들어 일자리를 구할 때는 '見習生 구함'이라고 써 붙인 工場으로 들어갔다. 헌데 지금에 와서 우리들은 안 그렇지만 勞動廳이나 官에서는 見習生들을 우리 製品工場이 아닌 다른 곳처럼 견습생은 3~4개월 동안 일은 안 하고 말 그대로 견습하는 期間 동안으로 생각하고 見習生이 지나서 시다로 진급되는 걸로 안다. 그래서 見習生들이 月給이 그 정도면 됐지 않느냐는 식이다. 그렇지만 우리의 見習生들은 새로 들어온 지 1주일 되는 사람도 견습생이고 1年된 사람, 2年, 3年 된 사람도 미싱을 안 하면 역시 見習生이다. 이런 것을 생각할 때 조금도 아닌 우리 시다들의 全體가 被害를 보는 그런 어리석은 見習生이란 말을 다시는 안 하겠다. 그래서 나는 見習生이란 말은 일체 쓰지 않고 시다라는 말로 다시 쓰고 있는 중이다. 역시 내 이름은 시다.

– 국어 교과의 한자 교재, 동화모임, 1977, 10쪽

시정의 배움터

1970년대 후반 여타의 야학들 역시 겨레터야학과 마찬가지로,

의식화야학이나 생활야학의 형태에서 노동야학으로 변화해 가는 과정을 밟았다. 1977년 10월에 천은교회에 세워진 시정의 배움터('시정'은 시장터의 우물이라는 뜻)를 통해, 노동야학으로의 이러한 변화를 좀 더 구체적으로 확인할 수 있다. 시정의 배움터는 2년 과정의 검정고시야학으로 출발했지만, 이후 교사들은 검정고시야학의 낮은 검시 합격률에 대한 한계와 함께 졸업생들을 계속 수용할 수 없는 구조임을 깨닫고, 1980년에 약수동 형제교회로 옮겨 노동야학으로 전환했다. 시정의 배움터는 학제를 3단계 6개월로 전환하고 과목도 6과목으로(국어, 한문, 상식, 사회 등) 압축했는데, 주요 방향과 교육 단계는 아래와 같다.

의식화의 방법

야학에서 의식화는 노동자가 자기의 생활공간과 의식과의 괴리로 인해서 생기는 자기의식의 부족과 실천력의 부족이라는 현실에 초점을 맞추어야 한다. 즉 노동자의 의식화는 구체적인 현실에서 출발하여 추상적이고 구조적인 문제까지 도달해야 한다. 그러기 위해서는 먼저 노동자의 생활공간과 의식 구조에 대한 분석이 있어야 되고 이 분석을 토대로 경험적이고 단순한, 단편적인 현실에서 구조적인 틀을 제시해 줄 수 있다. 이러한 구조적인 차원으로 인식이 발전되면 이는 재차 노동교육 등의 구체화 과정을 거쳐야 구조적인 인식이 실천적인 차원으로 수립될 수 있다.

의식화의 단계 구분과 졸업 후 노동자상

• 1단계(1~2개월): 노동문제에 대한 의식 발아 시기. 막연한 배움의 열망을 공동체 생활의 욕구로 전화시키는 것을 잡아야 함. 그렇다고 해도 배움은 가장 기본적인 매개물이다.

• 2단계(3~5개월): 이 시기에는 동료에 대한 관심이 증가하고 노동 문제에 대해 깊이 생각하는 모습이 나타나며 자기 자신의 생각을 정리하려고 노력한다. 동시에 운동에 대한 어렴풋한 감을 잡는다. 이 시기의 활동 방향성은 정적인 친밀도와 공동체적인 책임감, 의무감을 바탕으로 해서 학생 상호간의 연대 의식을 창출시키는 것에 두어야 한다.

• 3단계(마지막 한 달): 모든 것이 급격하게 결정. 졸업 연극 준비 연습과 졸업 문집을 만들어 가는 과정. 5개월 동안의 학습의 정리가 되어야 한다. 이 시기의 학생은 사고와 실천의 괴리로 인한 고민이 심화되면서 도피 욕구가 표출되기도 하고 운동과 자신의 관련성 여부를 초기적 형태로나마 고민하면서 운동의 체화 과정을 겪기도 한다. 그러나 공동체적인 동질 의식은 이러한 의식상에서 분리된 학생들이 계속적으로 묶이게 된다.

각 과목 교재 편성 원칙

1) 국어: 읽기, 글짓기, 토론 등으로 자기의 표현 능력을 개발하는 데 국어 수업의 목표를 둔다. 또한 부수적으로 철자 틀린 것 고쳐 주기, 띄어쓰기 등으로 문자 사용에서의 열등감을 극복시켜 준다.

2) 한문: 노동자의 상층 문화에 대한 욕구에서 비롯된 영어나 한문에의 지식욕을 기초로 한자의 학습과 이를 통해 일상용어를 습득함으로써 자기 주변생활에서의 느낀 점을 언어화, 체계화시키는 데 목표를 둔다.

3) 상식(문화 프로그램 포함): 구체적인 현실을 토대로 하여 스스로 문제 제기를 하게끔 하고 이의 공통적인 해결 방향을 모색하는 과정에서 주체성과 공동체성을 기를 수 있다.

4) 사회: 현 사회의 구조를 이해하는 데 목표를 두고 정치, 경제, 노동법을 중심으로 한다.

— 한국기독교야학연합회, 《교회야학》 창간호, 1985, 256·274쪽

노동자들의 소모임이나 노동야학들은 보통 의식화 과정을 3단계로 나누었는데, 다음 사례도 유사한 과정과 내용이다.

의식화 과정

• 1단계: 소그룹이 처한 의미 부여 단계, 1개월.

• 2단계: 학습의 심화, 2-3개월. 정치, 경제, 노동법 등의 이론적 근거 마련, 운동에 대한 자기 정립.

• 3단계: 검증과 실천, 1-2개월. 성숙된 정치의식을 자기의 생활로 옮겨 놓는 프로그램 진행.

횟수	학습 프로그램	실천 프로그램	문화 프로그램
2	신문 스크랩: 한자 연습, 시사적 관심 유도	개인글 모음: 졸업생 모임에 임하면서, 산업부 내로 자기 현장에 데려오기(새 친구 사귀기)	탈춤 강습
8	노동의 역사: 역사 속에서 사회 발전의 원동력, 현대사회의 기본 모순과 그 해결 방안 모색	야유회	
8	알기 쉬운 한국 경제: 엘labor로서의 자기 위치 자각, 한국 경제의 조건 속에서 규정된 자신들을 재조명. 한국 경제의 모순과 그 극복 방향	현장에서 쓰이는 욕 조사해 오기/ 현장극, 자치회, 자기 회사의 재무구조, 안전 관계 분석	
4	노동법→근기법을 중심으로 사례 연구 엘이 기본적 권리와 엘엠(labor movement)의 제한적 요소에 대한 인식과 해결 법안 모색	호소문 작성 회지 발간	정리 엠티
1	총정리→집단 토론(운동의 방향과 자신의 인생의 방향)		

프로그램

1. 독서토론회   2. 노래 부르세   3. 노동법 상식

4. 민중성 각성   5. 살아가는 이야기   6. 이 세상을 만들자

7. 새 친구 사귀기   8. 펜글씨 써 보기   9. 기초 모임 조직

10. 국회의원님 전상서   11. 신문 만들기

- 소그룹론, 연도 미상

노동야학 통합 교재의 구성

•1단계: 야학 학생과 교사의 동질감, 친화감 형성 야학 활동의 환경을 조성하는 단계

   1) 즐거운 만남   2) 나의 현재 모습은

3) 나의 살아온 길, 살아갈 길

• 2단계: 주위에 대해 비판적이며 새로운 현실을 인식하고, 시야를 자기에서 주변으로 확장하는 단계

1) 내 이웃, 내 친구 2) 내가 사는 곳 3) 이성교제

4) 철학 5) 회식 6) QC 7) 직장생활 8) 기쁠 때 슬플 때

9) 월급날 10) 나의 건강은 11) 관리자의 하루

12) 근로기준법 13) 세태풍자

• 3단계: 역사적으로 구조화되어 있는 현실에 대한 인식을 심화시키고, 실천적인 작업(노동운동)을 위한 구체적 준비로서 노동자로서의 단결을 도모하는 단계

1) 일하는 사람의 역사 2) 대동놀이

– 이훈도, 〈야학의 한국교육 문화사상적 연구〉, 1997, 288-292쪽

시정의 배움터는 금호동에서 약수동으로 이전하면서 청계피복노조와 긴밀한 관계를 맺는데, 이때부터 노동운동 관련 내용이 수업의 중심이 되기 시작했다. 노동교실을 폐쇄당한 청계피복노조는 주변 노동야학들을 주요 노동자의 기초적 교육기관으로 삼고 그들을 보냈다. 아래 내용은 학생 자치회에서 학생들이 자신의 노동환경에 관해 토론한 내용인데, 야학 내에서 직접적으로 노동 현장 관련된 사례들을 수업 내용으로 삼았음을 보여 주는 사례다.

김향숙: 직장이 신당동에 있는데 지하실이에요. 며칠 전에 환풍기

가 고장 났어요. '와이'집에는 '싱'에 매운 재료가 들어 있는데 바람이 안 통해서 덥고 짜증나고 숨이 차서 일을 못하겠어요. 호흡 장애가 올까 두려워요. 공장장은 사장과 우리들의 중간에 선 사람이죠. 사장의 형인데 인간성은 좋을 것 같아요. 하지만 본심에서 나온 것인지 파악할 수는 없어요. '와이'집은 밑에서 일해 줘서 편한데 우리는 아줌마들이 시다라서 미싱사가 일을 다 해야 돼요. 아저씨는 항상 장수 타령만 해요. 늘 자리에 앉아 있어서 일 중간에 쳐다볼 수도 없고 얘기할 수도 없어요. 그래서 아저씨가 자리를 비우기만 하면 떠들어요. 자리를 좀 피해 주면 좋겠어요. 정신적으로나 육체적으로 피곤해요. 환경은 지하실이라서 공기가 안 통해 나빠요.

유경화: 우리는 창문은 크고 보기 좋은데 바람이 안 들어와요. 주인과 공장장은 좋은데 공장이 너무 지저분해요. 기숙사는 다락이고 되게 지저분해요. 여자가 6명, 남자가 2명인데 남자들은 재단판에서 잠을 자요. 반찬은 사람이 많다 보니까 김치만 먹어요. 참 어려운 것 같아요.

− 시정의 배움터, 《등불》 3호, 1985

특히 정부에 의해 소모임과 노조가 완전히 폐쇄되는 1981년 이후에는 노동야학 출신 노동자들이 노조 재건을 위한 '청계모임'의 주축 멤버가 됐다. 노조 간부가 대부분 구속되거나 수배 상태로 쫓길 수밖에 없었기 때문에, 당시 야학을 졸업했거나 다니고 있는 여성 노동자들이 노조 재건을 위해 일할 수밖에 없었다. 특히 시정의 배움터는 청계피복노조 재건을 위한 연대 요청을 받아들

여, 노동자들을 연결하거나 노조 복구 투쟁에서 학생운동의 창구
역할을 하는 등 조직적으로 청계피복노조와 결합했다. 그러다 보
니 강학들은 주 감시의 대상이 될 수밖에 없었고, 1983년 야학연
합회 사건에 2명의 강학이 연루돼 체포되기도 했다.

　　1981년도 아프리 사건이라고 있었는데 청계노조는 그 싸움을 계
기로 전부 구속이 돼요. 계속 탄압이 되다 결정적으로 그 싸움에서
깨지고 … 아카시아회라는 소모임까지 다 와해가 돼요. 얼음판이
된 거죠. 그걸 다시 살리려고 아프리 사건 때 심광현이라고 뛰어내렸
는데 전기줄에 걸려서 떨어져서 뼈가 부러졌나 … 병원에 입원하고
탈출을 해서 다시 청계노조 조직을 회복해 보려고 하는데, 실제 현
장에서 조직 활동이 힘들어지고 신광용, 허재덕 누나, 선지 누나 세
명이 다시 시작하려고 만남에 중간으로 야학을 찾아왔어요. 시정으
로. 찾아와서 그때부터 졸업생들 모임을 연결하고 노동자 출신이 한
시간씩 노동 현실에 대한 수업을 했어요. 그러면서 1년 길게 갈게 아
니라 6개월로 하고 나면 더 이상 학교에서 지내는 게 아니라 바로 현
장으로 들어가는 그래서 빠르게 빠르게 복구 … 이전까지 힘을 갖
게 되죠. 청계모임이라는 언더 조직의 실제 회장이나 사람들이 …
주력 부대가 되는 거죠.
　　청계노조는 와해돼서 남아 있는 사람들이랑 시정이 주축이 돼 재
건모임을 시작한 거예요. 거의 공동으로 한 거예요. 한 명씩 석방돼
서 나온 사람들이 물을 만난 거죠. 활동을 할 수 있는 여건이 갖춰
진 거죠. 강학은 완전 결합은 아니고 졸업생들이 주로. 복구 투쟁을

할 때는 시정 강학들이 중심이 돼서 학생운동 지도부가 짜여졌어요.
중간 창구 역할, 2~3명이 평화시장 현장으로 투신도 했어요. 다른
데(야학)서는 안 그랬는데 … 시정 졸업생이 청계모임의 그다음 하위
그룹[이 되고], 조직이 그대로 만들어지는 거죠.

- 김환기 구술

당시 시정의 배움터의 학생이었던 김영선은 4기 출신으로 나
중에 청계피복노조 최초의 여성 위원장을 역임했다. 김영선은 야
학을 통해서는 인간과 세계를 판단하게 되는 기본적인 의식을
얻었고, 이를 통해 노조 활동을 하면서 개인적인 학습을 진행할
수 있는 다양한 능력과 시각을 얻었다고 한다.

내가 이 세상에서 왜 태어났고 내가 있는 게 어디쯤인가 세상 구조
속에 있는 내 처지를 안 거예요. 나는 노동자고, 세상 속에서 이미 규
정돼 있고 사회 속에 내 처지를 안 거지요. 자치회 토론이나 수업에
서. 그리고 강학들하고 관계가 친숙해지고 몸짓, 말짓, 뉘앙스 속에서
사람 관계도 넓혀지고 믿음도 생기고, 자존심을 건드리지 않고 사람
그대로의 신뢰를 가지고, 야학 때 선생과 우리의 관계가 그랬어요. 사
람 사이의 관계, 서로 존중하고 존중받고, 이런 것들을 훈련하지 않
았나 … 옆에서 만난 현장의 오빠보다 강학들이 더 헌신적이고 … 자
치회에서 앉아 있으면 말로 표현을 못하는 경우가 있는데 훈련되지
않아서 … 마음을 헤아려서 이건 이런 거였어, 라면서 공유하고 독려
하는, 사람을 바라보는 따뜻한 시선에 뿅 갔던 거 같아. 동료에 대한

동지애, 현장에서 어떤 마음을 가지고 있어야 하는지 노동에 당당함 등 세상을 살아가는 기준을 세우게 되었어요.

– 김영선 구술

이처럼 시정의 배움터는 청계피복노조와 연결되어 노동야학의 형태가 강화됐다. 그러다 청계피복노조가 다시 합법화되고 노조 내에 노동자들을 위한 프로그램이 생기면서 1987년 12기를 끝으로 없어졌다(안재성, 2007, 448쪽).

기타 서울 지역 야학의 확산과 탄압

또한, 제일교회의 형제의 집 내에 세워진 형제야학도 비슷한 방향과 내용을 가지고 있었다. 형제야학의 경우 야학 이전에 '형제의 집'이라는 노동자 모임이 있었다. 그래서 처음부터 노동야학의 성격이 강해, 야학협의회가 펴낸 공통으로 제작한 국어, 한문 교재와 《노동의 역사》 등으로 수업을 했고, 김민기가 만든 〈공장의 불빛〉을 공연하기도 했다(심명화, 2013). 이후 형제야학 출신 노동자들은 청계피복노조 재건활동과 구로동맹파업에서 중심적인 역할을 했다.

이외에도 1978년 YH 노동자들을 대상으로 한 야학이 동일교회에서 열렸고(정해랑, 2013), 같은 해 구로동지역에서도 문래동야학, 한민교회야학, 시장야학들이 생겨나는 등(유경순, 2015, 87쪽), 서울 지역의 판자촌과 공단 지역을 중심으로 노동야학이 확산되기 시작하면서 '노동야학의 시대'가 되었다.

1980년을 넘어서면서, 쿠데타로 들어선 신군부정권은 모든 사회운동을 억압했는데, 노동야학 역시 주요 탄압 대상이 됐다. 1981년 동학회 사건을 시작으로 희망야학, 봉천교회야학, 난곡야학 등 많은 야학이 탄압을 받으면서 자취방이나 무허가 건물로 숨어들었고, 눈에 띄지 않는 은신처의 형태로 '자취방야학'을 만들었다(이훈도, 1997c, 143쪽). 국제복장의 자취방야학이 그 시초로 보이고, 구로동 한민교회야학도 이후 자취방야학으로 전환했다. 이러한 경향은 노동운동에서도 마찬가지로, 종교를 기반으로 한 노동단체에서도 민주적 노동조합을 조직하면서 소그룹 방식을 택했는데, 소그룹 조직화와 자취방야학은 서로 결합된 형태로 운영되기도 했다(노일경, 2008). 자취방야학은 이후 1980년대 중반 노동운동에 대한 탄압이 거세질 때까지 이어졌는데, 구로동맹파업에서 주역 중 하나였던 효성물산 노조는 자취방야학으로부터 출발한 사례다. 이 야학은 제일교회 형제의 집 야학 출신인 노동자 김영미가 세웠는데, 만드는 과정은 아래와 같다.

동생들 데리고 한문 사설로 공부를 시작했다. 사설에 나오는 한문을 읽을 수 있으면 생활 한문을 굉장히 빨리 읽고 빨리 배울 수 있다. 설득력을 가졌다. 야학 선생들은 내가 동원하고, 처음에는 나 포함 다섯, 미성이, 나윤희, 나삼순, 박정숙이 같이 했다 … 한마음야학 방을 또 얻었지. 애들이 기숙사에 있었는데 내가 야학을 만들자, 라고 했을 때 삼 개월 동안 인제 막 친하게 다니면서 사귄 거다. … 제일교회의 신협 300만원을 대출해 전세를 얻어갖고 야학을 한 거지. 근데 옛날에 가리봉 닭장집은 인제 방음장치가 안 돼 있잖아요. 그래서 그때 우리 야학을, 조용조용하면 안 되니까 계란 담는 판 있잖아요, 그거를 사다가 다 도배를 하면서 방음 장치를 하고 창문에 다 까만 커튼을 달아 내면은 감쪽같이 불빛도 안 새나가고 방음도 되는 기라 … 토론을 해 갖고 인제 그 한마음야학이라고.

- 김영미 구술

이같이 노동야학은 교회, 공장과 연결되거나 자취방 등에서 다양하게 열렸으며, 노동자를 위한 교양 과목과 노동 관련 과목을 함께 공부하면서, 노동자로서 자각 의식을 깨우고 노동조건 개선을 위한 현장활동을 함께하려 했다. 정확한 파악은 쉽지 않지만, 1980년대 초반 서울에서만 30여 개의 야학이 노동야학으로 활동했다고 추정할 수 있다(노영택, 1980). 노동야학의 활성화는 1982년 3월 서울시내 16개 야학이 모여 야학의 노동교육적 측면을 밝히는 선언으로 이어졌다.

야학은 민주화와 민중복지 실현을 위하여 저임금 장시간 노동, 열악한 노동환경, 비인간적 대우, 그러면서도 당국의 미온적 대책과 노동자들의 주체적 문제 해결을 위한 노동조합의 부족 속에서 시달리는 700만 노동자들이 노동 현장 문제에 대한 의식화와 자발적 노동자 모임 형성을 위한 노동교육을 해야 한다.

- 이훈도, 〈야학의 한국교육 문화사상적 연구〉, 1997c, 160쪽

노동야학이 확산되고, 노동운동과의 연대도 활성화되자 군부
정권은 대대적인 탄압을 진행했는데, 1983년 야학연합회 사건을
조작해, 3월부터 서울, 인천 등의 20여 개 (노동)야학 300명의 교
사와 200여 명의 대학생 출신 노동자를 강제 연행해 조사했다.
(당시 야학연합회 사건에 연관되었던 노동야학은 제일교회야학, 시정의
배움터, 시온교회야학, 초원교회야학, 성음교회 한벗야학, 길음야학, 성암
교회야학, 성심교회야학, 성일야학, 나사로교회야학, 송정교회야학, 한뜻
배움터, 가리봉야학, 한마음야학, 대림야학, 희망야학, 봉천교회야학, 넝
쿨야학, 난곡야학, 인천 서해야학, 부천야학 등 총 22개 야학이었다.) '야
학이 노동자 조직을 만들어 사회주의 폭력혁명을 하려고 했다.'라
는 사건을 조작하려 했으나, 야학연합회의 틀이나 조직조차 없는
것으로 밝혀지면서 교사는 한 명도 구속되지 않았다. 야학의 교
사들은 1980년 야학협의회 해체 이후 교재 연구, 교사 교류, 문화
행사 등의 교류를 통해 협의적 틀을 발전시켜 가려 했다. 하지만
이 과정에서 수 명의 야학 강학들이 심한 고문을 당했고, 녹화 사
업으로까지 이어져 일부 강학과 대학생은 강제징집을 당하기도
했다. 1984년 4월까지 이어진 야학연합회 조작 사건은 서울 지역
뿐만이 아니라 대전, 대구, 광주, 부산 등으로도 이어졌다. 이 사건
으로 노동야학의 존재가 수면 위로 드러나게 되었고, 일부 진보적
노동야학과 생활야학이 해체되는 등 공식적 활동이 힘들어지면
서 비공개적 소규모 학습으로 변화되는 계기가 됐다.

하지만 한번 번진 노동야학의 불씨는 사그라들지 않았고,
1970년대 후반부터 1980년대까지 인천, 대구, 부산, 광주 등 대

도시를 중심으로 전국적으로 퍼져 나갔다.

대구 지역 노동야학

노동야학의 확산과 전파는 주로 서울에서 노동야학을 경험했던 지식인이나 대학생이 방학 때 방문하거나 지방으로 활동처를 옮겨 전하는 방식으로 진행됐다. 대구와 부산의 경우 시정의 배움터(서울)를 세운 경험이 있는 사람들에 의해 초기 활동이 시작되었고, 광주의 경우 야학을 준비하던 사람들이 서울로 와서 노동야학(겨레터야학)을 탐방하기도 하고 방학 중 광주 출신 대학생들이 내려가 교류하면서 생겨나기 시작했다.

대구 지역은, 인천 산선과 영등포 산선에서 활동하고 시정의 배움터를 세웠던 전점석이 구미 산업선교회 실무자로 일하며 한양서점을 거점으로 대구 지역의 대학생들과 교류하면서 1978년 9월 메아리야학(1978.9~1980.6)을 세워 첫발을 내딛었다. 당시 한양서점은 대구양서이용협동조합이라는 조직이 운영했는데, 도서 공급 이외에도 세미나와 교양 강좌를 진행했고 경북대, 계명대, 효성여대, 영남대 등에서 학생들이 모이면서 원대동 감리교회에서 '인간답게 살자'를 교훈으로 메아리야학을 만들었다. 이후 2~3년 사이에 만남야학(제3교회, 1979~?), 다운야학(내당교회, 1980~82), 생활야학(가톨릭근로자회관, 1980~83), YMCA 푸른야학(1981~82, 버스안내양 대상), 죽전야학(죽전성당, 1984~85), 윤일야학(윤일성당, 1985~86)이 연이어 생겨났다(여정남기념사업회, 2017, 366-367쪽; 김상숙, 2007).

대구 지역의 노동야학은 메아리야학의 활동 경험을 중심으로 만든 〈노동야학 매뉴얼〉에 근거해 활동을 전개했는데, 실무적인 내용은 아래와 같다. 매뉴얼의 내용 중 야학 설립과 방향에 관한 사항은 당시 노동야학의 세부 구조와 활동을 이해하는 데 필요한 내용이어서, 다소 길지만 압축해 인용한다.

야학 설립을 위한 준비

• 위치 설정: 공단 등등

• 야학 장소: 회사 안인 경우 회사 측의 간섭 / 노조 직장 지부 내의 교육선전부 혹은 회사 간부의 요청. 공단야학, 공장야학 / 교회 밖인 경우 교회와 성당

• 교사 모집: 선후배 통해 / 여교사 확보

• 교사 훈련

• 학생 모집: 놀고 있거나 학원에 다닌 사람 제외 / 실업 상태는 포함

• 야학 이름: 배움터, 교실 등등

• 교훈·교가: 학급회의에서 결정 / 교가는 쉬운 노래 가사 변경

• 책상 의자 배치

• 수업 기간: 6개월이 무난 / 노동문제에 대한 직접적 인식은 졸업 후 2단계

• 수업 시간과 시간표: 7시 30분~10시 일반적 / 야간근무인 경우는 오후 2시~5시 무난 / 야간 근무인 경우 일주일 내내 못 오므로 오후반을 만드는 것이 꼭 필요 / 하루 3과목 하는 경우 40분 수업,

5분 휴식

교안·교재

•교재 양식: 단일 교재, 종합 교재(예: 한 가지 주제에 각 과목을 동원. 4. 19를 주제로 여러 과목식 수업. 국어 시간에는 주제[를 담은] 시와 소설, 역사에는 시대적 배경, 윤리 시간에는 폭력과 비폭력을, 사회 시간에는 민주주의의 의미), 시청각 교재

•과목 설정: 수학, 과학은 의식화 교육에 별로 도움이 안 될 뿐 아니라 자신감을 갖게 하는 데도 부정적 / 영어와 한문은 교양을 위해서도 필요하며 생활 속에서 가장 불편을 느끼므로 비중 있고 전시 효과 유인 작용이 가장 큰 과목 / 이외 국어, 사회, 경제, 음악, 윤리, 가정, 자유학습, 학급회의 등으로 구성 / 노동법, 노동조합에 대해서는 역사, 사회, 경제 등의 시간에서 개괄적 윤곽만 잡아 주는 것이 좋다

•과목 내용: 되도록 쉽게, 특수한 용어 사용하지 말고

  - 자유학습: 친목을 도모하는 데 필요함 / 노래, 게임, 학급회의 등

  - 국어: 작문을 분리하는 경우도 있음 / 편지 쓰기, 외국어와 외래어 구분

  - 한국사: 왕 중심이 아닌 시대적 배경, 민중의 삶에 초점 / 민중사관 / 고대사 부분에 있는 노동의 원시적 형태, 노동의 역사에 주안점

  - 경제: 돈에 대한 개념부터 용어에 대한 설명을 주로 / 월급봉투를 가지고 오게 해 근기법, 임금에 대한 수업

- 한문: 일상한문, 세계인권선언, 기본권, 근로기준법 등

- 음악: 게임 포함 / 노동문제, 즐거운 기분, 민요, 노가바 등

- 윤리: 함께 사는 것의 의미 / 삶에 대한 문제와 인간다운 모습

- 사회: 인권, 헌법, 법률, 기본권 민주주의, 협동조합 교육

- 영어: 길가에서, 언론에서 많이 보는 어휘들 중심

- 가정: 반봉건사회라는 객관적 조건과 여성 노동자가 주체로 참
여해야 할 여성운동 등

야학 운영 중 과제

•반 편성: 교대제를 고려한 반 편성

•학생 문제: 학생 인원, 학생 일지, 자치회, 분담제(지도교사를 두어
서로 이야기), 담임제

•야학 학생에 대한 회사의 제재에의 대응책: 잔업, 외출 문제 등등
/ 적극적인 대응책 필요 / 기숙사에서 학생증 제작으로 외출 편하게
/ 회사 방문, 교회 목사가 방문 / 야사(야학 교사)들은 야생(야학 학
생)에 대한 회사의 방해가 명백한 위법 행위임을 알아야 한다 / 특별
학급과 산업체부설학교는 의무

•교사의 탈락 문제

•야학의 직제: 소수의 임원만 두고 분담 확실히

•재정: 학생은 회비 받지 않도록, 사설강습소로 오인, 필요한 경우
만 소액 / 기금 마련 행사, 후원회, 교회 성당 지원

•교사 훈련: 1단계는 역사와 경제 등 일반교양 / 2단계는 교육에
관한 비판적 인식과 노동문제에 대하여 / 3단계는 현장에서 일어난

사례를 중심으로

학사 일정

• 설문조사

• 글짓기 대회, 시화전

• 야유회

• 멤버십 트레이닝

• 연극, 탈춤 공연, 합창 발표회

• 회지 발간

• 기타: 시험, 단체 영화 감상, 체육대회, 입학졸업식, 노동절, 기념
강연회, 일일다방, 기숙사 방문 등

– 전점석, 《1970년말 노동야학 매뉴얼》, 1980

이 매뉴얼에는 야학의 설립부터 운영에 대한 실무적인 내용까
지 매우 자세히 서술되어 있다. 노동 현장과의 결합 부분에서는
다소 조심스런 입장을 취하고 있는데, 6개월 기간의 야학에서는
기초 교양 교육에서의 의식화 교육에 초점을 맞추고 노동 관련
내용은 각 과목에서 다루되 직접적인 노동문제에 대한 내용은
졸업 후 단계로 설정하고 있다. 그리고 문화, 경제, 한문, 영어, 사
회, 가정 등의 과목에서는 노동자들의 생활에 유용한 지식을 중
심으로 수업을 진행함을 알 수 있다.

1980년 4월, 대구 노동야학에서는 최초로 야학의 야사, 야생
들이 중심이 돼 노조를 결정하는 사건이 발생했다. 한일섬유에

서 노조를 결성한 사건으로, 당시 대구에서 어용노조가 아닌 민주노조를 만들어 내기는 쉽지 않았는데, 메아리야학의 학생들이 주도하고 야사들이 지원하면서, 노조를 만들어 냈다.

메아리야학하고 한일섬유하고 건너편에 있었다. 007 작전 하듯이 했다. 학생들이 많이 왔다, 그쪽에서 … 죽겠다고 한 학생도 있었다. 혈관 자르기도 하고 … 결국 그래도 만들었다. 민노총이 없던 시절인데 한국노총 섬유지부를 통해서 이걸 만드는데 서류도 잘 모르니까. … 대구 당시 연합노조에 좋은 친구가 있었는데 그 친구를 통해서 섬유노조 연결해서 비밀스럽게 새벽같이 쳐들어가서 창립총회하고 바로 노동부에 접수시키는 식이었지. … 그러고 나서 현장에서는 길게 못 버틴 것 같다.

- 전점석 구술

.하지만 이런 영향 탓인지, 얼마 지나지 않아 노동야학과 학생운동에 대한 거센 탄압의 바람이 불었다. 개별 야학은 3년을 채 넘기지 못하고 문을 닫았고, 1985~86년을 넘어가면서 대부분 해체됐다. 대구 지역 야학들은 대부분 강학이 학교와 연관된 조직 사건으로 연행되면서 문을 닫았다. 만남야학은 교사가 고향에서 야학 교재를 복사하다 안기부에 발각, 체포되었고, 다운야학과 생활야학 교사들은 학내 시위, 조직 사건으로 강제징집 되는 등 대구 지역 학생운동과 노동야학은 비공개 조직과 운동으로 전환할 수밖에 없었다. 그럼에도 1988년 노동야학 성향을 가

진 기존의 6~7개 생활야학을 중심으로 야학연합회를 꾸리는 등 이후에도 (노동)야학 활동은 계속됐다.

부산 지역 노동야학

부산 지역에도 1970년대 후반부터 노동야학, 생활야학이 생겨나기 시작했다. 부산 지역 야학운동사를 정리한 이성홍은 부산 노동야학의 특징으로 개별성, 서울 지역의 영향, 비슷한 설립 시기, 주로 성당이나 교회를 이용하고 오랜 기간 유지가 힘들었다는 점 등을 들었다(이성홍, 2009, 109쪽). 가장 먼저 세워진 야학은 성안교회야학으로 1977년 12월 부산이 고향인 서울대 출신 학생들이 양서조합이나 중부교회 등에 모이면서 성안교회에서 야학을 모색했고, 1년 과정으로 운영했다(1980년 가야성당으로 옮겨 가야야학으로 운영). 이후 1979년 봉래성당 밀알야학, 청야야학(1979년), 사상성당야학(1979년), 당감야학(1980년), YMCA근로청소년교실(1981년), 만덕성당야학(1982년), 우리교회야학(1986년)까지 연이어 생겨났다(김선미, 2016; 이성홍, 2009). 대부분 처음에는 생활야학의 형태를 띠다 노동야학으로 변화했다. 하지만 학생운동에 몸담고 있던 강학들이 시국 유인물 배포, 부림 사건 등으로 탄압을 받으면서 오래가지 못하고 문을 닫는 경우가 많았다.

이 중 대구 지역에서 노동야학 매뉴얼을 만들었던 전점석이 활동한 YMCA근로청소년교실의 경우, YMCA라는 공개 조직을 통해 진행했고 여러 야학을 동시에 운영했다는 점에서 다른 야학들과 차이를 가지고 있었다.

노동야학 매뉴얼을 정리한 경험 있는 활동가가 있었기에 나름 전문성이 있었고, 합법적이고 전국적인 종교 조직이라는 측면에서 다소 안정적으로 야학을 진행할 수 있었다.

> 부산 Y는 공개 기구니까. 외피론, 발판론 이런 논의들이 있었다. … 야학 쪽으로 넓혀 보자 생각했다. 처음 다섯 군데, 대정, 사상, 여러 군데였다. 50명씩 대학생 모아서 교사 쫙 시키고, 일주일에 한 바퀴 돌면 일주일이 갔다. 참 열심히 했다. 한 달에 두 번 연합 강학모임 하고, 조직적으로, 6개월 과정.
>
> — 전점석 구술

교사도 공개로 모집하고, 학생도 방송을 통해 모집하면서 한누리교회, 산정현교회, 반송제일교회, 학장제일교회, 토성동 등 여러 지역에서 동시에 야학을 운영할 수 있었다. 교육 내용은 영어, 한자, 교양 상식, 음악(의식적 노래나 노가바), 외부 강사 초빙, 탈춤, 풍물, 판소리 등으로 다양했고, 문집을 발간하고 야학노동자 연합 백일장대회 등을 통해 글쓰기 관련 활동도 꾸준히 이어 갔다. 글쓰기의 성과는 이후 《인간답게 살자》(대구의 메아리야학과 부산 YMCA근로청소년교실의 교훈이 '인간답게 살자'였고, 노동자 백일장 대회에서도 같은 주제로 글을 썼다.)라는 노동자 수기 출판으로도 이어졌다. 그리고 여러 야학을 동시에 운영하면서 교사 연합 세미나, 학생 연합 행사 등 고립적 개별 야학에서는 생각하기 힘든 여러 활동을 진행할 수 있었다. 졸업 후에는 소그룹을 만들어 교양 강좌와 한문 교실을 이어 갔다. 이러한 단계별 편성은 최초에는 신문 읽기, 한자, 시사 영어 등 노동자의 관심사에서부터 출발해, 평가 수련회, 소그룹 운영 등을 통해 순차적으로 교사 중심에서 노동자 중심으로 변화해 가는 밑그림을 가지고 있었다(부산YMCA근로청소년교실, 연도 미상).

야연[야학연합]이 있었다. 40개 야학. 야연을 만들고 공동행사 백일장 체육대회 하고 … 야학은 다르지만 같은 직장을 다니는 애들끼리 자연스레 만나니까, 우리가 노린 게 그런 거였지. 현장에서 친해지고, 현장별 소그룹도 하고, 단계별 전략으로 … 결국 지향하는 게 회사별 조직을 만드는 거지. 그럼 회사별 조직이 만들어지면 강학이 공장에 들어가면서 바로 옆에서 지도를 하는 거지. 몇 군데는 성공을 했지. 그러기 위해 만남의 장을 오픈으로 만드는 거지. 추석이면 한마당 잔치, 초대권 티켓 만들어서 현장에 쫙 뿌리는 거지. A라는 교사가 자기가 나서서 현장 조직을 만드는 게 힘에 부치잖아. 그러면 티켓 돌려서 오게 해라, 어울리게 해라, 대동놀이 하고 하니까 거리가 좁아지지, 그다음 현장에서 만나면 어제 같이 놀았으니까 인사도 하고, 김밥도 먹고, 이러면서 강학 중에 결합하고, 소그룹이 또 움직이고 … 야학 졸업생은 또 졸업생 모임 만들거든, 그렇게 조직적이었다.

— 전점석 구술

부산 지역은 개별 야학의 한계를 극복하고 연합적이고 통합적인 노동야학을 만들어 가려고 노력했다는 것이 다른 지역과 차별화된 특징이라고 할 수 있다. 1980년대 중반이 되면서 대학생들이 노동 현장으로 대거 진출하여 야학의 교사 수급과 운영이 어려워졌다. 그래서 흩어져 있던 노동야학을 통합해 개금 지역에 있던 한문 교실을 확장하여 한문 중심으로 프로그램을 진행했는데, 100여 명 이상이 올 정도로 성공적이었다. 기본 프로그램과 함께 참여 의지를 보이는 노동자를 대상으로 학습 소모임을 진행하고, 대학의 다양한 문화적 역량과 결합하여 촌극, 마당극, 탈춤, 사물놀이 등의 프로그램을 진행했다. 1980년대 중반까지 풍영, 동양, 국제상사 등 신발 사업장 중심으로 현장과의 연계도 안정적으로 이어 갔다.

부산 지역 야학들은 노동 관련 사건에도 적극적으로 개입했는데, 1986년 동양고무 임금 투쟁 중에 일어난 가두 투쟁에서는 당감야학, 영남산업연구원 학생 80여 명이 주축이 되었고, 1987년 대양고무 근로조건 개선 요구 투쟁 역시 야학 출신 활동가들로부터 시작됐다(한국민주주의연구소, 2006, 85쪽). 1987년을 계기로 노동운동의 상황이 많이 변화했는데, 주로 대규모 공장, 남성 노동자 중심의 투쟁, 쟁의 사건이 계속 생겨나면서 소규모 사업장, 여성 노동자를 주 대상으로 했던 노동야학은 시대적 상황이나 요구에 조직적으로 대응하기 어렵다고 판단하고 새로운 길을 모색할 필요를 느꼈다. 이러한 고민은 1988년에 현장의 교육 욕구를 담아 '사랑방노동자학교'를 만드는 과정으로 이어졌다. 노동자학교는 노동법이나 노조실무, 철학 등의 강의를 주 2회씩 진행하면서 7기까지 성황리에 이어졌다. 하지만 전노협 등 노조 조직에서 자체 교육이나 상설화된 프로그램이 생기면서 활동이 점차 미약해지자, 졸업생 모임으로 전환됐다.

이와 같이 부산 지역도 1970년대 초반부터 1990년대 초반까지 다양한 형태의 노동야학을 운영하면서 노동운동을 지원하고 노동자를 의식적으로, 문화적으로 일깨우고자 하는 활동을 꾸준히 진행해 왔다. 특히 노동야학을 연대, 통합하고, 형태를 단일화하면서 대안을 만들고자 했던 시도는 의미 있는 시도였다고 할 수 있다.

광주 지역 노동야학

즐거움도 서러움도 느낄 줄 알며
옳은 일 그른 일 가릴 줄 아는
우리들은 우리들은 생각하는 노동자라오.
당신의 구두도 당신의 의복도
우리들의 피땀이 서렸다오.
그래서 보람에 한껏 부푼
뿌듯한 가슴안고 부지런히 일하는
우리들의 우리들의 이름은 부지런한 노동자라오.
쌀걱정 연탄걱정에

엄마 이마에 주름 늘어가고
줄어드는 살림에
때로는 눈물도 나지만

웃고웃고 또 웃고
우리들은 우리들은 웃는 노동자라오.
꼭 잡는 손마다 정이 흐르고
맞보며 짓는 미소 사랑이 있기에
갈 길이 험하고 막막해도
걱정하나 없다오.

우리들은 우리들은 사랑이 넘실대는
예쁜 가슴을 가진 노동자라오.

형제여! 우리들의 형제여!
어서 어서 와요.
엄마도 아빠도 웃게끔
부자를 부러워 말고
하나 둘 배워서 우리들을 가꾸어요.
우리들은 우리들은
대한에 자랑스런 노동자라오.

      – 최광남(들불야학), 〈우리들의 이름은 노동자라오〉, 《들불》 3집

광주 지역은 앞선 다른 지역들에 비해서는 노동야학 운동이 덜 활성화되었는데, 아마도 당시 산업 발전의 규모나 지역적 차별, 광주항쟁으로 인한 탄압의 영향 때문이었을 테다. 그렇지만 1980년 광주항쟁에 깊숙이 개입한 들불야학의 존재로 인해 광주 지역 노동야학도 그 역사를 이어 갔다. 들불야학은 1978년 7월 광천시민아파트 주변 광천동 천주교회에 터를 잡았는데, 야학의 방향성과 내용을 잡아 나가는 과정에서 서울 겨레터야학 교사들(김영철, 전복길, 최기혁)의 영향을 받았고(박호재 외, 2007, 145쪽), 광주항쟁으로 숨진 윤상원 열사는 서울에서 은행에 근무할 당시 겨레터야학 방문을 통해서 노동야학을 계획했다고 한다(정호기, 2016, 58쪽). 들불이라는 명칭은 강학 박기순*이 미국 노동운동의 비사에 담긴 글귀에서 따왔다고 한다(한국민주주의연구소, 2005, 328쪽). 들불야학은 겨레터야학과 마찬가지로 의식화 야학의 방향성과 함께, 광천시민아파트라는 다소 열악한 지역(시민아파트는 아파트라는 이름은 가지고 있었지만 요즘의 호화로운 아파트와 달리, 빈민 구호 차원에서 일시적으로 건설한 10평 남짓의 아파트였다.)을 변화시키고자 하는 지역운동적 성격(주민 운동)도 가지고 출발했다. '사랑이 밑받침된 진정한 인간 교육의 실현'이라는 목표하에, 1학기를 '사랑의 교육', 2학기를 '비판의 교육', 3학기를

---

* 박기순 강학은 공장 활동과 야학 활동을 헌신적으로 하다 연탄가스 중독으로 사망했고, 윤상원 강학은 이후 광주항쟁에서 시민군으로 마지막까지 도청에서 투항하다 사망했다. 사회운동 진영의 애국가로 불리는 〈임을 위한 행진곡〉은 이 두 사람의 영혼 결혼식을 위해 만들어진 노래다.

'방향의 교육'으로 설정하고, 지역공동체를 만들어 가고자 했다 (정재호 외, 2007, 4쪽). 과목은 국어, 영어, 수학, 과학, 한문, 국사, 사회 등 일반 교과와 문화, 생활지도, 세계노동운동사, 노동법, 신문 보기 등 교양 교과로 잡았다.

유신 말기 정보기관들은 대학과 야학을 사찰하고 감시하기 시작했다. 들불야학은 탄압과 감시 속에서도 광주 지역 학생운동과 노동운동의 결합을 꾀했는데, 야학 출신 강학들은 대학 학회 활동을 주도하고, 72만 평 부지의 광천공단 63개 업체의 노동자 실태 조사를 진행하고, 전국민주노동자연맹과 관계를 맺는 등 광주 지역에서 그 역할이 점점 더 커졌다. 또한, 상황이 열악했던 시민아파트의 가난한 주민과 동네 청소년에 대한 인성 교육 등으로 지역사회를 변화시키기 위한 노력도 기울였다. 이 와중에 1979년 10. 26이 발생했고, 다음 해 일어난 5월 광주항쟁에서 윤상원을 비롯한 강학들은 투사 회보를 제작하고, 무장 투쟁의 지도부로 참여했다. 광주항쟁에 대한 무자비한 학살과 탄압으로 들불야학은 큰 타격을 입고 야학 운영을 일시 중단할 수밖에 없었다. 이후 1980년 7월 광천동 하천 제방에서 다시 문을 열었지만 교사들에 대한 수배와 재정적 어려움, 학당 공간 마련 문제 등으로 1981년 7월 결국은 문을 닫았다. 이후 들불야학의 강학이었던 전남대 학생들이 들불의 정신을 이어받아 무등교회에서 무등야학을, 그리고 농성동 성당에서 샛별야학을 여는 등 그 맥을 이어 가려 했다.

또 하나 광주의 대표적 야학으로는 백제야학이 있었다. 백제

야학 역시 서울에서 평화시장연합노동조합 청계피복 지부에서 노동운동을 하다 피신 생활을 위해 광주로 내려온 이양현과 대학생들이 만나면서 만들어졌다. 백제야학 역시 노동조합 결성이나 노동법 수업을 진행했고, 광주항쟁에 함께 참여했다.

샛별야학은 광주항쟁 이후 근로기준법, 노동조합법, 임금론 등을 공부하며 동신건강 노동자들의 노조 결성을 지원했다(정호기, 2016). 이후 고백교회 중심의 한얼야학, 전남대 학생들이 중심이 된 Y야학, 황토야학, 무등배움터 등의 활동이 이어졌다.

1980년대 중반 바램(큰무리교회), 계명(계명교회), 밀알(목포연동교회) 등 생활야학이 생겨나면서 광주·전남 지역 생활야학이 꾸려졌다. 협의회는 시와 노래로 배우는 역사(역사), 글마당(국어), 생활철학(철학), 대동놀이(문화), 세상 돌아가는 이야기(사회), 성경 등 과목 내용을 통일하고, 수업이 없는 날 분반 활동으로 독서토론반, 산악반, 풍물반 등을 운영했다(광주전남지역생활야학연합회, 1988, 10쪽).

지금까지 1970년대 이후 서울로부터 대구, 부산, 광주 지역으로 노동야학이 확산되는 과정과 역사를 살펴보았다. 이 지역들 말고도 인천(주안 동부감리교회야학, 송림동성당 서해야학, 교회노동야학총연합회, 부평야학), 경기(신천리야학, 부천교회야학), 대전(민중교회야학), 전북(이리 창인동성당의 노동자의 집) 등 노동자들이 있는 곳에는 노동야학이 생겨났다.

4

몫 없는 자들의
글쓰기, 말하기

노동자 학생의 눈으로

아침 7시 30분
왼쪽 어깨가 저린다.
하지만 눈을 뜨고 일어나 밥을 해야 한다.

아침 8시 32분
도시락을 옆에 끼고 공장을 향해 달린다.
오늘도 4,5천개의 구멍을 뚫어야 해가 질 것이다.

점심시간
사흘 전에 집에서 가져온 김치 옆으로
계란부침, 마늘쫑볶음, 고추, 된장, 멸치볶음
아, 진수성찬에 점심은 다 먹었지만
때르릉…
쉬는 시간은 왜 이리 빨리 가는지

오후 6시 10분
때르릉… 아, 작업 끝

탈탈 털고 일어나 수돗가에 가보니 초만원

수도꼭지 7개, 비누 8등분한 것 3개, 수세미 너댓 개

염불할,

씻는 둥 마는 둥 옷을 갈아입는다.

오후 8시 30분

책상과 의자와 교탁, 그리고

칠판이 한없이 나의 시선에 머문다

38분. 와- 왔다,

워매 요렇게 반가운 것을….

밤 10시 30분

배고픔과 형제와의 헤어짐과 문득 스치는 텅 빈

냄새나는 나의 자취방

밤 12시가 훨씬 넘은 시각

라디오와 지껄이는 것 같은데 언제 잠이 들었는지

눈을 뜨니 옷 입은 채, 가방 맨 채, 이불 밑에서…

– 모지리(밀알야학), 〈어머니, 먹기 위한 몸부림이라면 차라리 이대로
눈을 감아 버릴래요〉, 《거칠지만 맞잡으면 뜨거운 손, 노동형제들의
생활글 모음》, 1988, 126-127쪽

뒤에 조금 더 자세하게 살펴보겠지만, 노동야학의 역사는 주로 교사에 의해, 그리고 노동운동 중심의 시각에서 이해된 부분이 많다. 이에 이번 장에서는 노동자 학생의 글과 말을 통해 학생의 입장에서 노동야학을 바라보고 평가하는 동시에, 채 드러나지 못하거나 파악되지 못한 노동자의 욕구와 학습, 실천을 드러내 보려 한다. 이 과정은 야학에 다닌 노동자 학생이 왜 야학에 왔고 무엇을 배웠는지, 어떤 갈등을 겪으면서 스스로를 변화시켰는지, 야학, 노동, 학습, 사회, 동료 등에 어떤 의미 부여를 했는지 좀 더 입체적으로, '서발턴(Subaltern. 민중, 하위 주체)'의 입장에서 이해하는 시도가 될 것이다.

야학의 학생은 야학에서 글쓰기, 연극, 노래 등 문화적인 형태를 통해 자신의 감각을 능동적으로 표현하고, 자신의 앎을 발전시켜 나갔다. 겨레터야학이나 부산YMCA근로청소년교실의 사례에서 보았듯이, 야학에서 글쓰기 수업은 문학적 지식을 가르치기보다는 자신의 존재를 써 나가는 작업이었고, 그 글들이 모여 문집으로, 수기집으로 만들어졌다. 이제, 노동자 학생들이 남겨 놓은 그 흔적들을 통해 노동야학에서의 '노동자의 밤'을 상상해 보자.

(여기에서 인용한 글들이 실린 문집과 수기집, 단행본 목록은 책 뒤에 정리했다.[3] 이외에도 노동자 학생들의 삶의 이야기들을 보충하기 위해 노동운동에 대한 연구 사업에서 진행된 야학 출신들에 대한 구술 녹취록과 필자가 직접 만난 노동자 학생들의 인터뷰 내용도 부분적으로 인용했다.[4])

누가 야학에 왔는가?

먼저, 야학으로 온 학생들은 어떻게 살아왔는지, 야학에 들어온 배경은 무엇인지 살펴보자.

봉천동의 YMCA야학에 입학한 장안나는 1960년 충주에서 삼남매 중 막내로 태어났다. 일곱 살 되던 해 아버지가 지병으로 돌아가셨고, 온 식구가 농사를 지어 먹고 살았다. 어머님의 날품팔이만으로는 생계유지가 어려워져, 1972년 엄마와 함께 단돈 1,000원(당시 쌀 한 말에 250원)을 들고 서울행 버스를 탔다. 오빠, 언니 역시 생계를 위해 뿔뿔이 흩어졌다. 당시 12세였던 장안나는 거처도 없어 일단 엄마와 헤어져 어느 집의 식모로 들어갔다. 어린 나이의 남의집살이와 식모에 대한 무시 때문에 수시로 밤에 혼자 울었다. 그렇게 4년 동안 조금씩 돈을 모아 개봉동에 엄마와 함께할 단칸방을 얻었다. 그러던 중 우연히 시장을 가다 YMCA 봉천 지부에서 무료로 야간 학생을 모집한다는 광고를 보고, 주인 할머니에게 저녁 3시간만 나가게 해 달라고 부탁했지만 단박에 거절당했다. 여러 번을 졸라 겨우 공부해도 된다는 허락을 맡았다(《비바람 속에 피어난 꽃》에서 장안나의 〈나의 이력서〉(165-174쪽)를 재구성).

아래에 인용한, 당시 노동야학에 나왔던 학생들의 이야기들에서도 '누가' '어떻게' 야학에 왔는지 정보를 얻을 수 있다.

그때 우리는 산 위에 있는 초가집에서 살았었는데 우리 여덟 식구를 아버지 혼자 노동일로 보살폈으니, 제대로 밥도 먹지 못하고 살았지요. 우리 집에선 아직 중학교 간 사람이 하나도 없습니다. 누나들도 국민학교를 졸업하고 중학교를 못 가고 공장을 다녔지요. 내가 6학년 때였지요. 그때 살고 있던 집이 철거하게 될 것이라는 소문이 있었는데 우린 어찌 할 바를 몰랐지요. 밥도 못 먹고 사는 집이 어떻게 이사를 갈 수가 있겠습니까? 우린 그때 십만원이라는 돈을 우리가 살았던 고향에서 빚을 얻어 왔었지요. 우리 집이 철거되자 철거비가 3만원이 나왔었지요. 우린 13만원짜리 초가집 전세를 얻어 이사 갔었지요.

그때 내가 국민학교 6학년 때였지요. 우린 그 집에서 여러 가지 가축도 길렀지요. 어머니께서는 날마다 가축을 기르시고 아버지께서는 날마다 노동일을 계속하시고 그리고 누나들도 공장을 다니고 하여 우리 식구들은 모두 꼬박꼬박 돈을 모아 아버지께서 장사하시다가 빚졌던 돈을 조금씩 갚아 나갔지요. 나중에 학교에 갈까 했지만 빚이 너무 많아 중학교를 진학하지 못했었지요.

– 신일섭(들불야학), 〈계단을 밟으며〉,《들불》1집, 1978

11월 5일

정든 고향을 떠나 냉대하기만 한 직장생활이 어언 3년이 흘렀다. … 봉천동엘 온 나는 크게 실망했다. 오염된 거리, 까만 천막집, 구질구질한 시장거리엔 쭈그리고 앉아 있는 장사꾼 아줌마들, 서울에도 저런 게 있구나 하고 놀라지 않을 수가 없었다. … 드디어 10월 22일 경자 언니를 따라 나의 직장이란 곳에 갔는데 그곳 종로 5가인 d빌

딩 6층에 머물게 됐다. 그때 꼬맹이인 나는 사랑이 메마른 인간들 속에서 슬픔과 외로움 그리고 공포 속에서 하루하루를 눈물로 보내야 했다. … 모순된 사회 속에서 살아간다는 것이 안타깝고 못 배웠다는 것 때문에 돈 많은 사람들의 고용인으로서 이끄는 대로 적응해야 하는 존재들. 인간으로서 인간다운 인식을 받지 못하고 있는 사람들이 우리 주위에 얼마나 많은가. … 위선 행위와 위선 선동으로 인해 권력과 돈과 지식 없는 이들을 현혹시키는 사회.

– 최순희(15세, 미싱사),《비바람 속에 피어난 꽃》, 2000, 61-62쪽

야학의 학생은 대부분 지방 농촌에서 대도시로 올라온 이들이었다. 1960년대부터 1980년대까지 정부는 농업을 경시하고, 공업 중심의 정책을 폈는데, 1970년대는 특히 인력이 집중되는 경공업이 중심이어서 많은 (여성) 노동자가 필요했다. 농촌, 농업에 대한 경시와 급속한 산업화는 도시로, 도시로 사람들을 실어 날랐다.[*] 위 글에 나온 신림동, 봉천동 등은, 1970년대에 과밀화되기 시작한 서울 도심(청계천 등지)의 이주민을 강제적으로 트럭에 실어 날

---

[*] 1970년대 들어서면서 수출 지향적 경공업 부문이 70%까지 상승했는데, 대부분이 노동집약적 산업으로 300만 명에 이르는 새로운 노동력을 창출했다. 이러한 결과로, 농업과 농촌이 해체되고 여성 고용이 증가하면서 서울 인구는 폭발적으로 증가했다. 서울의 인구 증가율은 1960~66년에는 6.5%, 1965~70년에는 9.4%였으며, 도시 인구 증가의 53%를 서울이 차지했다. 한편, 서울로 이동한 인구 중 20세 이하는 22%를 차지했다. 조국 근대화, 산업 전사, 가족을 위한 희생 등의 이데올로기에 여성 노동자는 저임금과 장시간 노동에 시달렸고, 노예로 선택되는 듯한 취업 과정, 살벌한 도시 문화, 두려운 작업장은 어린 노동자에게 너무나 힘겨운 것들이었다(정미숙, 1993, 35-37쪽).

라 서울 변두리에 만들기 시작한 정착지다. 수도, 전기, 화장실 등 기반 시설이 전혀 없는 산 밑에 금을 그어 처음에는 천막과 움막으로, 이후에는 판자와 루핑으로 얼기설기 집을 지어 사람들이 살기 시작했다. 겨레터야학의 사례에서 보았듯이, 수도 시설이 없어 물을 길어다 날라야 했고, 옆집에서 싸우기라도 하면 그 소리가 다 들릴 정도로 허술한 집들이었다. 이런 곳들에 계속 가난한 사람들이 들어오면서 대단지의 판자촌이 형성됐다. 농촌에서 올라온 사람들은 농촌보다도 못한 대도시의 모습에 충격을 받기도 했다. 한꺼번에 여러 가족이 움직이기는 쉽지 않았고, 먼저 도시로 올라간 가족, 친척이 자리를 잡고 나면 다른 가족이 돈을 벌려고 올라왔다. 야학의 학생 중에는 10대 중반의 여성 노동자가 많았는데, 이들 역시 언니, 친척의 소개와 권유로 서울로 올라오고는 했다. 하지만 나이가 어리고 특별한 기술이 없어서 바로 대규모의 공장으로 들어가기는 쉽지 않았다. 그래서 남의 집에 식모(가정부)로 들어가거나 소규모 공장의 시다 일을 해야 했다.

17살의 나이로 떠나온 정든 고향 … 방적 공장, 그곳의 기계들은 3교대로 쉴 새 없이 돌았어요. 아니 사람들이 쉴 새 없이 돌렸죠. 저는 열심히 일했어요. 어떤 때는 교대할 사람이 오지 않으면 저는 22시간의 일을 저의 조그마한 몸뚱아리로 버티어 내야만 했어요. 그때의 그 졸음 … 내 몸은 쉴 새 없이 기계와 같이 돌았어요. 하지만 역시 나는 기계는 아니더군요. 나는 인간이었어요. 기계는 기름을 주며 돌리는데 하물며 사람인 내가 변변히 먹지도 못하고 일만 해 대는 데야 골병이 안 날 수 있나요. 겉은 멀쩡하지요. 하지만 속은 곯았어요. 관리자들은 하나의 불량품도 없이 일만 묵묵히 해 주는 기계와 같은 우리들을 원했어요. … 만약 그렇지 않을 때는 우리는 인간 이하의 취급을 당해야 했어요. 우리 엄마까지 들먹이며 저를 윽박지를 때는 정말 참을 수 없었어요. … 나라는 인간은 없었어요. 그 대신 나의 이름을 가진 기계가 있었죠. 하지만 공장에서 일하는 우리들은 서로 싸우기도 하고 헐뜯기도 하지만 인간 이하의 취급을 당할 때면 우리들은 모두 똑같은 처지죠.

- 서희숙, 〈누리의 삶〉, 《인간답게 살자》, 1985, 45-50쪽

'왜 나는 이렇게 시간에 쫓기며 살아야 하나?' … 매일같이 하루 종일 딱딱한 의자에 앉아서 손발을 쉬지 않고 재빠르게 움직여 가며 기계와 싸워야 한다. 아무리 무더운 여름날에도 마음대로 움직이지 못하고 앉아서 차디찬 밥을 겨우 먹고 꽁꽁 언 손으로 일감을 만지며 어설픈 일들을 해야 하는지 … 어떤 사람들은 놀고도 먹을 수 있고 하고 싶은 것 다 해 가면서 사는데 우리는 쉬지 않고 뼈빠지게 일해도 가난을 면하기 힘들다. … 그러나 분명한 것은 진정한 삶과 배움이라는 것은 가난과 고통 속에 있다고 본다.

- 김형순, 〈노력해도 안 되는 일〉, 《인간답게 살자》, 1985, 33쪽

전태일의 사례에서도 보았듯이 10대 여성 노동자의 노동 상황은 저임금, 장시간 노동 등 열악한 작업환경 그 자체였다. 그녀들은 방적, 방직, 봉제, 가발, 신발 공장에서 기계와 싸워야 했다.

공장주와 관리주는 인간의 시간이 아닌 기계의 시간에 맞춰 노동을 시켰다. 하루 20시간에 가까운 노동을 했다는 노동자들의 말은 전태일의 마지막 외침이 왜 "우리는 기계가 아니다."였는지를 실감케 한다. 기계의 시간 속에서 자신을 위한 시간은 존재하지 않았고, 신체적, 감성적 성장을 해 나가야 하는 10대 노동자는 자신의 존재에 대해 기계보다도 못한 '노예'가 되어 간다고 느꼈다. 여성 노동자는 남성 관리자들의 강압적인 성희롱까지 감당해 내야 했다.

이러한 상황에서도 노동자들은 채 배우지 못했던 공부에 목말라 있었고, 기회가 되면 배움을 이어 가려는 마음이 절실했다. 야학에 나가려고 야근이 많지 않은 직장을 구하고, 야학을 못 나가게 막자 자해를 시도하기까지 했다. 당시 노동자들은 왜 그렇게 배우려고 했으며, 왜 야학을 찾았을까?

공돌이와 공순이, 못 배운 한

사장이 시키면 무슨 일이든 한다
무식하기 때문이다
부장이 시키면 무슨 일이든 한다
살기 위해서다
반장이 시키면 무슨 일이든 한다
월급을 받기 위해서다

그중에

나,

나는 어떤가?

- 윤경열(68년생, Y야학), 〈회사 사람들〉, 광주전남지역생활야학협의회, 1988

야학에 오는 학생이 가진 배움의 필요성에는 실용적인 측면도 있었지만, 그보다는 배우지 못한 데 대한 사회적 편견, 무시가 상당한 영향을 끼쳤다. 위 야학 학생의 짧은 시에서도 알 수 있듯이, 당시에는 육체노동자를 못 배우고 천한 일을 하는 사람으로 인식하면서 사람대우를 하지 않고 무시했다. 한국 사회에서 학력에 대한 차별과 노동에 대한 천시는 오랜 역사를 가지고 있다. 유교 중심 문화는 실용성보다는 이성, 논리 등의 형식을 중요시하는 지식과 직업을 중요시했다. 상대적으로 몸을 써서 하는 다양한 일은 천시됐고, '육체노동을 하는 사람은 배우지 못한 사람'이라는 등식이 형성됐다. 이러한 육체와 기술에 대한 천시, 형식적 지식에 대한 숭배는 과거科擧 같은 지식 중심의 시험 제도와 맞물려 학력주의, 학벌주의라는 신화를 만들어 냈고, 사회적으로도 학력과 학벌을 통해 출세와 신분의 모든 것을 거는 학력 강박증과 학력 신경증이라는 집단적 정서가 형성됐다(한주미, 1990; 강창동, 2016). 학력주의, 학벌주의는 교육의 질과 쓸모보다는 경쟁과 서열에 기반한 졸업장과 학적부 등이 상징적 힘으로 작동하게 했고, 이에 따른 학력 간, 직종별, 직업적 임금 격차나 승급 격차, 노동 기회 차별, 직업의 계층화가 팽배해졌다(손준종, 2003).

배움을 중간에 그만둔 노동자는 자신의 존재를 조금이라도 변화시키려고, 상황만 된다면 다시 배움을 이어 가고 싶어 했다. 못 배운 상황 자체가 곧바로 낮은 존재로 인식되어, 저학력 노동자는 죄책감, 피해의식을 느낄 수밖에 없었기 때문이다.

> 아무렇게나 입은 구질구질한 옷차림. 단정해 보이지 않는 머리. 무엇보다도 누렇게 떠 있는 얼굴이 나의 가슴을 섬짓하게 만든다. … 집에 와서 혼자 생각하니 정말 눈물이 나왔다. 자꾸만 눈물이 나왔다. 바로 여기에서 조금만 가면 서울대학교가 있다. 말끔하게 차려입은 여대생들이 정문을 통과하는 모습이 보인다.
>
> — 박정화(18세, 미싱사), 《비바람 속에 피어난 꽃》, 2001, 209-210쪽

> 신체검사를 하는 날이었다. 국졸 미만자는 국민학교에 가서 증명을 떼어 오라고 했다. 국민학교에 갔더니 몇 회 졸업생인가 물었다. 졸업생 명부에는 내 이름이 없었다. 그래서 중퇴했다고 말을 하였다. 그러자 진작에 말을 하지 그랬느냐고 하면서 그 사람의 눈빛이 달라지는 것을 보았다. 당장이라도 뛰어나가고 싶었지만 참았다. 검사장으로 돌아와서 서류를 꾸미는데 글씨를 제대로 쓸 수가 없었다. 직원이 대신 써 주었다. 그리고는 본인의 자필이 필요하니 이름만이라도 쓰라고 했다. 이름 석 자가 써지질 않았다. 아무리 쓸려고 해도 손이 말을 듣지 않았다.
>
> — 박종철, 〈야학일지〉, 1985

나도 사회에서 인간다운 대접을 받고 싶다. 아니, 나만이 이러한 감정을 가지고 있지는 않을 것이다. 그래서 열심히 배우려고 노력한다. 사회는 왜 명예를 내세우는 것일까? 학교도 많이 나온 사람은 월급이 많다. 그렇지만 환경의 지배를 받아 학벌 없이 회사에 입사했을 때는 그와 정반대이다. 월급도 적고 인간 대우도 제대로 받지 못한다. 왜 사회는 이렇게 규정되었는가? 이런 일들을 생각할 때 나의 눈시울이 뜨거워짐을 느낀다. 그건 내가 학벌이 없기 때문만은 아닐 것이다. 인간다운 인간, 학벌이 있고 명예를 가진 사람만이 인간다울 수는 없으리라 생각한다. 그런데 사회에서의 대우는 엄연히 분리되어 있다. 내 자신은 이런 일들을 어떻게 받아들여 생활에 적응해야 할지 모르겠다.

– 이근자(들불야학), 〈왜 사회는?〉, 1978

배우지 못한 죄책감은 야학 학생들을 항상 주눅 들게 만들었다. 중졸 학력이 실질적으로 필요치 않은 공장에 들어가기 위해 학력을 속여야 했고, 신체검사에서 지레 망설여야 했다. 학력이 밝혀지자 자신을 무시하는 눈빛을 느끼고는, 평소 쉽게 쓸 수 있었던 자신의 이름도 쓸 수 없을 정도로 위축됐다. 고된 장시간 노동, 깨끗하지 않은 작업복, 어두운 얼굴색 등 자신의 하나하나가 배우지 못함으로 인해 스스로를 책망하는 단서가 되어 버렸다. 학력은 실질적으로 노동에 보탬이 되지도 못하는데, 스스로를 규정짓는 족쇄로 작동됐다. 이러한 학력주의는 스스로의 위축을 넘어서서, 노동자들에게 직접적인 무시와 차별이라는 폭력으로 작용하고 노동자들도 그것을 인식하기 시작했다.

　1976년 여름 무더운 날씨였다. 친구의 소개로 취직을 하기 위해 서
류를 갖추어 면접시험을 보러 갔다. … 여러 가지를 물어보더니 "중
학교 졸업했어?" 이 말에 뜨끔한 내 가슴, 마음을 가다듬어, "예, 올
봄에 졸업했어요." 하고 답했다. "그래 그럼 코리아가 뭐지?" "예, 한
국" "책상이 뭐지?" "데스크" (무사히 중학교 졸업생 행세를 해내었다)
… 현장에 발을 들여놓았을 때, 아니 여자들이! 깜짝 놀랐다. 이렇게
여직공이 많다니. 약 천 명에 가까운 수라고 과장님이 말씀하셨다.
그중 깍쟁이 같은 여자들은 옷 색깔이 달랐다. … 눈에 확 뜨일 정도
로 옷의 모양과 색깔이 분류되어 있었다. … 사회에서는 이런 차별
이 무척이나 심하구나! 배운 사람과 못 배운 사람과의 차이는 하늘
과 땅 사이라고 해도 과언이 아닐 정도다. 하물며 화장실까지 따로
있는 것이었다. 식사 시간은 물론 이런 사람들이 다 먹고 나면은 그
때서야 식사 시간이 시작된다.

　－ 정순자(16세, 국졸, 인형제작공), 《비바람 속에 피어난 꽃》, 2000, 63-64쪽

　어느 순경이 한 어느 말 중에 무식한 공돌이도 아니라 하는 말을
들었을 때 나는 분노를 느꼈어요. 딴 아이들도 어떤 생각을 했는지
몰라도 전 왜 그런 소리를 들어야 하나, 왜? 그 사람이 우리의 피를
빨았지 우리가 그 사람을 얼마가 괴롭혔길래 말입니다.

　－ 최옥자(밀알야학), 〈졸업을 하면서〉, 1980

어느 책에선가 '노동은 신성하다'고 본 적이 있는데 왜 실제로 일을 하는 우리는 역겨운 생각을 하는지, 어쩌면 어렸을 때부터 세뇌당해 오지 않았나 싶다. ··· 인간이 인간에게 굴레를 씌운다. 쌍놈, 종, 하인, 공순이, 공돌이라고 조롱하면서 일을 해도 내 것이 아니고 배부른 놈 더 배부르게 해 주는 이상한 사회, 왜 그럴까? 왜 이런 일이 벌어지는 걸까? 자기만 편하고 배부르고 싶은 이기심, 항상 우두머리가 되고 싶은 명예욕 ··· 아, 아~ 이제는 좀 벗어나고 싶다.

- 고귀옥(68년, Y야학, 사무직), 〈어느 가을날에〉,
광주전남지역생활야학협의회, 1988, 148쪽

"이럴 수가! 그럼 뽀너스도 없단 말인가요. 말도 안 돼요. 분명히 조회시간에 말씀하셨죠? 그건 분명한 뽀너스라구요. 그건 가불이 아니에요. 그때 가불이라고 했다면 아마 사양했을 것이고요. 그건 분명한 뽀너스예요. 뽀너스! ··· 어떻게 인간의 탈을 쓰고 그렇게도 냉대할 수 있어요? 저는 이렇게 생각해요. 뽀너스는 그동안의 수고했다는 호의로 주는 거지, 앞으로를 위해서라고 생각한다면 이건 착오가 아닐까요. 물론 야만적인 당신들은 앞으로를 위해서겠지요." ··· 정말 노동자의 비참. 우리가 많이 배웠다면 우리를 무시해 버리진 않을 것이다. 우리는 권리도 모르고 자기의 의무도 모르는, 주는 대로 받아먹는 무식한 인간들이라고 생각했기 때문에 이런 짓을 마구 하는 것이다.

- 최순희(국졸, 미싱사), 《비바람 속에 피어난 꽃》, 2000, 42쪽

관리자, 사업주, 경찰 등 권력을 가진 집단의 사람들은 시골 출신에, 학력도 낮고 나이도 어린 노동자를 무시하면서 당연히 지켜야 하는 권리들도 무시했는데, 노동자들은 이것이 배운 사람과 못 배운 사람의 차이라고 느꼈다. 노동자에게 기본적인 근로기준법을 무시함은 물론이고, 임금이나 수당도 제대로 주지 않으려고 했다. 배우지 못함과 노동에 대한 무시가 결합된 "공돌이" "공순이"라는 말은 그것을 나타내는 대표적인 호칭이었다. 그래서 만약 자신들이 배웠다면 이런 무시를 당하지 않았을 것이며, 문제를 인식하고 주장하고 말할 수 있는 존재로 대접 받았으리라는 것이다.

그러나 내가 커 가면 커 갈수록 내가 모르는 것이 많았다. 배운 사람과 못 배운 사람의 차이는 너무도 컸던 것이다. 못 배운 사람은 자기의 불만을 배운 사람에게 말하면 배운 사람은 못 배운 사람에게 모르면 가만히 있으라는 것으로 무시해 버리는 것이다. 그래서 나는, 나도 배우자 그래서 무시당하는 사람이 되지 말자.

– 한영수(민중야학), 〈야학에 나온 후부터〉, 《민중》 2호, 1983

왜! 우리는 이토록 버려졌습니까? 왜! 현실은 우리를 이토록 철저하게 버립니까? 그들은 우리를 무엇으로 알고 있습니까? 한낱 로봇에 불과합니다. 우리는 주체를 갖고 있습니다. 그러나 정신적 이상은 버리고 오직 육체와의 투쟁과 갈등뿐, 돌아오는 것은 몇 장의 지폐, 우리들 아니 모든 사람들의 눈을 멀게 하는 지폐, 이것으로나마 만족할 수 있겠습니까? … 망각되어 버린 정신적 이상, 이것 때문에 우리는 당해야만 했습니다. 몰랐습니다. 너무 몰랐습니다. 시들어만 가던 정신적 이상을 현실은 집중적으로 공격했습니다. 실로 안타까운 일이 아닐 수 없습니다. 정말 우리 노동자는 눈먼 사람들같이 생활합니다. 그들은 그것을 이용하여 철저하게 농락했습니다. 조금만 잘해 주어도 만족하는 우리 형제들, 그것을 이용하여 잘도 사기합니다.

– 김희천, 〈현실과 근로자〉, 《그러나 이제는 어제의

우리가 아니다》, 1986, 86-87쪽

노동야학의 학생들은 열악한 노동 상황에서도, 그리고 낮은 학력에서 오는 이러한 차별과 무시로부터도 벗어나고자 했다. 그 첫 번째 길은 무조건 '배우는 것'이었고, 이후에는 야학이나 투쟁을 통해 깨달은 '뭉치고 단결하는 것'이었다.

출세의 지식과 해방의 지식

열악한 노동 상황, 육체노동과 저학력에 대한 무시 속에서 노동자들은 배움을 일종의 탈출구로 생각했다. 노동자들은 배울 수 있는 기회와 시간을 갖는 데 우선을 두고 직장을 구할 정도로 배우고 싶어 했다. 뒤에서 한 번 더 살펴보겠지만, 관리자나 공권력에 의해 배움이 중단될 위기에 처할 때는 가출을 감행하기

도 하고, 태업을 하거나 자해를 감행할 정도로 공부를 절실히 원했다. 그렇다면 노동자들은 야학에서 무엇을 배우고 싶어 했을까? 공부를 통해 무엇을 기대했을까?

노동, 노동일을 하고 싶은데 힘은 들어도 액수가 많으니까 노동을 하고 싶다 이거야. 나의 신조, 어떻게든 공부를 하자. 죽을 때까지 공부를 하자. 죽을 때까지 공부를 하다 죽었으면 … 출세를 위해서는 오로지 공부, 공부만 하는 것이겠지. 과연 어렵도다, 어려워. 젠장 내가 어떻게 해야만이 공부를 계속 할 수 있을까? 오로지 공부인데 … 공부, 공부, 출세, 공부, 성공, 공부 ….

― 고영생(20세, 국졸, 막노동),《비바람 속에 피어난 꽃》, 2000, 141쪽

12월 4일

나도 다음 달에는 학생 코트를 꼭 해 입어야겠다. 아주 학생식이 되고 싶다. 구정에 집에 가면서도 가짜 학생이 되어가지고 갈 작정이다.

2월 7일

영세 오빠는 부안 터미널까지 바래다주면서 배움에 대해 약간 얘기해 주었다. 난 그 오빠 얘기하는 것 중 무엇인지 몰라도 자신이 생기고 학교에 입학해서 꼭 검정고시에 합격하겠다고 결심했다. 그래서 내가 그토록 부러워했던 교복을 입고 어엿한 고등학생이 되어 그 누구보다 인간처럼 살아 보고 싶었다. 난 꼭 하리라. 누구보다 열심히.

― 최순희(15세, 국졸, 미싱사),《비바람 속에 피어난 꽃》, 2000, 15·30쪽

일단, 노동자들은 그들이 처한 상황을 벗어나기 위한 수단으로 공부를, 그것도 절실한 마음으로 공부를 생각했다. 어떻게 보면 배움을 통해 뭔가(배우는 존재)가 되기보다는 그저 학생이라는 존재(학력을 가진 존재)가 되고 싶어 했다. 위 글에 보듯이 노동자 학생들은 검정고시를 통해서라도 교복을 입고 싶어 했고, 배움을 통해 출세를 하고 싶어 했다. 아직 학령기의 나이였던 여공들은 고등학생, 더 나아가서는 멋진 여대생이 되고 싶어 했다. 하지만 이런 욕구가 전부는 아니었다. 학습 초기에 막연했거나 단순 출세를 위한 야학 학생들의 욕구들은 조금씩 변화, 발전하기 시작했다. 그래서 자신의 이야기를 다른 사람에게 의미 있게 전달하거나 자신의 일상, 처한 상황, 꿈들을 이야기하고 싶어 했고, 가능하다면 자신이 아는 것들을 다른 이들에게 가르쳐 주고 싶어 했다.

생활에서 느꼈던 점들을 말로 표현하고 싶은데 잘 안 된다. 무명. 하지만 문학소녀가 되고 싶다. 생활의 표현과 사물에 대한 견해 등 모두 표현할 수 있는 능력을 갖추고 싶다. 내 꿈, 나의 희망이라면, 정말 초등학교 교사가 되고 싶다. 여교사 … 그래서 빈민촌에서 제일 문제시되는 것들을 해결하고 잘못되어 있는 교육 방침을 뜯어 고치고 논문을 쓰고 사회에 여론화시켜 올바른 교육을 하고 싶다. 어린 동심들과 어울려 같이 웃고 울고 생활하며 싸우며 살고 싶다.

– 이정아(18세, 국졸, 미싱사), 《비바람 속에 피어난 꽃》, 2000, 230-231쪽

어디를 가든 인생 공부는 계속할 수 있을 것이다. 나 자신도 불행하지만 나보다 더 불행한 사람들을 위하여 희생하고 싶고 나의 친구들과 같이 토론하고 대화를 나눔으로서 내가 알고 있는 모든 것을 좀 더 키워 나가면서 그들과 같이 생각하고 문제를 해결할 수 있도록 노력하고 싶다. 비록 내가 알고 있는 것이 작은 것이지만 그들에게 전해 주고 싶다.

— 박정화(18세, 국졸, 미싱사),《비바람 속에 피어난 꽃》, 2000, 218쪽

즉, 야학의 학생들은 스스로에게, 타인에게, 나아가 사회적으로 의미 있는 존재가 되기를 원했다. 그래서 기계가 아닌 인간, 지금과는 다른 존재로 인정받고 싶었고, 자신의 이야기를 할 수 있는 존재, 타인과 대화하고 토론하고 말할 수 있는 '감각적 존재'가 되고 싶어 했다. 더 나아가서 자신이 삶의 주인이라고, 노동자의 상황과 입장에서 말하고 싶어 했다.

사회는 우리가 권리와 의무를 찾으려는 것을 외면하려 하는 것인가. 우리들은 배우지 못하였기 때문에 일만 하란 것인가. 없는 사람과 근로자들도 떳떳이 할 말을 하고 문학도 사랑도 인생도 얘기하면서 살 수는 없을까? 힘없는 사람들을 위해 폭풍을 막아 줄 이는 아무도 없는가?

— 손영근(Y근로청소년교실), 〈하늘 저편의 행복〉,《인간답게 살자》, 1985, 40쪽

냉혹한 현실 속의 삶, 저들의 노동자, 근로자, 천대받는 노동자, 저

들이 손짓하는 근로자, 왜 우리는 이래야만 할까요? 좀 더 떳떳하게 살 수는 없을까요. 하지만 우리는 지식 면에서 무엇을 알아야 따지고 항의하지요. 망각되어 버린 정신적 이상과 잃었던 자신들, 그동안 버려졌던 자신들, 이제 우리가 그것을 찾아야 합니다. 우리는 찾아서 그들을 농락해야 합니다. 그러기 위해서는 우리는 뭉쳐야 합니다. 배워야 합니다. 당당하게 용기를 가질 수 있는 믿음의 삶과 정신적 지식이 필요한 때입니다. 이럴 때일수록 우리는 서로 아껴 주어야 합니다. 우리는 서로를 믿어야 합니다. 우리는 진실을 깨우쳐야 합니다. … 소외된 인간들 일어납시다. 자신의 가치관을 인식하고 주관자의 행세를 해야 합니다. 우리는 주인 된 인간이 되어야 합니다.

　　　　　　－ 김희천, 《그러나 이제는 어제의 우리가 아니다》, 1986, 86-87쪽

　학생들은 작업장에서 자신에 대한 무시와 차별을 피부로 느끼면서, 이것에 항의하고 문제를 해결해 나갈 지식이 필요해지기 시작했다. 또한, 노동자도 다른 인간들과 마찬가지로 토론, 문학, 사랑, 저항을 할 수 있는 존재로 깨닫기 시작했고, 같은 처지의 노동자들과 서로 믿고 의지하며 뭉치는 것을 통해 자신의 삶의 주인이 될 수 있음을 알아 나갔다.

노동자 학생의 변화: 참된 배움과 윤리적 주체

　노동자들에게는 야학에서의 배움과 강학, 학강과의 관계를 통

해 어떤 변화가 생겼을까? 1980년대 부산의 세 야학(가야, 밀알, 당감야학)에서는 야학 학생들을 대상으로, 배우는 이유에 대한 설문조사를 진행했다. 그 결과, '야학을 나오는 이유'는 ① 내가 일하는 것에 대한 구체적으로 알기 위해(36.9%) ② 교양을 위해(26.1%) ③ 검시를 위해서(18.5%)였고, '공부하는 이유'는 ① 올바른 삶을 위해(90%) ② 생활하는 데 지장이 없도록(9.2%) ③ 학벌 위주 사회이기에(7.7%)(밀알야학, 1980)였다.

객관식 설문이기는 하지만, 학생들이 꼽은 학습의 이유는 학력이나 시험보다는 노동 관련한 실질적인 앎과 올바른 삶을 위해서였다. 그래서 학생들은 야학에서 자신의 이야기를 할 수 있고, 그것을 통해 존중 받을 수 있다는 데 큰 만족감을 나타냈다.

> [야학은] … 서로가 서로를 위해 주고 나의 이야기에 귀를 기울여 주는 곳 … 그렇기 때문에 저는 이곳에서는 인간으로 있을 수 있었어요. … 아직까지 저는 고민하고 있는 중이에요. 하지만 기뻐요. … 일만 해대는 기계 같은 내가 아닌, 머리로써 생각하는 인간인 걸요.
>
> ─ 서희숙, 〈누리의 삶〉, 《인간답게 살자》, 1985, 45-50쪽

나에겐 1시간 아니 1분 1초가 소중한 것이다. 그렇게 소중한 시간을 나는 어떻게 보내는가? 너무나 아깝게 보냈다. 작업장에서 일이 끝나면 곧바로 집으로 향하여 발길을 옮겼었다. 허나 지금은 어떠한가? 배움의 한가닥 희망을 가지고 걷는 나의 발길은 한층 가볍다. 배운다는 게 무엇이기에 나의 마음과 몸은 마냥 부풀어 있을까?

남들이 학교에 다닐 때 일해서일까? 배움에 굶주려서일까? 나대로의 생각과 해석을 해 버린 결론이다. 난 결코 높은 교육을 바라지 않는다. 그저 평범하게 살며 앞과 뒤가 꽉 막혀 버린 그런 사람은 되지 말아야겠다고, 그러기 위해서 배워야 한다고, 나대로의 판단이다. 그렇다. 배워서 모든 걸 알아야 한다. 나를 위하여 배움을 주시는 분들이 계시니 난 열심히 배워야겠다. 건강한 정심으로 모든 것을 받아들여 열심히 배우고 익혀 현 사회에 적응해야겠다고 다짐하면서.

– 이애라(시정의 배움터), 〈배운다는 것〉,《등불》1-3호 통합본, 1985

야학에서 얻은 존중감은 학생들로 하여금 참 지식 추구를 위한 욕구를 불어넣었다. 랑시에르에 따르면, 지식에서 제1의 악은 무지가 아닌 멸시이며 멸시는 존중만이 치유할 수 있다(주형일, 2012, 237쪽). 그래서 야학에서 학생이라는 존재는 기계가 아닌 '머리로써 생각하는 인간'이었고, 학생들은 새로운 영혼을 얻었다고, 검정고시 합격이 아닌 다른 사람들을 사랑할 수 있는 '진짜 공부'를 한다고 표현했다.

단지 뚜렷한 학력, 명예, 이런 것들에 소외 받았던 내가 이제 다르다. 난 지금부터 진짜 공부를 한다. 명예를 위한 검정고시 체념하기로 했다. 그리고 나 혼자만을 생각하지 않고 항상 내 주위에 있는 다른 사람들 위해 무엇인가 보람 있는 일을 하리라.

– 최순희(15세, 국졸, 미싱사),《비바람 속에 피어난 꽃》, 2000, 60쪽

들불은 지식인과 인간적인 만남이다. 배움의 욕망을 간직한 채 들불에 왔다. 현 사회의 학력의 불공평을 느끼고 나도 배워서 남들이 말하는 검정고시를 볼려고 왔다. 하지만 지금은 배움의 욕망보다 배움의 필요성을 알았다. 학력의 지배 사회에서 나의 낮은 계층을 느끼고 당할 땐 정말 가슴 아프다. 관념적인 지식보다는 인간적인 지식을 배우고 싶다. 사물을 바로 보는 눈을 가지고서 내 주위의 모든 사람을 사랑하고 싶다.

− 조순임(들불야학), 1980

하지만 학생들은 야학을 시작한 지 얼마 되지 않아 여러 가지 문제에 봉착했다. 가장 큰 것 중 하나가 검정고시였다. 검정고시 관련하여 학생들이 어려움을 겪는 상황은 두 가지였다. 하나는 검정고시 합격이 어렵다는 것이었다. 앞에서 보았듯이 야학 학생들의 검정고시 합격률은 채 5%가 되지 않았다. 당시 야학의 입학생 100명 중 1명밖에 검정고시에 합격하지 못하고, 졸업자는 5~6명밖에 되지 못했다는 연구 결과도 있다(한완상 외, 1985, 163쪽). 노동자들이 장시간 노동을 하면서 안정적으로 야학을 다니고 공부를 한다는 것이 쉽지 않았기 때문이다. 또 한 가지는 검정고시를 둘러싼 강학들과의 갈등이었다. 생활야학, 노동야학에서는 검정고시 대비를 하지 않았는데, 강학들은 검정고시의 비현실성을 이유로 들며 학생들을 설득하려 했다.

요즘 들어 선생님들과 학생들 사이에 계속 의견 충돌이 일어나고 있다. … 우리의 생활을 겪어 보지도 않은 사람이 어찌 우리의 마음을 이해한다고 하는가? 또한 선생님들은 "우리는 의지하지 말라"고 하니 우리가 할 말이 없다. … 도대체 우리가 무엇을 어떻게 했는데 그런 말을 선생님들이 할 수 있었을까? 우리가 선생님에게 의지한 것이 무엇일까?

– 구순희(시정의 배움터), 〈24개월의 시정〉,《등불》 2호, 1985

9월 4일

언제부터 2학기 때에는 정식 학교에 들어가겠다고 결심했었다. 그래서 꼭 검정고시를 보려는 생각이었다. 요즈음엔 여러 선생님들과 의논을 해보곤 하지만 모두가 똑같은 말만 할 뿐, 검정고시를 해 보라는 사람은 없고, 검정고시란 걸 생각하고 있는 나를 오히려 흔들리게 만든다. 그 선생님들이 정말 나를 위해서 진정으로 나의 심정을 알면서 얘기하는 것인가. 그 선생님들이 얘기할 때는 정말 옳은 것만 같다. 정말 검정고시가 나에게 큰 문제가 아닌가? 정말 내가 가야 할 길은 어디인가.

– 최순희(15세, 국졸, 미싱사),《비바람 속에 피어난 꽃》, 2000, 56-57쪽

'역시 그렇구나. 여기의 언니와 오빠들은 학생들의 어려움을 모르고 무시하고 있구나. 대학생들이란 원래 저럴 거야' 하는 생각이 머리를 스쳐갔다. … 우리나라 대한민국에서는 배우지 못하면 인간 대접을 받기 힘들고 어렵다는 것을 여러 가지 사건과 수업 시간에 들었다. 하지만 난 아직도 강학들이 왜 검정고시를 탐탁지 않게 보는

지 알 수가 없다. (검정고시 포기) … 누군가의 말이 떠오른다. '처음 학당에 입학했을 땐 모두가 검정고시를 외치지만 그 마음은 날이 갈수록 희미해진다.' 그래서 난 생각했다. 영어 알파벳을 외우는 것도 좋지만 한 줄의 소설책을 읽는 것도 좋을 것이라고. 그래서 나는 그 길을 택했다.

– 오원희(18세, 국졸, 요꼬), 《비바람 속에 피어난 꽃》, 2000, 102-103쪽

야학의 학생들은 처음에는 주로 검정고시를 공부하기 위해 들어왔지만, 점차 그것은 형식적이고 개인만을 위한 것이라고 여기게 되면서, 반대로 진짜 공부는 자신만을 위한 것을 넘어 타인에 대한 관심과 '함께함'이라고 생각하게 되었다. 즉, 야학에서 지식적인 배움을 얻을 뿐만 아니라, 서로 이야기도 나누고, 힘듦 속에서도 생명감, 깨달음이나 저항감 같은 감각적인 요소를 느꼈다는 것이다. 나아가 실질적인 지식과 야학에서의 존중은 학생들이 노동과 노동자에 대한 자부심을 갖게 했고, 자신의 권리를 스스로 지켜내야 함을 알게 해 주었다.

야학을 다니면서 나의 명백한 주관을 내세울 줄 아는 용기를 얻었고, 근로자에 대해서 자부심 또한 가지게 되었다. … 주관적 입장에서만 생각할 줄 알았던 나에서 객관적으로 파악할 수 있는 나를 보는 안목이 달라진 점이다. 야학에 들어오기 전까지만 해도 나 자신 외에는 아무런 관심이 없었다. 남이야 어떻게 되든 내 인생에만 충실하겠다는 극히 이기적인 생각뿐이었다. 놀랄 만큼 변한 나 자신을

발견할 수 있었다.

－ 한국기독교사회문제연구원, 《부산지역 실태와 노동운동》, 1986, 100쪽

8월 14일

나의 평상시 스타일은 학생 스타일이었다. 모든 사람들이 고3으로 봐주는 게 보통이었다. 나의 신분을 위선적으로 보여 준 것이다. 진짜 고등학생이 아니면서 학생처럼 하고 다니면 교통비 조금 드는 건 약간 이익이지만, 차라리 가짜 학생보다 진실한 노동자가 훨씬 바람직하고 세상을 부질없이 사는 거라고 생각한다. 난 오늘부터 학생티를 다 벗어 버리고 내 나이처럼 깜찍하고 발랄하게 있는 그대로 노동자처럼 하고 다니기로 했다. … 우리나라엔 그런 경우들이 참 많다. 대학생이 아니면서 뺏지를 달고 다니고 자기 자신을 무시해 버리는 것이다. 자기가 자기를 천하게 여겨 자신의 신분을 숨겨 버리는 경우들이 너무도 많다. 대학생보다 노동자가 더 유리할 수 있다고 볼 수가 있는데도 … 대학생은 지식을 소유하고 있지만 노동자는 자립할 수 있는 힘, 스스로가 남의 도움을 받지 않고 산다는 것이 얼마다 뜻깊은 일인가. 노동자들은 그런 자신을 잃어버린 것이다.

－ 최순희(15세, 국졸, 미싱사), 《비바람 속에 피어난 꽃》, 2000, 53-54쪽

지금은 누가 직장과 직업을 묻는다면 나는 능히, 저희 직장은 주택은행 위에 있고 몇몇 안 되는 종업원들과 요꼬를 하고 있습니다, 라고 말할 수가 있다. 그만큼 노동이 귀하다는 것을 깨달았는지도 모

르겠다. … 우선 노동이라는 존귀함을 깨닫게 해 주어 억지로 일하
는 것보다는 무엇을 생각하면서 일할 수 있도록 자신감을 불어넣어
주는 것, 그것이 가장 급한 일이다. 그런 후라면 같은 노동자들끼리
뭉칠 수 있지 않을까 생각되는 것이다.

- 오원희(18세, 국졸, 요꼬),《비바람 속에 피어난 꽃》, 2000, 108-109쪽

야학을 다니면서, 노동자인 자신과 노동에 대한 시각이 자신
의 권리 또는 노동 탄압에 대해 보다 능동적이고 적극적인 자세
로 전환됐다. 배움의 과정이 단지 책에만 있는 것이 아니라, 진
실 되게 서로를 믿고 의지하는 '인간다움'을 찾고 자신과 타인 그
리고 세계를 계속 고민하고 사랑해 나가면서 불의와 타협하지
않는, '독립적이고 비판적인 주체'가 되게끔 하는 과정임을 깨달
았다.

일단, 개념이 좀 생겼어요. 그니까 일이 늦게 끝나면 아유 이게 뭐
지 '늦게라도 이렇게 더 많이 해야지' 이런 생각이었는데, '제 시간에
끝나고 제 시간에 시작해야 되는 게 맞다' 이렇게 개념이 딱딱 생긴
거예요. … 그리고 점심시간에는 한 시간은 확실하게 휴식을 취해
줘야 된다. … 나도 개념이 생기면서 주변에서 그렇게 안 하는 거에
대해서 약간 부정적으로 보게 되는 거죠.

- 이경숙 구술

그래 지금 난 자신이 한 달 힘들게 일하고도 월급봉투에 제대로

관심도 못 가지는 바보라는 걸 새삼 깨달은 것이다. 여태껏 수만 개의 제품을 만들면서도 난 내가 누구인지도 몰랐으니까! 10시간의 작업장 속에서 똑같은 일을 매일 반복하지만 결코 노동의 신성함이나 가치를 느껴 본 일이 없다. 우선 나라는 존재가 공순이고 아무리 열심히 일해도 정해진 똑같은 월급을 받아야 하며 사회에서도 근로자라는 신분은 떳떳하지 못하다는 점에서 난 나의 직업을 지독히 미워해 왔다. … 그래서 남의 인생을 부러워하고 뒤쫓아다닌지도 모른다. … 세상에서 제일 무서운 것은 자신과의 싸움이다. … 진실한 언어와 부끄럽지 않은 행동으로 나를 막는 모든 장애와 싸워 보는 것이다.

– 서정미, 〈나 자신과의 싸움을 통해〉,《인간답게 살자》, 1985, 30쪽

야학의 학생들은 자신과 자신의 상황에 대한 이해와 분석과 아울러, 출세에 대한 이기적 욕구를 넘어 인간으로서 사랑하며 타인에 대한 관심과 연대를 통해 정직, 정의를 추구하는 '윤리적인 주체'(인간화의 입문 과정)로 변화를 꾀했다.[*]

나름대로, 많은 것을 배우지는 않았지만 그래도 좋은 쪽으로 많

---

[*] 민중교육 이론가이자 실천가였던 허병섭은 야학 노동자 수기집인 《비바람 속에 피어난 꽃》을 '노동자의 가치관과 윤리 감정'이라는 주제 아래 분석했는데, 분석 가설에는 없었던 '정직과 정의들에 대한 욕구'가 가장 높게 나왔다. 다음으로, 사랑하고 사랑받을 욕구, 신체의 안정과 일용할 양식을 위한 욕구, 일하고 창조하려는 욕구 순이었다 (허병섭, 1987, 129쪽).

은 걸 생각도 해 보기도 하고 … 중고등 나오지 않았어도 들은 거
배운 게 있고 중고등 나온 사람들과 대화를 할 때도 내가 모자라
지는 않는구나. 세상을 보는 생각이 달라졌어요. 나는 티비를 봐
도 화려한 걸 좋아하고 옛날에 초등학교 다닐 때도 다른 누구 밥
을 먹지 않았어요. 지저분하면 주변에 가지도 않고 … 지내면서 내
가 이게 잘못됐구나 … 그리고 공부는 중간이었는데 공부 잘하는
애들만 어울리고, 사는 것도 잘사는 애들하고, 반장하고만 어울리
고, 지저분한 애들 집에는 가지도 안 하려고 하고 … 그런 거는 많
이 고쳐졌죠.

– 김덕님 구술

야학에 들어오기 전까지만 해도 나 자신 외는 아무런 관심이 없
었다. … 그러나 지금은 놀랄 만큼 변한 내 자신을 발견할 수 있다.
나와는 아무런 상관이 없는 타인이지만 그 사람에게 불행이 닥치면
무관심해질 수가 없게 되었다. … 내가 생각하고 있는 인간다운 삶
을 이야기한다면 남들이 어려운 처지에 놓이게 되면 서로가 서로에
게 힘이 될 수 있어야 하고 서로를 믿고 의지하고 사랑하며 자기 앞
에 있는 현실을 직시하여 행동할 줄 아는 삶이 진정한 삶이라고 생
각한다. 현실은 이런 사람이 살기가 무척 힘들며 이렇게 사는 사람
들을 바보라고 생각할지 몰라도 나는 절대로 불의와는 타협하지 않
는 나 아닌 나를 위해서 살아가겠다.

– 강영수(Y근로청소년교실), 〈인간다움의 뜻〉, 《인간답게 살자》, 1985, 15쪽

노동야학은 학생들로 하여금 자신뿐만 아니라 자신의 주변에 노동 형제, 타인이 있음을 깨닫게 했고, 서로에게 의지하고 함께 살아가는 것을 진정하고 정의로운 삶으로 여기게 해 주었다. 그리고 이 정의로움은, 추상적인 관계와 인간이 아니라 자신이 일하는 구체적 현장인 공장 생활과 노동 현실을 노동자가 변화시켜 나가야 한다는 생각으로 발전했다.

잘 살아 보겠다는 생각들을 해 보지 않은 것은 아니에요. 공장생활을 하며 처음 눈물나게 욕을 듣던 때 졸음을 참아 가며 일을 할 때 우린 그것들을 이미 느꼈어요. 우리들의 생활과 너무나 먼 노동법과 인간답게 살기 위한 우리들의 권리라는 것은 저를 고민하게 만들었어요. … 아직까지도 저는 고민하고 있는 중이에요. 하지만 기뻐요. 저는 고민하는 머리를 가진걸요. 일만 해 대는 기계 같은 내가 아닌, 머리로써 생각을 하는 인간인걸요. … 인간 이하의 취급을 당하며 '나는 역시 별 것이 아니구나.' 하는 초라한 생각을 치워 버릴래요. 나는 역시 한 인간으로서 살아갈 수 있어요. 아니 꼭 그렇게 살아가야만 해요. 배우며 생각하며 고민하며 사랑하며 함께 살아갈 것이에요. 모두 함께 말이에요.

– 서희숙, 《인간답게 살자》, 1985, 45-50쪽

야학을 다니면서 무엇을 배웠는지. 우리가 일한 대가만큼 받지 못하고 빼앗기는 뼈아픈 현실. 공장의 환경은 먼지 가득 쌓이는데 환풍기 시설도 제대로 되지 않고 오직 기계처럼 일만 해 주고 그 대가

만 받으면 된다는 식. 이것도 또한 제대로 대가가 나오지 않고 명절이면 바쁘다면서 시간 이외도 일을 시키면서 수당도 제대로 나오지 않는 현실. 이런 문제를 알면서도 외면해 버리고 싶고 나 자신만 잘되면 그만이라는 생각과 나도 한 사람의 근로자로서 나 자신을 속이고 행동하는 나의 생각이 잘못인 줄 알면서도 내가 가야 할 길을 생각해 본다. 노동자로서 내가 할 일을 찾고 혼자 힘으론 안 되며 우리 모두 노력하여야 할 것이다. 자신만 잘되기 바라며 노동자를 벗어난다 해도 언젠가는 다시 자신에게 돌아올지 모르며 우리 사회의 문제는 우리 스스로가 고쳐 평등하고 빈부차가 없는 정의로운 사회가 되도록 노력하면 억눌리고 지금과 같은 생활이 되지 않을 것이며 나 자신도 현실을 정확히 바라보는 한 사람의 근로자가 되겠다.

─ 이성애(18세, 미싱사, 시정의 배움터), 〈내가 가야 할 길〉, 1985

노동자 학생들의 사고는 자신의 작업장을 넘어 사회로까지 확대되면서, 사회 내에서 자신들의 노동이 가지는 의미도 생각하게 되고, 위정자나 권력자에 대한 비판으로까지 이어졌다.

보세 공장에 다닌다고 하면 표정이 변한단 말인가? 그리고 우리들이 아니면 그들은 살 수 없다는 것을 모르는 모양이다. 우리들이 아니면 신발이며 옷이며 자기네들이 들고 다니는 가방 등 우리들의 손이 미치지 않는 것이 별로 있을까? … 그리고 우리들은 왜 낮게 보여야 할까? 적은 임금과 많은 노동시간 속에 시달리면서도 우리들은 올바르게 살려고 노력하고 있는데 왜 우리들을 깔보는 것일까? 그들은 모를 것이다. 우리들의 실상을.

— 심경인(사랑방, Y근로청소년교실), 〈어느 아침〉, 1983, 47쪽

그들은 하루도 빠짐없이 선진조국이며 정의사회구현을 지껄여 댄다. 그들은 자신들이 정해 놓은 질서와 민주주의를 스스럼없이 부패한 권력으로 무너뜨리면서 여지없이 본색을 노출시키고 타락해 간다. 국민들을 위해 열린다는 86, 88 올림픽은 우리에게서 점점 멀어져 간다. … 우리에게도 최소한의 인간다운 삶을 꾸려 나갈 생존에의 열망이 있다. 진정한 우리들의 참 삶을 위하여 그 열망을 포기해서는 안 된다.

— 홍영미(65년생, Y야학, 전자), 〈짜여진 틀을 거부하며〉, 광주전남지역생활야학연합회, 1988, 143쪽

이러한 과정은, 본인이 겪는 일이 아님에도 단지 함께 노동하는 노동자라는 의미만으로도 자신의 권리를 위해 싸우는 친구, 동료에 대한 연대 의식으로도 이어졌다. 그래서 본인의 일이 아닌데도 농성 중에 있는 언니를 찾아가 격려하고, 연대하는 마음의 발언이나 시를 통해 함께하고픈, 함께 싸우는 자신의 마음을 표현했다.

그저께는 야학이 끝나고 언니가 농성 중인 일성섬유를 찾았습니다. 언니들의 목소리를 들으며 난 정말이지 부아가 치밀어 올랐답니다. 그들도 과연 인간일까요? 맨 땅바닥에 주저앉아 함께 목이 터

져라 노래를 부르고 구호를 외치면서 난 뜨거움을 느꼈습니다. 노동
자는 결코 죽지 않는다. 끝까지 싸운다. 우리 것은 우리가 찾는다.
1987년 8월 야학에서 윤희 올림.

  – 정윤희(68년생, Y야학, 사무직), 〈싸우고 있는 언니에게〉(광주일성섬유에서
    임금 인상, 근로조건 개선 등을 요구하며 싸움 중인 야학 형제에게 보낸 글),
                          광주전남지역생활야학연합회, 1988, 77쪽

나로서는 처음 하는 연대시[연대의 마음을 담은 시]였다. 다리가 떨
리고 무척 당황하였다. … 다시 연대시를 한다면 나는 또 할 것이다.
우리 형제들이 얼마나 협동이 잘되어 있는가를 나는 연대시를 하면
서 느꼈다.

  – 재민(바램야학), 〈연대시를 하고 나서〉, 광주전남지역생활야학연합회,
                                              1988, 85쪽

야학 학생들의 이러한 변화들은 문화적인 활동들을 통해 극대
화됐다. 야학에서는 한 기수에 한 번, 또는 졸업식을 겸하는 형
태로 일종의 '문화의 밤' 행사를 진행했다. 노래, 시, 연극 등 다양
한 문화적 형태로 자신의 이야기를 표현하는 장이었는데, 야학
에서 가장 중요한 행사 중 하나였고 교사, 학생이 공동으로 준비
하고 연습하는 과정이었다. 학생들은 각각의 노동 현장에서 겪은
경험을 연극으로 올리고 함께 연습하면서 공동 작업물을 만들
어 냈다. 즉, 실질적으로는 각자의 작업장에서 일하지만 서로의
공감대를 토대로 함께 일하고, 함께 공부하고, 함께 싸우는 연대

의 느낌과 장을 만들어 냈다고 볼 수 있다.

임명구 선생님께서 〈공장의 불빛〉이라는 연극을 공연한다고 해서 일찍 퇴근을 하여 제일교회로 갔다. 사람들이 무척 많았다. 선생님 들이 많이 오셨다. 연극은 공장에서 일하는 근로자를 중심으로 한 내용이었다. 노래 한 구절구절마다 뼈를 깎아내는 듯한 내용의 그런 노래가 있었다. 나 역시 근로자다. 내가 겪고 있는 생활이었고 모든 사람의 이야기였다. 무엇인가 뭉클 치솟아오름을 느끼며 눈가에는 이슬이 맺혔다.

　　　　　　　　　　－시정의 배움터, 《등불》 1-3호 통합본, 1985

근로자의 밤. 사진을 찍어 슬라이드를 만들었다. 시흥 판잣집 동 네, 빈민굴의 생활, 반대로 연희동, 극과 극, 우리 노동자들의 하루 일 과. 마지막으로 야학을 찾아 졸아가면서도 열심히 공부하는 모습 … 탈춤과 장구를 치며 어깨를 끼고 춤추는 놀이하는 장면, 그리고 새 로움을 배우는 야학생활을 찍었다. 이것들이 다 엮어져서 한 장면씩 하얀 천 위에 그림이 되어 비칠 때 우리는 서글픔과 즐거움을 번갈 아 느꼈고 동시에 가슴 저 밑바닥에서 어떤 분노가 울컥 솟아오름 을 느꼈다.

　　　　　　　　　　－김미영, 《마침내 전선에 서다》, 1992, 37쪽

'황토의 밤', 넉 자가 칠판에 깔리고 뜻하지도 않게 많은 사람들이 우릴 보러 왔다. … 난생 처음 서 본 무대, 장구소리와 함께 처음으로 서 보는 굿판이다. 서로를 웃기고 웃다가 결국은 참다 못해 어깨를 얼싸 안고 눈물이 앞을 가려 대사를 다 잊어 버렸다. 평소에는 그렇게도 안 되던 연극. 배우도 울고 관객도 울고 눈물범벅이 된다. 직접 우리 손으로 꾸민 우리의 생활이다. 아니 바로 나의 흐름이었기 때문에 신명나는 탈춤, 모두가 함께 어울려 하나가 된다. 그리고 외쳐댔던 연대시, 눈물로 읽어 내린 수기 발표 … 밤이 깊어 가고 우리는 다시 한 번 서로의 얼굴을 쳐다보았다. 가슴 뿌듯한 밤이다. 우리의 피와 땀으로 만들어진 귀중한 시간이다. 서로 껴안아 보고 싶도록 스스로가 장하다.

– 김경숙 외,《그러나 이제는 어제의 우리가 아니다》, 1986, 75쪽

배움을 가로막는 것에 대한 저항

위에서 보았듯이 노동자들은 배움을 통해 다른 것이 되고자 했고, 또한 기존 질서가 원하는 학력과는 다른 배움을 추구하고자 했다. 그래서 배움은 노동야학의 학생들에게 직장보다도 중요한, 생계보다도 중요한 그 무엇이었다. 하지만 학생들이 야학에 안정적으로 다니는 것은 쉽지 않았다. 먼저 기업주들은 노동자들의 밤 시간을 허용치 않으려 했고, 노동시간을 통제하려 했다.

야학에 온다는 명목으로 월요일부터 목요일은 철야나 잔업을 안

하고 금요일과 토요일은 무슨 일이 있어도 시키는 대로 하겠노라고 약속을 하였건만 지원 철야자들이 적게 나오면 오늘 하루 야학에 나가지 말고 철야를 하라고 나에게 불호령이 떨어지면 어느새 두 눈에는 눈물이 맺히고, 5개월만 견디라는 강학님 말씀을 생각하면서 금요일과 토요일은 무슨 일을 시켜도 하겠으니 보내 달라고 사정하여 겨우 승낙을 얻어 야학을 향해 회사 정문을 나서는 나의 발걸음은 왠지 가볍지가 않다.

– 황애자(Y근로청소년교실), 〈잔업과 야학〉,《인간답게 살자》, 1985, 82-83쪽

더 나아가 학생들은 야학의 시간과 요일을 기준으로 직장을 선택하기도 했다. 야학을 갈 수 있는 조건의 직장을 가고서도, 직장에서 갑작스런 작업을 이유로 야학을 못 가게 하면 어쩌기가 쉽지 않았다. 하지만 이런 일이 반복되는 경우, 사장이나 상사에게 저항하거나 급기야 직장을 그만두기도 했다. 그만큼 학생들에게 야학을 가는 시간과 공부는 중요했다.

5월 8일

내일부터 6시 출근, 밤 12시에 끝나고 집이 먼 사람만 11시에 끝나야 할 것이며 학교에 다니는 사람은 며칠 동안 다니지 말라는 것이다. … 점심시간에 사장님께 직접 얘기해 봤다. 7시에 학교 가서 10시에 와서 3시간 채워 줄 테니 7시에 보내 달라고 얘기했더니 안 된다고 하면서 귀찮다는 듯이 나가 버린다. 그래, 하찮은 직원이 감히 사장을 찾아와 얘기하는 게 그렇게도 거북하단 말이지! 인간과

인간이 무슨 얘기를 못 한다는 거지. 돈이 뭔가. 나 왜 이렇게 살아야 하나. 난 울면서 그 회사에서 나와 버렸다. 그리고 사직서를 내 버렸다.

－ 최순희(15세, 국졸, 미싱사),《비바람 속에 피어난 꽃》, 2000, 40-41쪽

또한, 노동야학이 노동권에 대한 측면까지 교육을 한다는 것이 알려지자, 사측에서는 더더욱 야학을 못 가게 하려 했고, 정부까지 나서서 야학을 탄압했다. 야학연합회 사건에서는 학생들이 직접 나서서 교사들과 야학에 대한 탄압, 자신들이 배우려고 하는 것을 왜곡하고 가로막으려는 힘에 맞서고자 했다.

호소문

모 기관에서 근무하는 사람들이 학생 2명을 연행해서 갖은 욕설을 퍼부으며 못 나갈 것을 권유했습니다. 어디 그뿐이겠습니까? 'ㅎ'방직의 'ㅈ'라는 여학생은 퇴근만 하면 'ㄷ'파출소 소속 경찰이 미행하여 동태를 살펴 만약에 야학에 나가면 회사에서 퇴직시키겠다고 협박을 시작했습니다. 'ㅅ'무역의 학생에게는 야학이 반정反政을 꾀하는 곳이니 나가지 말라고 선동하고 개인회사에 다니는 'ㅂ'군의 경우에는 야학에 나가지 못하게 하기 위하여 낮에는 쉬게 하고 밤에만 일을 시키는 일도 있었습니다. 'ㄷ'산업의 경우에는 야학생들의 신상기록표가 각 기관과 노동청에 적혀 있다며 자기 회사를 그만둔다고 해도 다른 회사에 취직을 못한다고 협작, 생계에 중대한 영향을 끼치게 하였습니다. 'ㄷ'통상에서 야학을 나오는 2명의 학생들의 경우

에는 단지 야학에 나온다는 이유로 해고시킨다고 말해 학생들이 야
학 공부를 못하게 방해했습니다.

- 기쁨과 희망 사목연구소, 《암흑 속의 햇불》 5, 566쪽;
한국민주주의연구소, 2004, 30쪽에서 재인용

　회사에서도 어떻게 알았는지 일을 하고 있는데 주임이 다가와서는
야학에 다니고 싶으면 사표를 내라고 했다. … 회사에선 본촌야학
(검정고시야학)에 다니라고 했지만, 우리는 끝까지 Y야학을 다니겠다
고 주장했다. 회사에서는 Y야학을 다니면 잔업을 못하고 또 Y야학
은 불온한 곳이라는 이유로 우리를 못 다니게 했다. … 우리는 왜 이
렇게 죄인처럼 숨어서 배워야 하나 하는 생각에 나 자신이 불쌍하기
까지 했다. 그러나 야학에 다닌다는 사실 하나만으로도 모든 생황
이 그저 기쁘기만 했다.

- 이덕순(69년생, Y야학, 섬유), 〈내일은 푸른 하늘〉,
광주전남지역생활야학연합회, 1988, 36쪽

　배움의 기회를 잃고 실의에 찬 우리 앞에 있었던 것이 노동야학이
었고 욕심 없는 대학생들과 따뜻한 교인들이었습니다. 그들의 친절
과 정성, 따스함에 그리고 무리하지 않는 수업에 우리들은 그들과
곧 친숙하게 될 수 있었습니다. … 야학생활을 통해서 사람이 살아
가는 것 같았고, 나 자신이 살아 있는 것 같았습니다. … 노동자는
인간이 아닙니까. 아니면 우리들은 언제까지고 기계이어야 하고 말
못하는, 볼 줄 모르는, 들을 줄 모르는 바보 천치이어야 합니까. 우리

들은 인간입니다. 인격적 주체입니다. 인간으로서 그러한 인격적 주체를 멸시하고 억압한다면 언제까지 노예와 같이 일만 하라는 행위로밖에 볼 수 없으며 따라서 우리는 우리의 배움터를 되찾기 위해 노력할 것입니다.

－ 야학 졸업생 일동, 1984

지금까지 야학 학생들의 글과 말을 통해 노동야학의 학생들의 삶과 학습의 의미를 살펴보았는데, 몇 가지로 정리해 볼 수 있다.

첫 번째로, 생계를 위해 배움의 기회를 유예한 노동자는 장시간 노동과 저임금 상황에 더해 한국 사회의 일그러진 학력에 대한 열망에 의해, 무시해도 되는, 말 못하는 존재가 되어 버렸다. "공돌이, 공순이"라는 비하적 표현이 이를 대변해 준다.

두 번째로, 노동자들은 야학을 통해 자신의 존재를 드러내고 싶어 하는 열망을 가지고 있었다. 검정고시, 상급학교 진학, 여대생 등이 그들이 선택할 수 있는 방식이었는데, 학생들은 야학을 통해 출세가 아닌 새로운 배움의 의미를 만들어 나갔다. 이는 '인간다움, 윤리적 주체'로 표현할 수 있는데, 학력처럼 형식적이고, 개인의 지위 상승을 위한 학습이 아닌, 타인을 생각하는, 자신과 같은 노동자와 함께하는 참지식과 배움을 추구하는 학습이었다. 학생들은 야학에서의 학습을 통해 자신의 노동과 세상을 이해하고 살아가는 데 필요한 실용적 지식을 알게 되었고, 그 지식을 활용해 무언가 할 수 있게 되었다는 변화를 겪었다.

세 번째로, 노동야학의 학생들은 야학에서의 관계맺음과 학습을 통해 '지식적 깨움'보다는 '감각적 깨움'에서 더 큰 변화를 얻었다. 자신이 기계가 아니라 생각하고 말하는 존재, 함께 살아가는 존재, 문화적인 존재임을 깨달았다. 노동자들에게 노동야학은 학교라는 기관 이상이었다. 야학은 지식적 배움을 위한 기관이기도 했지만 무엇보다 자신이 살아 있음을 느끼게, 생명감을 깨닫게 해 주는 곳이었다.

속절없는 시간 속에 안타까움을 잉태시켰고
무지함에 회의를 느꼈다
야학의 행로에 서서
버들강아지 새순을 틔울 때쯤
생명의 소리를 들었을 때
가난한 영혼들을 만났다
가슴에 저미는 감동이 다르듯
그대들의 인생관이 일치하지 않듯이
그러나
여기 깨우치고 저항하고 싶음에
모여든 발자국들
…

야학의 행로에서 살포시 잡은 손
사알짝 고개 숙여 귀 기울이면
파도처럼 일렁이는 젊음의 맥박

지혜로운 상념으로 연륜을 쌓아가고

기다림으로 충만된

아리따운 순간 속에

보일 듯 전혀 할 수 없는 미래에

친숙함과 가능성이 존재한다

- 김영희(물망초반, Y근로청소년교실), 〈야학의 행로에서〉, 1983, 53쪽

5

노동야학
두텁게 보기

노동야학을 둘러싼 다양한 관계

이번 장은 노동야학을 좀 더 두텁게 바라보는 작업에 해당한다. 이 작업은 노동야학을 둘러싼 관계, 사건, 이론 이렇게 세 부분으로 나눠서 진행할 것이다. 먼저 '관계' 부분은 노동야학과 관계한 다양한 운동 집단이 노동야학을 어떻게 바라보았고, 자신의 활동들과 노동야학을 어떻게 연결하려 했는지 살펴보았다. '사건' 역시 노동야학을 둘러싼 관계성을 파악하기 위한 과정으로, 야학에서 일어났던 투쟁, 탄압 사건들을 주체와 야학과의 연관성을 중심으로 분석해 보았다. 마지막으로 '이론' 부분은 과거 노동야학의 핵심 이론이라고 할 수 있는 프레이리의 의식화론과 최근 민주주의와 평등한 교육에 대한 새로운 해석으로 주목받는 랑시에르의 이론들을 살펴보았다. 이 작업들은 모두 노동야학의 다양한 측면을 보여 줌과 동시에 노동야학의 한계성, 쇠퇴 원인, 새로운 가능성을 모색하기 위한 단초를 제공할 것이다.

야학은 자기실현 방법상 교육운동적 측면을 지니며, 공간의 존재상 교회운동적 특징을, 구성 주체의(강학) 주도력에서 학생운동적 경향성을, 구성 주체의 한 부분(학강)과 목적상 노동운동적 성격을 갖는다. … 야학의 이러한 다양한 특징이 야학의 성격이나 위상을 설정하는 데 다소 혼란을 야기한다. 이의 올바른 논의를 위하여 먼저 야학을 사회성과 역사성을 갖고 나타나는 하나의 현상, 즉 역사적 실체로 파악하여야 할 것이다. 야학은 역사적으로 여러 지역(생산지, 거주지, 소비자)에서 다양한 계급(노동자, 농민, 도시빈민)에 걸쳐 지극히 다양한 목적을 가지고 나타났으며, 구성 주체 또한 다양하다. 이는 결국 야학이 어떤 일방에 의해서 규정되는 것이 아님을 의미하는데, 이는 오직 그 시대의 역사적 임무와 민중적 요구에 조응하여 변화발전, 제약받는다.

— 김은경, 〈야학운동의 진일보를 위하여〉, 1988, 243쪽

노동야학과 연결된 다양한 부분의 역사와 흐름을 이해하지 않고 노동야학의 역사를 이해하기는 불가능하다. 지금까지는 야학과 노동교육이라는 교육적 관점을 중심에 놓고 노동야학을 살펴보았다면, 여기에서는 노동야학을 둘러싼 다양한 관계에 초점을 맞춰 살펴보자.

노동야학은 야학교육(대안교육), 노동교육, 그리고 다양한 사회운동과 관계를 맺고 있었다. 야학 구성의 조건상 교사(강학) 대부분은 학생운동을 경험한 대학생이어서 자연스레 노동야학의 운영, 방향성 등은 학생운동의 영향을 받을 수밖에 없었다. 그리고 학생(학강) 대부분이 노동자이고, 노동야학이 노동자 학생의 노동문제에 함께하거나, 학생들이 노동 조직에서 활동했던 만큼 노동운동과 밀접하게 연결됐다. 공간적인 면에서는 종교, 특히 교

회, 성당과 연결된 경우가 많아 서로 영향을 주고받기도 했다. 이러한 다양한 사회운동과 노동야학의 접목, 관계에 대한 고찰은 노동야학의 다양한 측면을 이해하는 데 도움을 줄 것이다.

학생운동과 노동야학

앞에서 이야기했듯이 학생운동은 전태일 분신 사건을 계기로, 열악한 노동 현실 속에 신음하던 노동자에게 일종의 책무감을 가지게 됐다. 하지만 얼마 되지 않아 독재를 공고히 하는 유신헌법이 통과되고, 연이은 긴급조치로 학내를 벗어나는 운동을 쉽게 할 수 없었다. 그러한 상황에서 야학은 대학생이 노동자를 직접 만날 수 있는 몇 안 되는 통로였다. 1970년대 중반부터 대학생들은 검시야학, 빈민야학, 노동야학 등 다양한 야학의 교사가 됐고, 이를 통해 노동자의 현실을 이해하고 노동운동을 간접적으로 지원했다.

가장 좋은 방법은 현장 경험이지만 시간적인 제약, 삶에 대한 결단의 부족, 운동 방법의 차이, 출신성분의 상이성 등으로 인해 곤란한 경우에는 스스로가 가진 지식을 핑계로 직접 노동자와 만날 수 있는 무난한 장소가 야학인 것이다. 즉 대학생의 이론적인 사회의식을 검증하는 과정으로서의 의미가 있다. … 대학생의 관념화된 의식을 깨고 현장의식, 민중의식을 가진 현실적 운동이 비로소 가능해질 수 있다. … 결론적으로 이야기하면 노동야학을 매개로 하여 운동선상에서 노동운동과 학생운동이 서로 만날 수 있어야 보완이라는 차원을 넘어서 사회 변화를 향한 운동이 효과적으로 전개될 수 있을 것이다.

– 전점석, 《1970년말 노동야학 매뉴얼》, 1980

이후 학생운동의 흐름은 박정희 정권의 몰락과 신군부의 등장, 그리고 1980년 5월 서울역 회군과 광주항쟁에 대한 무자비한 진압과 미국의 개입 등을 경험하면서, 독재정권 퇴진과 민주주의 수호를 넘어서는 사회변혁(혁명)을 위한 방향과 방법들을 모색하는 것으로 급진화했다.

한편, 학생운동 내부에서는 비공개 이념 서클이 대거 등장하면서 사회변혁의 주체와 방법을 놓고 치열한 논쟁을 전개했는데, 그 논의에 따라 야학을 바라보는 관점도 변화했다. 그 논의의 주요 쟁점은 학생운동의 지위, 역할과 상관이 있었다. 학생운동이 선도적으로 투쟁에 참가해 전체 운동에 대한 전위 조직의 역할을 할 것인지(정치투쟁론), 아니면 노동운동 같은 현장을 활성화하면서 일상과 문화적 투쟁을 강화하는 대중적인 운동으로 만들 것인지(현장준비론)가 주요 내용이었다(유경순, 2015).*

* 1970~80년대 학생운동은 여러 분파를 통해 논쟁을 이어 왔는데, 조희연은 한국 사회운동의 '저항 담론'의 변화와 분화에 대한 연구를 통해, 사회 분석의 주요한 쟁점을 다음과 같이 네 가지로 정리한다. 첫째, 노동자 계급, 노동자 정치 세력이 외부의 급진주의에 어떤 태도를 취하는가. 둘째, 국가 중심형 혁명을 사고하는가, 아닌가. 셋째, 계급 적대 중심인가, 다양한 사회적 적대를 주목할 것인가. 넷째, 일국적 급진주의인가, 지구적 급진주의인가(조희연, 2004, 90쪽). 위의 네 가지 쟁점을 어떻게 분석하느냐에 따라 여러 가지 운동론이 등장하고 서로 경합하는 양상을 보인다고 조희연은 이야기한다. 기본적으로 사회구성체 논쟁은 한국 사회를 어떻게 분석하고, 변혁할 것인가에 대한 논리적 근거라고 할 수 있다.

야학을 주요한 활동 방법으로 선택한 쪽은 현장준비론이었는데, 학생들만의 시위만으로는 독재정권을 무너뜨릴 수 없고, 노동 현장에서 노동 대중을 의식화하고 조직화하는 작업을 통해 혁명을 준비해야 하며 학생들이 현장의 조직 활동가가 되어야한다는 입장이었다. 하지만 대학생들은 노동 현장과 노동자에 대한 경험이 없기에 '노동자화'하려면 노동자와 직접 만나고, 노동 현장에 대한 이야기라도 들으면서 왜 노동운동이 필요한지 간접적으로 겪어야 했다. 노동야학은 노동자보다는 대학생에게 더 의미가 있다고 이야기할 수 있을 정도였다.* 그래서 고정적 교실을 둔 노동야학도 있었지만 자취방에서 진행되는 야학도 생기면서 다양화되었고, 야학 교육 활동에만 머물지 않고 현장과 밀접하게 연관된 소그룹의 형태를 띠었다. 이에 기초적인 학습→경제투쟁 소그룹→정치투쟁 소그룹으로의 성장을 발전 경로로 삼기도 했다. 또한, 사회를 바라보는 지식은 있지만 불완전한 존재인 대학생과, 지식은 부족하나 현실을 직접 변화시킬 수 있는 노동자가 야학이라는 공간에서 변증법적으로 만나 서로 가르치고 배우면서 긍정적인 영향을 줄 수 있다고 학생운동 진영은 판단했다.

---

* 겨레터야학의 강학이었던 홍윤기는 야학이 노동자보다 대학생의 의식화에 더 기여했다고 이야기했다. "현장 부분이 모자란 실천에서 허브 역할을 했다. 겨레터가 각종 학회의 집합소였다. 학교 세미나실보다 동네 한가운데서 뭔가 하는 분위기였다. 노동야학이 노동자 의식화보다 대학생 의식화에 더 기여했다는 부분도 있다. 박정희 정권 말기 극악했던 역사에 학교 근처에 있는 생활 터전을 배경으로 우리 자신을 키워 가고 있었다."(홍윤기 구술)

야학, 그 자체가 내포하고 있는 근본 모순은 공장 노동자와 대학생이라는 대립적인 존재가 통일되어 있는 것이다. 야학에 들어오게 되는 도시 공장 노동자의 사회경제적 위치는 상당히 혁신적이나 그들의 관념은 매우 보수적이다. 반면, 대학생은 관념적으로는 매우 혁신적이나 그들의 사회경제적 위치는 보수적이다. 즉, 야학 노동자는 존재적 혁신성과 관념적 보수성을 갖고 있으나 대학생은 관념적 혁신성과 존재의 보수성을 갖고 있다. 이러한 조건 속에서 어떤 식으로 양자가 결합하느냐가 야학을 움직이는 내적 동인이 되는 것이다.

−심임섭, 〈야학운동의 반성과 전망〉, 1985

이처럼 학생운동 그룹은 야학을 통해 노동자들과 만났고, 야학은 사회변혁의 주체 세력인 노동운동을 지원하는 중요한 코스였다. 그런데 1983년 군사정권의 유화 조치 속에서 노동야학과 종교계의 소그룹 운동이 활성화되고 노동자−학생 연대가 본격화되면서, 학생운동권은 구로, 부평, 청계 등지의 노동 시위 현장에 더 적극적으로 참여했다. 1985년부터는 학생운동 출신들이 야학이나 소그룹이라는 매개 없이 학생운동 자체의 이전移轉 모임으로 현장 준비팀, 공장 준비 위원회, 정치 서클 등을 만들어 대대적으로 노동, 빈민, 농촌 현장으로 투신했다. 수도권 공단 지역을 중심으로 수천여 명의 학출(학생 출신)이 직접 노동운동과 혁명운동을 이끌기 위해 위장 취업을 통해 노동자가 됐다. 이후 학생운동에서는 야학보다 현장 투신을 통해 전위 조직을 만드는 활동이 더 중요시되었다. 1970년대 학생운동은 야학을 민중과 만나는 소중한 통로로 생각했다. 대학생이라는 불완전한 신분에서 야학은 자신들을 비추는 거울이었고, 이후 운동을 위한 준비 과정이었다. 하지만 1980년대 학생운동은 야학이라는 매개를 필요로 하기보다는, 직접 민중(노동자)이 되어 혁명을 끌고 가고자 했다.

학생운동 내에서 노동야학과 관련한 가장 대표적인 논의로 1982년에 발간된 팸플릿인 《야학비판》을 둘러싼 논의를 들 수 있다(일송정 편집부, 1990). 이 팸플릿은 묵동야학에서 활동했던 대학생 이장원이 자신이 활동했던 야학과 관련한 내용을 변증법적 유물론에 의거해 정리한 것인데, 의도치 않게 대학가로 퍼지면서 학생운동 논쟁의 중심에 서게 됐고, 1983년 야학연합회 사건으로 이어지면서 당시 사회운동 내에 야학을 부각시키는 계기가 됐다. 당시 학생운동은 선도적 정치투쟁을 강조하는 직접투쟁론(《학생운동의 전망》이라는 팸플릿으로 대변)과 대중적 기반을 통해 근거지를 구축하는 투쟁지양론으로 나뉘었는데, 《야학비판》은 투쟁지양론의 입장이었다. 《야학비판》은 야학을 노동자의 경제적 요구를 해결하기 위한 노동운동이 아닌, 노동자에 대한 의식적이고 문화적인 민중교육으로 바라보았다(이장원, 1982, 22쪽). 그 의식적 교육 내용은 계급의식, 혁명을 위한 주체 의식, 정치사상 교육이었다. 그래서 야학교육을 전체 변혁의 차원에서 지식인이, 보다 구체적으로는 진보적 학생운동이 수행하는 노동자 대중에 대한 정치사상 교육으로 바라보았고, 자취방 야학의 가능성에 주목하며 정치교육 서클을 발전적 상으로 보았다.

야학은 노동운동이 아니다. … 노동운동은 존재적 운동이지만 야학은 의식적(정신적) 운동이다. … 야학은 지식인이 주체가 되어 행위하는 노동자교육이다. 야학은 대중의 정치사상 교육이 되어야 한다. … 대중의 정치적, 사상적 각성이 없이는 전위 세력의 형성은 불가능하며 또한 사실 지금까지 학생들이 학습한 정치적, 사상적 견해는 국민 대중에게 전달되지 않고 있다. … 교육 내용은 반드시 계급성을 띠며 사상성이 그 주된 것이라는 것은 야학이 정치사상 교육의 장이 될 수 있는 내부적 조건이 된다.

– 이장원, 《야학비판》, 1982

《야학비판》은 야학을, 정치적 사상성을 가진 학생운동과 존재론적 현장을 가진 노동운동을 매개하는 변증법적 만남이라는 상호운동 과정으로 보았다. 《야학비판》은 교육적 관점을 강조하기는 했지만, '대중의 정치적 선동을 위해' 교육을 강조한 것이었다. 이와 같이 학생운동의 관점에서 야학은 지식인이라는 역할이 강조된 정치적 활동의 일환이었고, 1980년대 중후반으로 가면서 정치성은 더욱 강해지고 야학이라는 매개, 중간 과정조차 필요하지 않게 되었다고 할 수 있다.

노동운동과 노동야학

노동운동의 시각에서는 야학을 노조 조직화 작업의 일환으로 바라보았다. 특히, 노동운동 경험이 없는 노동자의 초기 의식화를 위한 낮은 단계의 활동으로 바라보는 관점이 강했다.

노동운동적 시각에서 야학을 정의한다면 야학은 노동교육을 통한 조직화 작업의 장이다. 따라서 야학은 운동의 가장 초보적인 노동자 소그룹을 만들어 내면서 노동운동의 한 부분으로서의 위치를 차지한다.

– 심임섭, 〈야학운동의 반성과 전망〉, 1985

1970~80년대 노동운동가들은 야학이나 소그룹 활동을 운동의 기초적 형태로 생각했고, 이후 소극적 경제운동으로 협동조합이나 공제조합, 적극적 경제운동으로 노동조합, 그리고 노동자 정치운동으로 정당 등 단계적으로 사고했다(한완상 외, 1985, 126쪽).《노동야학 매뉴얼》에서도 노동야학은 의식화라는 일깨움을 주는 가장 기초적인 단계이고, 이후 의식화된 개인을 조직화하고, 그 조직을 통해 문제를 해결하고 마무리하는 단계를 설정하고 있다(전점석, 1980). 이러한 관점에 따르면 야학은 노동운동을 보조하고 지원하는 대중적 현장 외곽 단체이며, 노동자에 대한 초보적 의식화를 통해 노동운동의 인자를 양성하는 과정으로 삼았다고 할 수 있다.

이러한 관점을 가장 잘 보여 주는 사례가 청계피복노조와 주변 야학의 관계다. 청계피복노조는 노동자 전태일의 뒤를 이어 노동운동을 치열하게 선구적으로 전개했고, 노동교실을 직접 만들어 기초 교육과 조합에 필요한 교육들을 진행했다. 하지만 앞서 언급한 1977년 이소선 여사의 재판장 욕설 사건이 빌미가 되어, 노조원들의 기술 교육과 교양 교육을 담당했던 노동교실이 폐쇄를 당했다. 이후 계속되는 탄압으로 1981년 청계피복노조마저 해산에 이르렀다. 이후 청계피복노조는 노조 조직의 부활과 초기 교육의 역할을 위해 인근 노동야학들의 힘을 빌렸다. 당시 청계천에는 개혁적 개신교 그룹의 교회들이 있었고, 그들은 노동야학을 위한 공간을 제공하거나 직접 운영하기도 했다. 경동, 제일, 형제, 복음, 동신, 시온교회, 동대문성당에서 개설한 야학이 청계천의 노동자를 학생으로 모집했고, 청계피복노조나 그 산하의 다양한 소모임(동화모임, 평화모임 등 야학 출신들 모임) 등과 얽혀 있었다(안재성, 2007, 359쪽). 당시 약수동에 있었던 시정의 배움터의 경우, 검정고시 중심으로 금호동 천은교회에서 시작했지만 약수동 형제교회(김동완 목사)로 옮겨 오면서 노동야학적 성격이 강해졌고, 청계피복노조와 관계를 맺으면서 노동운동을 위한 내용으로 점점 더 변화됐다. 그리고 졸업생과 학생들이 청계노조 재결성에 깊숙이 결합하면서 노조 조직화의 장으로 그 역할이 변해 갔는데, 지식 교과가 줄어들면서 노동운동에 대한 비중이 증가했고 학제 역시 1년에서 6개월, 4개월로 줄어들었다. 노동교육이 부족하던 1970~80년대의 상황에서 노동운동 진영은 야학을 기초 노동교육을 위한, 또는 초보 노조원들을 위한 교육과 모임의 공간으로 인식했던 것이다.

이러한 흐름은 계속 이어졌는데, 1990년대 이후 생활야학협의회 형태로 진행된 여러 노동야학의 방향성이 '미조직 노동자의 초기 의식화'였던 데서도 이를 확인할 수 있다(전성호, 2009, 479쪽). 당시 야학이 배우려는 이에게는 누구에게나 열려 있는 형태였고, 노조에 대한 경험이 없는 학생들을 고려하여 노동에 대한 내용 역시 낮은 단계에서부터 접근하려 했던 것도 마찬가지로 볼 수 있다.

노동운동 사건들 속 노동야학

지금까지 노동야학에 대한 연구들은 노동운동을 위한 기초단계, 사전 단계로 야학을 이해하는 견해가 지배적이었다. 이러한 견해에는 노동야학과 노동운동이 밀접한 관계를 유지했으리라는 전제가 깔려 있다. 당시 일어났던 노동운동 사건들 중 노동야학과 연관되는 사건들을 구체적으로 살펴보면서, 노동운동과 노동야학이 실질적이고 실천적으로 연관이 있었는지, 교육 프로그램을 통해 진행된 노동교육이 어떤 방식으로 현장에서 구체화되었는지, 그 유형과 방식, 관계의 정도를 (간접적으로) 확인해 보자. 특히 사건의 주체적인 측면(사건의 주도적 인물이 교사냐, 학생이냐)과 노동야학의 개입이나 지원 여부(개별적인 활동이냐, 조직적인 활동이냐), 두 가지를 중심으로 살펴보려 한다.

야학 출신의 개별적 활동 사례

앞서 보았듯이, 야학 교사의 주축이었던 대학생들은 1980년대 초반부터 급격하게 노동 현장으로 투신했는데, 1만여 명에 이를 정도로 그 규모가 컸다(MBC, 2005). 이때 야학은 현장으로 바로 들어가기 전 노동자를 만날 수 있는 과정으로 여겨져, 학생 활동→야학 활동→현장 활동이 당연한 진로로 받아들여졌다(유경순, 2015, 228쪽; 천성호, 2009, 447쪽). 야학 강학 출신들은 감시를 피하려고 주로 개별적으로 현장에 들어갔다. 이들 중 노조 활동에 이르지 못하고 그만둔 경우도 있었지만, 현장과 끈을 놓지 않은 채 노조를 만들고, 지원하고, 민주화하는 노력을 계속하고, 수배를 당하고 구속되는 경우도 많았다. 1983년 유화 국면에서는 노동야학, 대학연대, 대학서클 등 노동 현장 이전을 준비하는 소그룹을 만들면서 현장 투신은 더욱 활발해졌다.

유경순의《1980년대, 변혁의 시간 전환의 기록 2-학출활동가의 삶 이야기》에는 야학 강학 출신 운동가들의 노동 현장 투신 과정과 활동이 잘 나타나 있다. 숙명여대 78학번이었던 심명화는 학생 운동을 하다 1980년 청계천 제일교회야학의 강학으로 들어갔고, 1983년에는 청계천 시다로 들어가 노동 현장을 익혔고, 반 년 정도 뒤 부평의 공단으로 가면서 인노련, 인민노련, 부천 민교연 같은 조직 활동으로 노동운동을 이어 갔다. 이런 분위기와 패턴이 당시 대학 사회에서 아주 빈번했다고 심명화는 이야기한다.

그때[80학번] 거의 현장 간 거 같은데, 왜, 코스처럼 있었잖아요? '학교에서 데모하고 감옥에 갔다가 그다음에 현장을 간다'는 게, 공식 코스처럼 있잖아요.

— 심명화 구술,《1980년대 변혁의 시간, 전환의 기록 2》, 2015, 232쪽에서 재인용

166

서울대 80학번인 황인상도 마찬가지로 1981년 형제교회야학 활동을 시작으로, 공장 생활을 하면서 1983년 인천 석남야학, 부천 복음자리야학 등으로 활동을 이어 갔다. 그는 야학 활동이 학생운동의 인자를 양성하거나 노동운동으로 가는 준비에 도움이 되었지만, 조직적 특수성이 노동운동에 실질적 효과를 발휘하는 데는 잘 맞춰져 있지 않았다고 한다.

노동야학이 갖는 좋은 점이 참 많았던 것 같아요. 우선 학생운동권을 탄탄하게 하는 데 많은 역할을 했어요. 야학활동 하는 애들이 굉장히 진지해지거든요. 그래서 학생운동 했던 사람들이 야학을 하게 되는데 야학하는 과정에서 사람들이 질적으로 많이 향상됐던 거 같아요. 훈련이 많이 된 거 같아요. 그래서 학생운동 측면에서도 도움이 많이 됐고, 훌륭한 학생운동 자원이 만들어지는 좋은 점이 있었고 … 야학이라는 계기를 통해 학생운동 자원들이 많이 노동문제에 관심을 갖게 되고, 이 사람들이 노동운동에 헌신하겠다는, 직접 투신해서 하겠다는 이런 결단을 내리는 데 도움을 주고. 노동자들도 여기를 통해 길러지는 사람들 가운데 노동운동가로서 성장하는 사람들도 생기고. 이런 하나의 훈련 단위. 그러나 그 조직의 그 특수성이 비록 노동운동에 잘 맞춰져 있지는 않아요. 차이는 있는 거예요. 분명히. 그런 점에서는 비판하는 게 맞을 수 있습니다. 근데 그 정도 원래 한계인데 그 한계를 가지고, 그 역사성이 있는 걸 비판을 한다는 거 자체가 조금 맞지 않는 거 같아요.

- 황인상 구술

1985년 구로동맹파업에서 주동자였던 부흥사의 공계진, 장미희, 전규자 등이 모두 야학 출신이었고(유경순, 2001), 낙골야학(6, 7기 강학), 제일교회의 형제야학 강학 출신들(안중민, 배영미, 심명화)도 노동 현장으로 투신하는 등 노동야학은 교사에게 노동 현장에 대한 관심을 불러일으키고 직접 투신하도록 촉진하는 역할을 했다고 할 수 있다(유경순, 2015, 228쪽).

야학과 강학이 조직적으로 얽힌 사례

야학과 강학(교사)이 조직적으로 사건에 얽힌 경우는, 노동 사건이라기보다는 조직 사건(시국 사건)이 대부분이었다. 노동야학 관련해 가장 대표적이고 직접적인 사건으로 야학연합회 사건을 들 수 있는데, 이 사건은 노동운동이나 노동 현장의 행위와 관련한 사건이라기보다는, 학생운동권이었던 강학들을 사회주의를 지향하는 사상적 '사회불순세력'으로 취급한 사건이라고 할 수 있다. 이와 같은 탄압 사건으로는 동학회 사건, 대전민중교회 탄압 사건, 인천 서해야학 유인물 사건, 대학생불교연합회 노동야학 사건(사원화 운동 사건), 마르크스 레닌주의당 사건, 서울남부지역노동자연맹(남노련) 사건 등이 있다.* 이 사건들 역시 겉으로는 야학을 탄압한 사건이다. 그러나 야학과 연결된 노동교육이나 관련 활동들을 문제 소지로 삼았다기보다는, 야학을 꾸린 지식인과 대학생의 급진적 사상을 문제 삼은 조직 사건에 가깝다고 할 수 있다. 그렇다 보니, 야학의 교사가 연관되어 있으면서 야학이 조직적으로 지원한 노동운동 사건은 거의 찾아보기 힘들다. 이는 아마도 야학 교사였을 때는 노동운동의 주체로 서기 어려웠고, 설령 현장으로 들어갈 경우에는 야학을 그만두고 가기 때문에 야학이 조직적으로 지원하는 방식은 아니었다고 할 수 있다.

---

* • 동학회 사건: 세종대 학생과 서울대 학생이 불온서적을 탐독하고, 이념 서클인 '빛독서회'를 만들어 불법 집회를 열고, 감리교회 내 야학회에 가입하여 노동자들에게 민중 주체의 사회 건설을 선동, 의식화했다는 이유로 실형을 선고한 사건이다(이훈도, 142쪽).
• 대전민중교회 탄압 사건: 1983년 야학연합회 사건과 연결된 사건으로, 5월 대전민중교회 학생이던 오영희에게 보안사 수사요원이 찾아와 야학 실정에 대해 묻고 나가지 말라 위협했고, 이후 교사 3명을 연행, 협박한 사건이다.
• 인천 서해야학 유인물 사건: 1982년 11월 인하대에서 군부독재 타도를 위한 유인물을 살포한 시위 사건으로, 주동자였던 이우청이 인천 송림동성당 서해야학 교무실에서 유인물을 인쇄, 배포했고, 이 사건으로 최진우, 이우청은 징역을 선고받았다.
• 대학생불교연합회 노동야학 사건: 1981년 민중불교를 표방한 한국대학생불교연합회 회원들이 지역의 사원들을 민중운동의 근거지로 삼고 신설동 묘각사(청계피복노조 대상), 여래사, 천호동 보장사, 전주불교야학, 부산 89번 버스안내양 대상으로 한 야학 등을 운영했다. 전두환 정권이 이 운동들을 불교사회주의운동으로 낙인찍고 1981년 12월부터 100여 명의 학생, 스님을 조사하고, 3명이 국가보안법위반으로 실형선고를 받은 사건이다.
• 마르크스 레닌주의당 사건: 1986년 서울대 등 9개 대학교 좌경운동권 학생들이 사회주의 국가를 건설하기 위해 마르크스 레닌주의당을 결성하려 하자, 공안당국이 대학생, 교사, 노동자 101명을 적발, 국가보안법 혐의로 구속한 사건. 구로, 영등포 지역을 중심으로 공단 지구, 영등포-문래 지구, 독산-시흥 지구로 세분하여 공장 소조, 선전부 교육부 산하에 예비 조직원 소조, 야학 소조, 번역 소조, 유인물 소조 등을 운영하였다.
• 서울남부지역노동자동맹(남노련) 사건: 1987년 5월 노동자를 좌경 의식화하고 경인 지역 공단에서 노사분규와 시위 등을 배후조종 하면서 프롤레타리아 폭력혁명을 기도했다는 이유로 위원장 외 13명을 국가보안상 이적 단체 구성, 북괴 고무, 찬양, 이적 표현물 제작 등 혐의로 구속한 사건. 남노련은 구로동맹파업 이후 만들어진 서노련이 선도 정치투쟁을 강조하면서 대중성을 잃었다고 판단하고, 노동자교육을 위한 민주노동자대학, 서울노동청년회 및 야학-부천의 작은자리야학, 광명시의 한광야학, 당산동의 당산야학 활동 등을 통해, 대중적 노동운동을 활성화하려 했다.

노동자 학생 관련 사례

노동자 학생 관련한 사건은, 야학 출신 노동자가 개별적으로 노동운동에 참여한 경우와 노동자가 야학을 통해 조직적으로 노동운동에 결합하거나 지원한 경우로 나눠 살펴보자.

먼저, 야학 출신 노동자가 노동운동에 뛰어든 가장 대표적인 사건으로는 1985년 일어난 구로동맹파업을 들 수 있다. 구로동맹파업은 개별 공장 단위를 넘어서서, 구로라는 특정 지역을 기반으로 연대 파업을 진행한 최초의 사례라고 할 수 있다. 구로 지역은 섬유, 의류, 봉제 등의 직종이 밀집되어 있던 서울의 대표적 공단으로, 당시 노동운동과 노동야학이 활성화되어 있었다. 구로 지역에는 한얼야학, 시장야학, 한민교회야학, 한마음야학, 새얼야학 등 여러 노동야학이 교육 활동을 진행하고 있었고 그 인근인 관악, 시흥, 양평동 등지에도 노동야학이 있었다. 1984년 유화 국면을 거치면서 노동쟁의가 증가하고 노조 결성이 활발해지면서 지식인의 위장 취업도 급증했다. 당시 구로공단은 주 70시간 가까이 일하는데도 1일 평균임금은 3,000원에 불과했고, 공장과 기숙사 환경도 열악해 노동자들의 불만이 쌓여 가고 있었다. 지식인 출신 노동자들은 지역 정치 소모임을 결성해 공단에 운동 소식들을 배포하고 가두 정치투쟁을 벌여 갔다. 이러한 상황에서 1985년 4월 대우어패럴에서 임금 협상 도중 노동쟁의조정법, 집시법 위반으로 위원장, 사무국장, 여성부장이 구속되었는데, 대우어패럴을 시작으로 지역의 10개 노조(대우어패럴, 효성물산, 가리봉전자, 선일섬유, 세진전자, 남성전기, 롬코리아, 부흥사, 삼성제약, 청계피복)가 연대파업에 참여했다. 5개 사업장 1,400여 명의 노동자가 연대 파업에 참여하고 지지연대투쟁을 벌인 5개 사업장 포함 총 2,500여 명이 동참했는데, 당시 파업의 주축 인물은 대부분 소모임이나 야학 출신이었다. 앞서 이야기한 강학 출신과 함께, 노동자인 효성물산 노조 위원장 김영미(제일교회야학), 가리봉전자 노조 사무장 윤혜련(봉천야학), 선일섬유 노조 위원장 김현옥(영등포야학) 등 야학 출신이 참여했다(유경순, 2001, 53쪽).

조금만 더 살펴보자. 구로동에 있던 쌍방울 계열사의 메리야스 제조업체인 선일섬유에서는 1984년 6월, 야학에 다니던 정영희, 김현옥(이후 위원장)이 야학 모임에서 임금, 노동조건 개선 등에 대한 학습을 통해 노동조합을 결성했다. 김현옥은 초등학교를 5학년 때 중퇴하고 언니와 유방암에 걸린 엄마와 함께 서울로 올라왔다. 일당 140원에 한 달에 300시간씩 봉제공장에서 일했는데, 해태전자 노동조합 대의원이었던 언니의 추천으로 영등포야학에 5기로 들어갔고, 이후 야학 친구의 소개로 양평동의 선일섬유에 취업했다. 노동조합 결성에 대해서는 야학의 강학과 언니가 조언을 했고, 김현옥은 동료 노동자들의 반지계를 들고, 동료 조카 돌잔치 집에서 허드렛일을 돕고, 생전 안 가 본 디스코장까지 쫓아다니면서, 70명의 조직원을 모아 노조를 결성했다(김원, 2014).

야학 출신이 노조 결성의 중심 역할을 한 다른 사례로 구로공단의 가방 제작업체인 서통 노조 결성 사건이 있는데, 노조 위원장인 배옥병이 구로의 새얼야학 출신이었다. 새얼야학은, 1978년

새문안교회에서 서통 노동자들의 상황이 어렵다는 이야기를 듣고 연 곳이었다(배옥병 구술). 주 2회 새문안교회 대학생들이 와서 수업을 했고, 당시 학생 42명 중 40명이 서통 노동자였다. 이후 노조 위원장을 맡게 되는 배옥병은 야학에서 노동자로서의 주인 의식을 배우고, 전태일 열사의 일기나 유동우의《어느 돌멩이의 외침》을 읽고 충격을 받았다고 한다.

노동조합이 있는지 근기법이 있는지 몰랐던 상황에서 야학을 했고 야학을 통해서 인제 어쨌든 '아아 우리가 이렇게 당당하게 살아갈 수 있는 것이고 우리가 하는 일이 정말 우리 사회가 공순이라고 공돌이라고 무시하고 무시 받을 정도로 천박한 일이 아니구나' 하는 느낌들을 그런 과정을 통해서 깨닫게 된 거잖아요. 이런 과정 속에서 야학을 통해 그런 노동자로서의 자기 자각을 하게 되는 과정이 있었기 때문에….

－ 배옥병 구술

이후 배옥병은 야학에 다닌 동료, 야학 밖 동료 두 명과 함께 노조를 세울 결심을 하고 후속 소모임을 진행했다. 소모임은 자체적으로 진행하고, 필요한 내용에 대해 교사를 초대하는 형식으로 꾸렸다. 주로 근기법, 노동조합법, 동일방직 사례,《어느 돌멩이의 외침》등을 읽고 구체적인 실천 결심을 다져 갔고, 1980년 3월 말경에는 인원이 30명으로 늘어났다. 사측에서는 이를 알고 배옥병을 다른 곳으로 발령 내거나 어용노조 결성을 시도했다. 이를 저지하기 위해 배옥병과 소모임원 30여 명은 5월 15일 파업농성을 시작했고, 결국 350명이 조합원으로 가입하여 민주노조를 결성했다(김원 외, 2017, 85-87쪽).

또 다른 사례로는 박영진 열사 분신 사건을 들 수 있다. 가난한 소작농의 아들이었던 박영진은 1983년부터 시흥의 소위 '마 찌꼬바(영세 공장)'에 취직해 일하면서 동생 박미영과 함께 시흥동에 있는 검정고시야학인 우리야학에 다녔다. 2년을 다니고 검정고시에 떨어져 다시 검정고시 공부를 위해 들어간 곳이 노동야학인 씨앗글방과 한얼야학이었다. 박영진은 주로 야학 교사들이 건네준 책을 읽으면서 세상을 다시 보게 되었다고 한다. 미국 노동운동 비사를 읽으면서 8시간 노동제와 메이데이를 이해하고, 전태일의 이야기를 담은 《어느 청년 노동자의 죽음》을 읽고 전태일의 삶에 자신을 투영했다. 이때부터 박영진은 노동운동에 뛰어들었고, 동일제강에 들어가 노조 결성을 주도하고, 구로동맹 파업에도 참가했다. 이후 1985년 악덕 기업으로 유명했던 신흥정밀에 입사해 1986년 임금 인상 파업을 주도하며 식당을 점거했는데, 구사대, 경찰의 폭력 진압에 맞서 분신을 감행했다(민주화운동기념사업회, 2003).

이외에도 부산의 동양고무노동자투쟁도 부산의 동감야학과 영남산업연구원의 노동자 학생들이 중심이 된 사건이었다.

이처럼 야학의 학생들은 노동야학을 통해 노동운동을 이해했고, 청계천, 구로처럼 노동운동이 활성화된 지역에서 노조를 만들고, 민주적으로 변화시키는 활동에 참여했다.

노동자 학생과 야학이 조직적으로 결합한 사례

앞서 2장에서 살펴본 청계피복노조와 주변 노동야학의 관계가 대표적인 경우다.[5] 특히 시정의 배움터는 해산당한 노조를 재건하는 특수한 상황과 결합되어, 야학 학생들이 노조 재건 모임의 주축 멤버가 되었고 이후부터 조직적으로 노조를 지원했다. 시정의 배움터는 야학 체계를 6개월로 개편하면서 보다 적극적으로 노조를 지원했고, 강학들이 자신의 학교에 노조를 알리면서 노조 복구 운동에 학생운동이 연결되게 하는 창구 역할을 했다.

다음 사례로는, 구로1공단의 인형 제조 공장인 대협의 농성에 서울 겨레터야학 노동자 학생이 참여하고, 야학에서 지원한 경우를 들 수 있다. 대협은 직원이 많을 때는 3,000여 명까지였던 큰 공장으로, 18~22세의 어린 여공이 대부분이었는데, 1975년 일당이 신입 노동자의 경우 280원, 미싱사는 400~580원밖에 되지 않았다. 거기에 장시간 노동과 실적 요구, 관리직과 생산자의 차별 등으로 노동자의 불만이 계속 커져 갔다. 저임금과 열악한 노동조건에 시달린 노동자들이 1976년 7월 진정서를 제출하자 회사는 어용노조를 만들었고, 1977년에는 계속되는 열악한 노동조건에 500여 명의 노동자가 임금 인상, 악덕 관리자 추방, 어용노조 철폐를 주장하며 농성을 벌였고, 노사협의회를 통해 노동조건을 개선할 수 있었다(이옥지 외, 2001, 307-308쪽). 당시 이 공장에 겨레터야학의 학강 여러 명이 다니고 있었고, 김덕님을 비롯한 몇 명이 노조를 만드는 과정에 참여했다.

3공단이, 남성전기라는 데가 처음에 노조를 되게 잘했어요. 그래서 3공단 노조 위원장이 우리 위원장하고 연결이 돼서 노조가 잘 돼서 [함께했어요]. 3공단하고 같이 활동을 많이 했어요. … 대협에서는 김○○이라는 애가 열심히 했는데 같이 야학을 다녔잖아요. 그때 당시는 노동자들한테 굉장히 사장이 좋게 안 했어요. 지들 멋대로 … 그런 거에 눈을 뜨게 된 거잖아요. 그때 당시에 산업선교회가 바로 옆에 있었어요. 직장 옆에. 그래 가지고 노동자들이 조금씩 눈을 뜨니까, 우리가 시작한 건 아니고, 거기에 생각 있는 사람들이 처음에 노조를 하면은 괜찮다 해서 산업선교회를 다니기 시작했죠. 우리도 가고, 거기서도 가고, 우리가 가서 이렇게 활동을 하면 [야학에서] 같이 토론을 했죠. 이야기도 해 주고, 상담도 해 주고, 지금 상황이 이렇게 이러면, 산업선교회 같이 가서, 공유를 했죠.

– 김덕님 구술

앞에서 보았듯이, 야학의 학생들이 공장에서 활동에 참여하는 과정에 겨레터야학은 계속 현장 이야기를 함께해 나가고 수업을 통해 노동법 등 관련 내용을 다루었고, 노동운동의 경험자들을 만나게 하거나 영등포산업선교회 같은 조직과 연계해 정보나 방법을 제공했다.

구로공단 효성물산 노조 사례는 야학 출신 노동자가 자취방 야학을 직접 만들어 노조 결성에까지 이른 경우다. 효성물산은 노동자 수가 600여 명 정도의 의류제조업체였다. 1980년대 초반 초임이 일당 2,200원, 미싱사 2,550원으로 아주 낮은 수준이었고, 작업장 내에서의 폭력과 폭언, 휴식 시간 부재, 질 나쁜 식사, 불결한 세면장 등 근로 환경이 열악했다(김원 외, 2017, 106쪽). 1984년부터 노조 결성이 시도되었지만, 사측이 계속 해고라는 방식으로 저지하고 있었다. 노조 결성의 중심이 된 김영미는 제일교회야학 1기 출신으로 청계피복이나 방산시장 노동자들과 함께 어울렸고, 이후 장석교회, 성남동교회 등 여러 야학을 다닌 경험을 토대로 효성물산의 노동자 몇 명을 모아 '한마음회'라는 일종의 자취방야학을 만들었다.

영미 아는 오빠들이라는 서울대 학생들이 가르쳤어요. 우리는 검정고시가 목표였으니까, 언니가 그 오빠들한테 배우자고 해서 국어, 한문 시작하다가 차츰 역사도 하고 나중에는 교재 없이 하는데 니가 현장에서 느낀 걸 글로 써 봐라, 그래서 써 보고 그러다가 노동조합에 대해 배우면서 전태일 책자하고 YH 노조 있죠? 70년대 현장에서 노조 활동 하고 당했던 걸 본 거죠. … 전태일을 안 거죠. 전태일이나 70년대 사람들 보면 더 열악한 조건에서 자기 목숨도 바치고 했다는데 그때 그 사람들이 안 싸웠으면, 나 같으면 무서워서 못 했을 텐데, 그런 분들이 계셔서 내가 열악하다는 생각을 하면서도 이만한 조건 갖춘 현장에서 일하는 거구나 생각했어요. 그래서 검정고시가 중요한 게 아니라 이 사람들이 조건을 바꿔 놓은 현장을 내 동생들에게 나보다는 더 좋은 환경에서 할 수 있게 해야겠다는 생각을 했어요.

—나윤희 구술,《같은 시대, 다른 이야기》, 2007, 281쪽

김영미는 처음에 한문을 읽으면 생활한자를 빨리 배울 수 있다고 이야기해서 몇 명을 모았고, 접근이 쉬운 한자, 국어로부터 시작해 철학, 한국 경제, 노동의 역사와 철학 등을 배웠다. 함께 공부했던 김미성은 이후 《철학 에세이》《경제원론》 같은 책을 혼자 사서 보았다고 한다(유경순, 2001, 243쪽). 김영미는 자신의 경험을 바탕으로 상황에 따라 교육 내용을 잡고, 필요한 교사를 수소문해 데려왔는데, 30여 명의 교사가 여기에 참여했다고 한다. 이 야학 모임은 이후 소모임으로 이어졌고, 1984년 7월 14일 59명이 노동조합을 결성했다. 이러한 방식의 한문 소모임이 구로공단에 점조직처럼 퍼져 나가기도 했다. 김영미가 중심이 된 한마음회는 야학 경험을 가진 노동자가 야학을 직접 운영하면서 노동조합 결성을 조직적으로 준비한 사례다. 이외에 대구 한일섬유의 노조 결성 활동도 대구의 메아리야학이 조직적으로 결합한 사례다.

노동야학이 노동운동에 끼친 영향

노동야학은 교사들과 노동자들을 통해 노동운동에 크든 작든 여러 영향을 끼쳤을 것이다. 서로의 관계성, 영향력, 강도는 현재로써는 발생한 사건을 통해 파악할 수밖에 없다. 그런데 노동야학의 역사와 야학 수에 비해 확인할 수 있는 사건의 숫자는 그리 많지 않다. 또한, 교사 관련 사건들은 노동운동보다 대부분 사상적 탄압이나 이와 연관된 조직 사건(민주화운동 관련 사건)이었다. 그중에서도 야학이 교사와 학생의 노동운동 참여를 조직적으로 결합, 지원한 사례는 더더욱 찾기가 어렵다. 추측건대, 야학의 교수자이자 운영자였던 강학 집단의 한계이지 않았을까 한다. 대학생은 노동 관련한 철학, 역사, 경제 등의 지식을 이해할 수는 있었지만 노동 현장에 대한 이해는 부족했고, 야학의 학생들이 겪고 있는 노동문제에 실질적인 지원을 하기는 힘들었다. 그래서 야학의 교사들은 주로 도시산업선교회처럼 노동운동을 실무적으로 지원할 수 있는 단체들과 연계해 이 문제들을 풀어 나가고자 했다. 야학의 교과가 지식 중심의 교과를 벗어날 수 없었던 것 역시 대학생 교사들이 가르칠 수 있는 내용적 한계 때문이었을 테다.

구로, 청계천처럼 다소 큰 공장이나 공단 지역의 노동운동 사건에서는, 야학 출신들이 중심적인 역할을 한 경우도 있었고, 노동야학이 조직적으로 지원하거나 조직화를 위해 자취방야학을 만들기도 했다. 하지만 야학의 학생들은 소규모 영세 업종의 공장에 다니는 경우가 많았다. 영세 사업장은 종업원 수가 적어 노사관계의 대립적 상황을 설정하기도 쉽지 않았고, 개별 현장을 조직화하기에는 어려움이 따랐다. 그러다 보니 노동야학을 거쳐 간 학생 수에 비해 직접 노동운동에 가담한 야학의 학습자는 그리 많지 않았다고 할 수 있다.

지금까지 살펴본 바로는, 노동야학은 노동운동 현장을 조직적으로 지원할 실질적 영향력을 가지고 있지는 못했다. 노동 현장 관련한 지식을 중심으로 교육하고자 했지만, 직접적으로 현장과 연결을 가지기는 쉽지 않았다. 도리어 대학생 교사가 야학을 통해 노동 현장을 이해하고, 노동 현장으로 진출하게끔 촉진했다고 할 수 있다. 대신 야학은 노동자의 현실과 문제의식, 산 경험을 드러낼 장을 열거나 노동운동과 연결시키고자 했다. 겨레터야학에서는 학강의 노동에 대한 인식을 일깨우려고 노동 조직 전문가, 노동운동가(유동우, 석정남)와 교류하고, 노조 결성 등의 문제에 직면했을 때 산선과 연계하면서 노동자를 지원했다. 또한, 노동자가 자신의 문제들을 꺼내놓고 성찰하고 문제 제기 할 수 있는 글쓰기 같은 다양한 방법을 수업에 적용했다. 이러한 작업은 구체적으로 사건화되지는 않았겠지만, 개별 노동자가 노동에 대한 인식을 가져 나가는 역할을 했을 테다.

화이트 노동사와 노동야학

노동야학은 자신의 고유함을 드러내기보다는, 앞서 보았듯이 다른 사회운동의 부분이나 하부 개념으로 이해되어 온 측면이 크다. 학생운동에서는 야학을 정치투쟁을 위한 매개나 현장 진출을 위한 과정으로 이해했고, 노동운동에서는 조직화를 위한 한 단계나 수단으로 보는 경향이 강했다. 이는 노동야학에 관한 자료와 사례가 거의 남아 있지 못해서이기도 하지만, 현재까지의 노동야학 연구나 역사 관련 연구 작업이 지식인(강학)들의 견해와 경험을 중심으로, 그리고 교육적 관점보다는 민주화운동이나 노동운동의 관점에서 진행되어 왔기 때문이기도 하다.

최근 민중사, 노동사 연구에서는 특정 주체나 운동 세력에 의

한 편향된 관점을 비판하면서 그간 드러나지 않았던 주체들의 목소리에 귀 기울이는 대안적 움직임이 활성화되고 있다. 이러한 흐름들은 노동야학과 노동운동을 바라보는 데 새로운 관점을 제공해 준다.

먼저 김원은 마르크스주의 역사 연구에서 '백인성', 유럽중심주의에 빠져 비서구의 차이들을 보지 못하는 '화이트 마르크스주의White Marxism'의 예를 들며, 노동사 연구도 노동자의 경험, 이야기의 관점보다는 조직된 노조 지도부나 특정한 정치 노선으로 노동자의 역사를 한계 지웠다고 주장한다. 그래서 노동운동의 역사를 하나의 역사적 총체 아래 전개, 구성하고, 단일한 시간대 위에서 인과관계와 상호작용을 거쳐 질서 있게 전개, 설명하는 방식을 '화이트 노동사'로 일컬으며 비판한다(김원, 2010, 131쪽). 이에 대한 대안으로, 그간 말할 수 없었던 주체인 '서발턴'의 입장과 목소리로 역사를 불러내 다시 써야 하며, 다양한 '차이의 공간(구하), 사건의 자리(바디우), 불화의 장소(랑시에르)'를 만들어내 기존 노동사와 거리두기 전략이 필요하다고 주장한다. 그래서 김원은 1970년대 여성 노동자의 노동운동에서 지식인이나 개신교 조직을 중심으로 의미 부여를 한 작업과, 노동운동 방식에서 민주/어용 구도를 일방적 강조한 사건들이 여성 노동자 운동의 독자성과 자율성을 약화시켰다고 주장한다(김원, 2004).

또한, 유경순은 최초의 노동자 연대 파업이었던 구로동맹파업에 대한 역사 다시 쓰기에서, 파업의 주체, 사건 전개, 의미에 대해 학생 출신 운동가와 노동자 출신들의 생각이 다름을 보여

준다(유경순, 2007).* 이남희 역시 1970~80년대 민중 담론 분석
을 통해, 지식인이 민중을 대변하고 노동계급의 위치에 자신들
을 정박함으로써 자신과 노동자 사이의 관계를 매개하는 비판적
긴장감을 상실했다고 주장한다. 뿐만 아니라, 1980년대 급진적
사상을 둘러싼 현학적, 소모적, 분열적 이데올로기 논쟁으로 인
해 사회운동이 침체되었다고 본다. 그 결과, 1986년 노동쟁의 대
부분이 단발적 정치투쟁으로 실패했고 수많은 노동자가 해고되
었다는 것이다. 따라서, 이어진 1987년 6월 항쟁, 노동자 대투쟁
에서 제대로 대비하지도 못한 채 상황을 맞이할 수밖에 없었다
고 말한다(이남희, 2015, 404쪽).

　이러한 관점들로 다시 평가해 본다면, 노동야학은 노동운동
을 지원하고 노동자 의식을 함양하는 교육을 진행하면서 조직화
를 지원했고, 학생이었던 노동자들 역시 노동운동을 긍정적으로
받아들이고 노동운동 현장에 결합하려 했다는 시각이 지배적이
었다고 할 수 있다. 그렇지만 이러한 관점은 노동자들의 다양한
욕망, 갈등, 변화 양상을 보여 주지 못하며, 노동야학에서 진행된

* 구로동맹파업은 한국 노동운동사에서 한국전쟁 이후 일어난 최초의 정치적 동맹파
업으로 평가되는데, 이전까지의 경제주의를 극복하고 정치투쟁을 이뤄냈다는 의미를
가진다. 구로동맹파업을 통해 기존의 소그룹 활동, 서클주의 노동운동의 한계를 극복
하고 변혁적 노동운동, 지역 노동운동론 등의 방향을 잡아 나가는 계기를 마련했다
고 평가한다. 하지만 또 다른 측면에서는 급진화된 정치투쟁으로 구속 43명, 불구속
38명, 구류 47명, 해고 1,500여 명을 낳으며 민주노조가 해산되고 조합원이 흩어진 청
산주의적 투쟁이라고 평가하기도 한다. 지식인 중심의 활동가들은 급진성을 중심에 놓
고 그 의미를 평가하려 했고, 노동자들은 현장과 대중을 중심에 놓고 평가하려 했다.
자세한 내용은 유경순의 《같은 시대, 다른 이야기》 참조.

교육과 학습을 단순화하고, 인간의 변화를 기계적으로 이해하는 오류를 범할 수도 있다. 노동야학은, 주체의 측면에서 본다면 지식인과 노동자라는 입장이 서로 다른 두 주체의 만남이다. 여기에서 과연 서로의 입장차에 따른 충돌이 없었을까? 또한, 교육의 방향과 내용 면에서도, 해방을 위한 교육만 존재한 게 아니라 출세를 위한 교육도 공존하지 않았을까?

교사 중심의 접근, 노동운동 중심의 접근만으로 노동야학의 쇠퇴와 소멸을 어떻게 설명할 수 있을까? 학생운동과 노동운동의 관점에서 보자면, 노동야학은 운동의 상황이 여의치 않았던 1970~80년대에 한시적으로 기초 의식 단계와 매개체의 역할을 했다. 이 논리대로라면, 야학의 쇠퇴와 소멸은 매개체 없이 노동운동 현장을 선택한 강학, 지식인의 판단, 노동운동 현장의 활성화로 기초 의식 단계가 필요 없어진 노동운동 진영의 판단이라고 할 수 있다. 하지만 여기에서 노동자 학생의 관점과 판단은 고려되지 않는다. 노동자들이 왜 노동야학을 찾았고, 무엇을 배우고 싶어 했고, 학습을 통해 어떤 변화를 만들었으며, 어떤 고민과 갈등을 가지고 있었는지, 노동운동 현장에는 왜, 어떻게 참여했는지에 대한 이야기는 찾아볼 수 없다.

이런 상황에서, 이 책은 지식인 교사, 노동운동 중심의 관점이 아니라, 노동자 학생의 관점에서, 그리고 잘 드러나지 않았던 교육, 문화적인 관점에서 노동야학에 새로운 질문들을 던져 보려 했다. 과연 노동야학은 노동운동을 위한 사전 기관이었나? 노동야학은 노동운동과의 결합을 꾀하려 했나? 혹시 노동야학은 지식인을 위한 공간은 아니었나? 그렇다면 노동자 학생의 존재는 무엇이었나? 도대체 노동자들은 왜 야학에 갔으며 무엇을 배우려 했나? 노동야학의 학생들은 노동운동을 하려고 야학에 갔을까? 노동을 중심으로 다루는 내용에 반감은 없었을까? 그렇다면 노동야학의 학생들은 대부분 노동운동으로 조직화되었을까? 그렇게 많았던 노동야학의 학강은 다 어디로 갔을까? 노동야학의 교육적인 의미는 무엇이었을까? 이러한 새로운 질문을 제기하고 답을 찾아가기 위해, 실제 노동야학에서 공부했던 학습 내용과 방법을, 당시 노동야학 학생들이 직접 썼던 다양한 글과 삶의 이야기를 살펴보았던 것이다. 이제 이와 함께, 노동자들의 학습과정과 의미에 관련한 이론들 역시 조금 더 살펴보도록 하자.

프레이리의 의식화 이론

노동야학을 두텁게 바라보는 마지막 과정으로, 노동야학과 노동자의 학습을 교육적인 관점에서 조금 더 심화 분석하는 데 도움을 줄 두 사상가, 파울로 프레이리와 자크 랑시에르의 교육 이론을 간략하나마 검토해 보자.

프레이리의 의식화 이론은 노동야학의 방향과 교육 방법에 길잡이가 된 사상이라고 할 수 있는데, 한국 사회에서는 '의식화'라는 요소만이 강조되어 그의 교육적 진면목이 다소 가려진 측면이 있다. 여기서는 그의 교육 이론의 핵심과 충분히 실천되지 못한 측면들을 중심으로 살펴볼 것이다. 그리고 랑시에르의 '노동자의 밤'과 '무지한 스승'은 감각의 재분배, 민주주의, 정치 등에 대한 새로운 시각으로 노동야학과 노동자의 학습을 바라보는 데 유용한 도움을 줄 것이다. 특히 랑시에르는 지식인에 의한 교육보다는 노동자 스스로 자신의 감각과 의식을 해방해 나가는 학습에 더 초점을 맞추고 있다는 점에서, 앞서 노동야학 평가에 대한 한계로 인식했던 부분들을 부각하는 데 유용한 개념과 분석틀을 제공할 것이다.

노동야학의 길잡이가 된 프레이리의 이론

노동야학 활동에 가장 큰 영향을 준 이론 중 하나로 파울루 프레이리의 의식화conscientization 이론을 꼽는 데 이의를 제기할 사람은 많지 않을 테다. 프레이리의 의식화 이론 관련 저서들은 1970~80년대 지식인이 사회를 비판적으로 인식하기 위해 읽었던 필독서였다.

프레이리의 사상은 1970년대 초반 한신대 문동환 교수에 의해 소개되었고, 기독교 사회운동을 하는 측에서 프레이리의 책을 일부 번역해 배포하기도 했다. 1971년 한국크리스챤사회행동협의회는 그의 의식화 교육론을 소개하고, 다음 해 프레이리의 《의식화와 해방-파울로 프레이리와의 대화》를 번역해 활동가와 단체에게 보급했다. 그리고 기독청년회분과위 주최로 '기독 청년과 의식화 문제'라는 주제 강의를 통해 그 내용을 알렸다. 당시 여러 운동 영역에서 프레이리의 이론은 선풍적인 인기를 끌었고,

그의 대표적인 책《페다고지: 피억압자를 위한 교육학》이 번역되어 나오기도 전에, 영어판을 복사해 스터디를 진행할 정도였다. 1970년대 중반 당시 노동야학의 최초 시도라고 할 수 있는 겨레터야학의 교사들도 프레이리의 사상을 토대로 야학의 방향성과 수업방법론을 만들어 냈다.

프레이리의 교육학은 의식화, 인간화, 교육의 정치성, 대화적 교육, 은행저금식과 문제 제기식, 학습자 중심의 교육, 문해 교육 등 여러 주제와 방법을 포함하고 있다. 프레이리 교육 사상의 특징은 ① 교육의 정치성 ② 대화와 생성어를 중심으로 한 교육 방법론 ③ 행동-성찰의 순환과 통합으로서의 프락시스praxis로 거칠게나마 정리할 수 있다.

교육의 정치성

프레이리는 교육의 중립성을 거부하고, 교육이 정치적이고 이데올로기적이며 사회정치적 맥락 속에서 존재하면서 서로 영향을 주고받는 영역이라고 역설했다. 교육이 이데올로기적이라는 것은 저항 이론resistance theory, 재생산론reproduction theory 등 비판교육론자도 주장한 내용이다. 하지만 프레이리 주장의 독창성은, 단지 교육이 정치사회적으로 영향을 받고 반영한다는 비판에 머무르지 않고 전 세계에 걸친 문해 교육 실천을 통해 '희망의 가능성'을 만들어 갈 수 있음을 함께 보여 주었다는 데 있다. 프레이리는 인간의 의식을 준변화불능적semi-intransitive, 마술적magic 의식, 순진한 변화가능적naive transitive 의식, 비판적critical 의식으로 구분하고, 사회정치적 변화와 맞물려 의식이 어떻게 직조weaving되어 나가는지 설명하려 했다.

당시 남미는 수백 년 동안의 식민 상태에서 벗어나서, 독립과 개발, 혁명 등 극적 변화를 겪고 있었다. 프레이리는 발전도상의 역동적인 변화 속에서 교육이 어떤 영향을 끼치고 받는지 분석하고자 했을 테다. 프레이리가 살았던 브라질은 자유주의적(개혁적) 정부 속에서 문화 운동, 문해 교육 운동 등을 진행했지만 쿠데타로 무산되어 버렸고, 망명 후 건너간 칠레 역시 자유주의적 정부가 급진적 사회주의 정부로 변화하는 등 정치사회적으로 급변하는 상황 속에 있었다. 그는 이러한 상황 속에서 기존의 교육이 체제 유지를 위한 도구와 과정으로 기능하는 것을 비판하고, 사회 변화를 위한 교육의 가능성을 발견하고자 했다.

한국 사회 역시 프레이리 이론을 수용할 당시, 분단, 독재, 강대국의 종속, 산업화 같은 상황 속에 있었다. 정치적 억압으로 대학 사회마저 제 목소리를 내지 못하고 있었고, 민중은 침묵의 문화 속에 있었다. 한국의 지식인은 프레이리의 이론을 통해 다양한 종속, 억압 상태의 사회 현실을 분석하고자 했고, 의식화, 인간화라는 과제를 풀어 나갈 방법을 찾고자 노력했다.

대화와 생성어를 중심으로 한 교육 방법

프레이리는 의식화를 위한 교육에서 교육자가 중심이 되어 끌고 가는 기존의 교육 방식을 경계했다. 이러한 교육자 중심의 일방적인 교육을 은행저금식 교육banking education이라 비판하고, 이에 대안으로 문제 제기식 교육problem-posing education을 제시했다. 그는 일방적 주입을 통한 교육은 '문화적 침략'을 가져온다고 비판하면서, 지식인이 민중과 함께 대화하고 행동해야 하고, 학습자가 자신의 상황을 비판적으로 성찰하고, '세계 속에 있는 인간'을 발견해 가야 한다고 강조했다. 프레이리는 브라질에서 문해 교육을 통해 이 방법론을 구체화했는데, 당시 브라질에서는 자신의 이름을 읽고 쓸 수 없는 사람에게는 투표권이 주어지지 않았고 2,000만 명에 달하는 사람이 비문해 상태에 있을 정도로 '문해'는 큰 정치적 이슈였다.

또한, 프레이리는 대화를 통한 의식의 계발을 위해 생성어generative word와 생성 주제generative theme, 그리고 압축된 이미지의 코드화codification 같은 방법들을 개발했다. 생성어와 생성 주제는 학습자(민중)의 삶을 담고 있으면서 글자 공부를 할 수 있는 단어들로 되어 있고, 이를 명시적으로 드러내기보다는 상징적으로 압축해 이에 대한 대화를 진행해 나가면서 자신의 맥락에서 내용을 이해하고 분석하고자 했다. 그래서 프레이리는 '메시지는 항상 지배하는 효과를 가지며, 조종manipulation은 우파, 좌파를 막론하고 민중에게는 해가 된다.'라는 생각으로, 메시지를 미리 제시하는 방식의 독본에 반대했다. 교육 관련 용어도 학교 대신 문화 서클cultural circle, 교수자 대신 촉진자facilitator, 수업 대신 프로그램, 학생 대신 참가자participant 등의 표현을 사용했는데, 당시 억압적이었던 브라질의 교육 분위기와 틀을 벗어나기 위해서였다고 할 수 있다(김한수, 2018).

행동-성찰의 순환과 통합으로서의 프락시스

프레이리는 위와 같은 교육적 활동이 특정 순간에 끝나는 것이 아니라, 행동-성찰-행동-성찰로 이어지는 순환적이고 변증법적이며 영속적인 과정임을 강조했다. 그래서 이론과 실천을 통합한다는 의미에서 프락시스praxis라는 용어를 사용하면서, '의식화 과정'이 단지 의식이라는 분리된 영역에서의 과정이 아님을 강조했다(Freire, 1972a, 105쪽). 그는 의식의 변화는 사고-언어의 변화이고 변화의 동력은 행동에 의한 실천의 강도에 달려 있으며, 참말, 참의식, 참행동을 생성해 나가는 것이 인간화 과정이라고 설명했다. 또한, 프레이리는 관념주의와 행동주의 둘 다를 거부하면서 진보적이라 할 수 있는 좌파 역시 권위주의, 선전선동, 교화, 분파주의, 엄숙주의 등을 경계하고, 겸손과 관용, 평화적 투쟁에서의 인내, 활력, 호기심의 덕목을 갖추고 다양성 속의 연대로 나아가야 한다고 주장했다(Freire, 1997, 99-109쪽).

한국 사회에서 프레이리

프레이리의 교육 사상은 '안기코스에서의 40시간40 horas de Angicos'의 기적이라는 성공적인 문해 교육 프로그램으로 남미에서 유명해졌고, 미국에서 그의 대표적인 책《페다고지》 발간과 함께, 아프리카, 남미에서의 직접적인 교육 실천으로 그 영향은 전 세계로 확산되었다. 한국의 경우 1970년대 중반《페다고지》 영문판이 소개되면서 영향을 주기 시작했는데, 1970년대 후반《페다고지》가 번역 출간과 동시에 금서로 지정돼 비공식적으로 학습할 수밖에 없었다. 1980년대 일부 내용이 번역되어 출판되기도 했지만 주로 프레이리의 초기 사상에 국한된 내용이었고, 프레이리의 교육 실천을 좀 더 세부적으로 알 수 있는 내용들은 소개되지 못했다. 어떻게 보면 프레이리의 이론은 교육을 중심으로 한 이론과 실천으로 소개되기보다는 초기 사상인, 억압적 식민지 상황과 이를 벗어나기 위한 제3세계 해방 운동의 일환으로 소개된 측면이 커 보인다. 그래서 '의식화' 이론은, 정치적·문화적 종속을 벗어나는 과정과 방법론으로 이해되었다.* 한국 사회의 프레이리 이론 수용 과정을 연구한 홍은광은, 프레이리 이론이 한국에서 이념적 지향으로 받아들여지는 경향이 강했고 "의식화는 프레이리, 식민지는 카노이Martin Carnoy**'라는 다소 편향적이고 대립구도적인 방식으로 이해되었다고 주장했다(홍은광, 2010). 의식화에 대한 이런 경향성은 이후 1980년대를 넘어서면서 레닌주의적 경향으로 심화되어 더더욱 기계적인 방식으로 이해되면서, 지식인이 민중을 변화

---

* 허병섭은 "브라질의 상황과 한국의 상황이 다르다는 이유로 프레이리의 민중교육 방법론이 너무 쉽게 일축되어 버렸다는 점과 한국의 지식인들이 교육 방법론에 있어서 프레이리의 민중교육 방법론보다는 그의 사회구조 분석론이나 개념을 노동자에게 성급하게 주입시키려는 지식인적 오류를 범함으로써 프레이리의 선풍적 인기가 가장 비프레이리적으로 수용되었다는 점에 기인한다."(허병섭, 1987, 109쪽)라며 프레이리의 이론이 부분적으로, 왜곡되어 수용되었다고 지적한다.
** 마틴 카노이는《교육과 문화적 식민주의》의 저자로, 정치경제적 종속 관계가 어떻게 교육문화적 종속 관계를 가져오고, 교육에 의해 종속 관계가 더 심화되는 메커니즘을 밝히려 했다.

시켜 끌고 나가는 방식의 한계를 가질 수밖에 없었다.* 그러다
보니 프레이리의 사상이 재창안reinventing되거나, 구체적인 실천
론으로 나아가지 못했다.

프레이리의 이론은 노동자들의 초기 의식화, 비판적 의식화라
는 노동야학의 목표의식에 직접적으로 영향을 끼쳐, 1970년대
의식화, 인간화 야학이라는 흐름을 만들어 내는 데 일조했다(이
훈도, 1997). 하지만 프레이리의 교육 방법과 실천적인 측면은 아
주 제한적으로만 받아들여졌다고 할 수 있다. 그가 다룬 주요 영
역과 대상은 비문해 상태의 민중을 위한 문해 교육이었는데, 당
시 노동야학 학생은 대부분 초등 학력 정도는 취득한 상태여서,
기초 문해 내용과 방법을 적용하기에는 어려웠다. 부분적으로
한문 같은 교과에서 프레이리의 생성어 방식을 적용해 수업하
거나 교재를 제작하기도 했다. 한국기독교민중교육연구소와 허
병섭은 프레이리 이론을 발전시켜 민중 언어, 민중 사실, 민중 전
기, 대화 교육, 연희극 등의 교육 내용을 만들어 낸 성과**를 거뒀

* 또한, 1980년대 정부와 언론이 반공 이데올로기를 강조하면서 국민들로 하여금 거
부감을 느끼도록, 의식화라는 개념을 '좌경 이념을 주입하는 교화'의 의미로 단순화하
고 왜곡했다(고혁준·유성상, 2011).
** 프레이리의 의식화 이론은 '예수 사건'을 민중적으로 해석한 민중 신학 이론과 접목해
특유한 민중교육 담론을 만들어 냈다. 민중 신학적 교육은 민중에 대한 이해는 민중 자
신의 이야기를 통해서만이 규정 가능하고, 이를 위해 민중과 대화해야 하고 민중의 이
야기와 언어를 학습해야 한다고 주장한다. 그래서 민중의 언어는 민중의 생명과 같으며
민중의 사회 전기가 곧 '민중운동사'라고 설명했다. 이 작업은 한국기독교민중교육연구
소에서 허병섭에 의해 구체화되었는데, 민중의 다양한 언어와 감정 상태를 분석하고, 이
에 필요한 대화 교육 자료를 만들어 냈다. 또한, 민중의 이야기와 사건을 담은 연극 대본
을 창조해 다양한 운동 현장에서 쓸 수 있도록 개발하기도 했다(김한수, 미간행).

지만, 노동야학 같은 교육현장에서 다양하게 시도되지는 못했다. 해외 노동교육 사례에서도 살펴보겠지만, 프레이리는 지식인에 의한 교수나 지도보다 '세계 속에 존재하는' 학습자(민중)의 '산 경험Vivencia'*과 실천을 굉장히 중요시했다. 향후 노동교육에서는 프레이리 이론의 정적이고 의식적인 측면보다는, 노동자가 실제 상황을 자신의 시각과 관점으로 분석하고 이를 변화시키는 행동을 통해 새로운 지식을 만들어 가는 과정을 더 발전시켜 나가야 할 것이다.

랑시에르의 '프롤레타리아의 밤'

노동자에게 그들이 착취되고 있다고 말해 줄 필요는 없다. 그들은 이미 그것을 알고 있다. 노동자에게 뉴스가 되는 것은, 그들이 착취 아닌 다른 것에 운명지어져 있을지도 모른다는 생각이다.

－Donald Reid의 서문,《프롤레타리아의 밤》영어판;
박나래, 2013, 76쪽에서 재인용

* 스페인어 비벤시아Vivencia는 '생생하고 직접적인 실천을 통한 완전한 경험' 정도로 옮길 수 있는데, 프레이리가 주로 사용하는 개념으로는 '산 경험'에 해당한다고 할 수 있다. 콜롬비아에서 참여적 실행 연구PAR를 연구한 팔스-보르다는 '비벤시아'를 민중 의 직접적인 실천과 행동을 통해 세계를 이해하고, 감각으로 느끼고, 생각하고, 나누 는 경험으로, 프레이리의 의식화와 연결되어 실질적 문제 해결을 통해 새로운 공동체 를 창조해 가는 요소로 파악한다(M. Glassman and G. Erdem, 2014).

68 혁명과 랑시에르의 분할 깨기

랑시에르는 민주주의에 대한 급진적이고 새로운 해석으로 최근 주목받고 있는 프랑스의 정치철학자다. 또한, 민주주의와 정치에 대한 새로운 해석과 아울러 이 논제들을 교육, 미학과 밀접하게 연결하는 방식으로도 주목받고 있다.

랑시에르는 프랑스의 유명한 마르크스주의 이론가인 알튀세르의 제자였다. 그런데 프랑스 68 혁명을 거치는 과정에서 스승이었던 알튀세르를 비판하면서 자신만의 이론 체계를 구축했다. 프랑스 68 혁명은 1963년에 시행된 푸세Fouchet 개혁안*이 진행 과정에서 교육 재정을 대폭 줄이고, 분할된 소규모 강의를 늘리고, 수강 선택에 대한 자유를 줄이고, 실습 위주 교육을 도입하는 등 경쟁적 요소가 강화되자 학생들의 누적된 불만이 격한 시위로 변모하면서 시작됐다. 68 혁명은 학교 점거와 거리 시위로 확산됐고, 노동자들도 총파업으로 결합하면서 교육만의 개혁이 아닌 노동개혁, 사회개혁, 반전운동으로까지 확대되어 사회의 모든 권위주의에 저항하는 혁명으로까지 나아갔다.

이 과정에서, 당시 교육과 문화를 통해 계급 재생산의 과정을 파헤친 진보적 사회학자인 피에르 부르디외와 장 클로드 파스롱 교수의 수업 중 한 학생이, 두 학자가 대학의 재생산 구조에는

---

* 1963년 프랑스 드골 정권의 교육부장관이었던 푸세가 제시한 대학 개혁안으로, 대학생 수의 급격한 증가에 대응해 대학생 수 통제, 대학 학문의 직업교육 전문화를 위한 전공 개설 등을 입학 선별 원칙의 골자로 삼았다.

비판적이면서 다른 한편으로 강의에서는 권위적인 체계와 방식을 계속 유지하려 한다고 비판했다. 알튀세르는 이 학생의 의견 제시에 대해 "실천가가 연구자를 비판한 것이며, 이 행동은 옳지 않다."라고 했는데, 랑시에르는 알튀세르의 주장이 교육적 위계를 옹호하고 현실 문제와 지식을 과학과 이데올로기로 분할하는 접근 방식이라고 주장했다(주형일, 2012, 138쪽). 랑시에르는, 알튀세르의 논리대로라면 과학을 연구하는 연구자만이 세계를 이해할 수 있고, 학생이나 노동자는 자본주의에 저항하는 이데올로기를 생산할 수 없으며 따라서 반자본주의 활동을 할 수 없다는 결론에 이른다고 비판했다. 랑시에르는 이런 위계와 분할 방식을 비판하고, 지성적 평등intellectual equality과 감각의 해방을 증명할 작업들을 진행했는데, 그것이 가장 잘 나타난 작업이 1983년 그의 박사학위 논문인 〈프롤레타리아의 밤Proletarian Nights〉과 이후 펴낸 책 《무지한 스승》이다.

자기 해방, 프롤레타리아의 밤

랑시에르는 분할의 극복과 자기 해방의 사례를 1830년 프랑스 7월 혁명 당시 평범한 노동자들의 기록에서 찾아냈다. 프롤레타리아의 밤에서 '밤'은, 억압되고 자신을 위해 아무것도 할 수 없었던 노동자들이 오로지 자신의 해방과 자유를 위해 뭔가를 하고자 했던 시간과 다양한 실천에 대한 상징이라고 할 수 있다. 랑시에르는 당시 노동자들의 기록을 검토하면서, 노동계급 의식의 고취나 계급 운동에 대한 증거들을 발견한 것이 아니라, 노동자들이 타자(부르주아)의 욕망, 즉 노동자의 것이 아니었던 그림을 그리고, 시를 쓰고, 철학을 하는 등 정신적 삶과 이를 위한 자유로운 시간, 시인과 사상가의 밤을 전유하려는 일탈적 꿈을 꾸고 있었다고 해석했다(신명아, 2012, 528쪽).

나는 화가가 되고 싶었다. 하지만 가난에는 특권이 없다. 살기 위해 이러저러한 고역을 채택하는 특권조차도 없다.

프롤레타리아의 진정한 고된 일을 부르주아의 헛된 무기력함과 맞바꾸려 하는 것은 분명히 미친 허영이다. 하지만 이 고된 일들 중 가장 힘든 것이 바로 이 무기력함의 시간을 남겨 두지 않는 것이라면? 거짓된 것들을 즐길 수 없다는 것이 가장 진정한 고통이라면?

일상적 경험들의 느린 축적에서보다는 실제 세계가 가상 속에서 흔들리는 바로 이 순간들에서 이 세계에 대한 판단의 가능성이 형성되기 때문이다. 그렇기 때문에 프롤레타리아의 고통들을 잠재운다고 여겨진 이 다른 세계들이 의식을 가장 날카롭게 만드는 것이 될 수 있다.

– 랑시에르, 1981; 주형일, 2012, 159, 186-187쪽에서 재인용

랑시에르는 노동자들이 노동자 아닌 다른 무엇이 되고자 하는 욕망에서 기존의 정해진 자리와 분할, 틀을 뒤집는 해방의 가능성을 발견하고자 했다. 노동자들은 장시간 노동, 성희롱, 영양실

조, 저임금 상황에서의 규율, 감시, 지겨운 노동, 예속, 시간의 박탈 등에 저항하고자 했다는 것이다. 그래서 그들이 볼 수 없고, 쓸 수 없고, 말할 수 없고, 할 수 없는 것에 저항해, 보고, 쓰고, 말하려고 하는 데서 저항의 에너지를 보며, 이 에너지는 그 자리를 쳇바퀴처럼 맴도는 원의 운동이 아니라, 삶과 시간의 분할의 틀을 깨고 나가며 재배치(재구성)하는 나선형의 운동이 된다고 주장했다(주형일, 2012, 193쪽).

공교육 개혁과 무지한 스승

이러한 랑시에르의 분할 깨기 작업은 당시 프랑스의 실제 현실을 변화시키는 부분, 특히 공교육을 개혁하는 부분에도 개입했다. 당시 보수주의자들은 교육이 정치적으로 중립적이며 이전의 지식 체계를 사회화 과정을 통해 전수하면 된다고 생각한 반면, 진보주의자들은 교육은 정치적이며 지배 세력의 헤게모니 유지와 재생산을 위한 수단이라고 비판했다. 당시 부르디외와 파스롱은 진보주의의 입장에서 교육개혁에 대한 논의를 주도하고 있었는데 이들은, 사람들이(특히 하위계층이) '학교교육이 불평등을 재생산한다.'라는 것을 잘 이해하지 못하고 있고 학교관계자들이 이 구조를 잘 이해하고 하층의 아이들도 잘 이해할 수 있는 방식과 내용으로 교육한다면 이 구조가 변화될 수 있다고 주장했다. 하지만 랑시에르는 이 주장이 기존 질서는 깨지 않은 상태(대중 취향과 고급 취향은 그대로 둔 상태)에서, 불평등을 감소시키는 작업을 통해 불평등을 재생산하는, '불평등의 평등화'라고 비판했다(주형일, 2012, 216쪽). 대신 랑시에르는 사람들 사이의 지적 능력은 평등하며 의지의 유무에 따라 지적 능력이 발현되는 결과가 달라진다고 주장하면서, 지적 평등은 도달해야 할 것이 아니라 '전제'라고 이해했다.

랑시에르는 이후 《무지한 스승》에서 지성적 평등에 대한 근거들을 보여 주고자 했는데, 1822년에 출간된 자코토의 《보편적 가르침: 모국어》에서 그 단초들을 발견해 냈다. 프랑스 출신인 자코토 교수는 네덜란드의 루뱅 대학교에서 프랑스 수업을 맡게 되는데, 자신은 네덜란드어를 할 줄 몰라 학생들에게 프랑스어에 대해 설명할 방법이 없었다. 그는 프랑수와 드 페늘롱이 쓴 《텔레마코스의 모험》이 두 언어로 모두 출간된 것을 알고는, 학생들이 두 책을 서로 비교하면서 보게끔 하면서 프랑스어 문법과 철자법은 설명해 주지 않았다. 놀랍게도 학생들은 문법, 철자법을 지키면서 프랑스어로 글을 쓰기 시작했다. 이를 통해 랑시에르는, 인간은 모국어를 학습하고 활용할 수 있는 능력을 다 가지고 있어서, 선생만이 꼭 설명해 줄 수 있는 것은 아니며 선생은 지적 욕구를 자극해 주는 '무지한 스승'의 역할을 하면 된다고 보았다. 랑시에르는 무지한 스승의 원리로 첫째, 모든 사람은 동등한 지적 능력을 가지고 있다(지적 동등성), 둘째, 누구나 자신이 알지 못하는 것을 가르칠 수 있다, 셋째, 모든 것은 모든 것 안에 있다 (역량의 고리)(주형일, 2012), 이렇게 세 가지를 들었다.

교사에게는 직접 학생을 가르치거나 또는 반대로 성적으로 멸시하는 방식보다, 학생을 존중하고, 의지를 격려하는 역할이 더 중요하다는 것이다. 그래서 랑시에르는 해방은 스스로만이 가능하며, 지적 주체로서의 본성을 의식하는 일이라고 이야기한다.

> 해방이란 모든 인간이 자기가 가진 지적 주체로서의 본성을 의식하는 것이다. 그것은 데카르트의 정식을 거꾸로 뒤집은 평등의 정식이다. 데카르트는 '나는 생각한다. 고로 존재한다'고 말하곤 했다. … 우리는 그의 생각을 뒤집어서 이렇게 말한다. '나는 인간이다. 고로 나는 생각한다.' 이 뒤집기는 인간 주체를 코기토 안에 포함시킨다. 생각은 사유 실체가 가진 한 속성이 아니다. 그것은 인류의 속성이다. … 해방은 이 평등에 대한 의식이다. … 인민을 바보로 만드는 것은 지도 부족이 아니라 인민의 지능이 열등하다는 믿음이다.
>
> – Rancière, 2008, 77쪽

감각적인 것의 나눔, 정치/치안의 구분

그렇다면 해방의 주체인 개인은 어떻게 이 본성을 의식하고 실천할 수 있을까? 랑시에르는 이를 위해 감각적인 것의 나눔Le partage du sensible이 필요하다고 주장한다. 그의 주장에 따르면, 사람들의 '몫과 자리', 즉 '권력에 대한 분할, 분배'는 보고, 듣고, 느끼고, 행하는 것과 같은 감각적인 것에서 온다. 랑시에르는 칸트의 취미판단 개념을 통해, 사람들은 보편적으로 아름답다고 느끼는 주관적이면서 합목적성을 갖는 공통 감각, 인식 능력을 가지고 있으며, 공통 감각은 지성적 평등과 연결된다고 주장한다.

이 지점에서 랑시에르와 부르디외는 다시 한 번 부딪친다. 부르디외의 경우, 취미판단이 초월적일 수 없고 현실을 왜곡한다고 비판하면서, 계층에 따라 취미판단이 다르게 나타나고 그것에 대한 가치도 다르게 평가된다고 주장한다. 반면 랑시에르는, 민중은 자신이 배제되는 이유를 모르기 때문에 소외되며 이것은 체제가 생산하는 효과라는 부르디외의 논리를 환원주의라고 비판한다. 이 논리대로라면 이 순환을 깨뜨릴 수 있는 역순환이 발생할 수 없기 때문이다. 대신 랑시에르는 몫과 자리의 분배, 분할을 깨뜨리는, 지성과 감각의 평등을 인식하고 도전함으로써 불화를 일으키는 실천들에 주목한다. 랑시에르의 감성학은 보이는 것과 보이지 않는 것, 말과 소음을 나누는 데 정치적 쟁점을 제기하는 일종의 새로운 '셈'이다.

또한 랑시에르는 '정치'를 '치안'이라는 개념과 구분해 내면서, 정치를 새롭게 해석하려고 한다. 우리가 보통 '정치'로 이해하는, 집단의 결집과 승인, 권력의 조직, 자리와 기능의 배분, 이 배분의 정당화를 위한 체계 작동 과정 등이 사실은 '치안'이라고 랑시에르는 말한다(박나래, 2013, 77쪽). 치안은 그 사회의 행위 양식, 존재 양식을 규정하는 질서라고 할 수 있다. 그런데 이 질서의 배치는 볼 수 있는 것, 말할 수 있는 것 같은 감각적인 질서에 대한 규정의 배치이고, 이러한 배치는 어떤 것을 가시적, 비가시적인 것으로 보이도록 하고, 어떤 말을 담론, 소음으로 듣도록 하는 효과를 가진다(진태원, 2015)는 것이다.

예컨대 전통적으로 노동의 장소를, 공적 영역이라 불리는 것에 고

유한 보기 및 말하기 양식에 의해 규제되지 않는 사적 영역으로 만
든 것이 치안의 법이다.

- 랑시에르, 《불화》, 1995; 진태원, 2015, 205쪽에서 재인용

랑시에르에 따르면, 치안은 구성원 간의 몫을 분할하고 조정하
는 것을 셈하는데, 여기에는 공백과 보충이 존재하지 않는다. 반
면, 정치는 이 치안의 감각적 배치를 깨뜨리고, 새로운 셈을 제기
하는 작업이다. 이 속에서 민중은 소위 '몫 없는 자'인데, 여기서
몫을 제기하는 행동이 바로 정치이며 이는 항상 계쟁(係爭)적 장이
고 불화를 일으키는 과정을 거친다. 그래서 정치는 치안의 논리
에 문제를 제기하면서 평등의 논리를 제기하며, 누군가로부터 부
여받은 '정체'를 깨뜨리고 탈정체화하는 과정이 바로 '정치적 주
체화'라고 랑시에르는 말한다. 평등을 전제로 하는 민주주의 역
시 이런 차원에서 새로이 해석된다.

랑시에르의 틀로 본 노동야학

랑시에르의 논리들은 노동운동, 노동자의 학습활동을 새롭게
바라보는 시각들을 제공한다. 그 한 예로 주형일은 '노동자의 밤',
'무지한 스승'의 연장선상에서 전태일 열사의 실천들을 새롭게 고
찰했다. 전태일은 통풍과 채광, 냉난방도 안 되는, 2,000명이 변
소 3개를 사용해야 하는 평화시장의 열악한 노동환경과 그 속

에서 기계처럼 일하고도 일당 60원을 받는 시다 노동자들의 현실을 알게 됐다. 그 상황에서 주변의 어린 여공들과 자신을 위해 일기와 수기를 쓰고, 스스로 노동 실태를 조사했다. 또한, 근로기준법이 있다는 사실을 알고선 독학으로 학습했고, 노동자들의 모임인 '바보회'를 조직해 열악한 노동 상황을 변화시키려 했다. 전태일은 다양한 형태로 억압적인 노동 상황에 맞서 자신과 동료들의 "감각"을 깨우려 했고, 많은 사람이 외면하는 상황에서도, 자신의 의지에 기대 홀로 씨름하듯 "학습"을 진행했다.

그날 이후로 그는 시간만 나면 그 책을 읽고 또 읽었다. 원래 그 책은 법학을 전공하는 대학생들을 상대로 쓰여진 것이다. 그런데 학력이라고는 초등학교에 2년, 중등 정도의 공민학교에 한 1년 다닌 것밖에 없는 태일이 그 대학교재를 붙들고 씨름하자니 여간 일이 아니었다. 몇 페이지만 넘겨도 전문적인 법학상의 개념과 법률용어들이 수두룩하게 나오니 답답하기 짝이 없는 일이었다. 어지간한 사람이었다면 몇 장 읽다가 책을 덮고 말았을 것이다. 그러나 태일은 하룻밤을 꼬박 새워 한 장밖에 못 보는 한이 있더라도 책을 놓지 않았다. 이때부터 그는 "대학생 친구가 하나 있었으면 원이 없겠다"는 말을 입버릇처럼 하였다고 한다. 태일의 근로기준법 연구는 어둠침침한 작업장에서나 털털거리며 달리는 시내버스 안에서나 또 그의 집 골방에서나 틈만 있으면 낮과 밤을 가리지 않고 계속되었다. … 그것은 연구가 아니라 실로 사투였다.

– 전태일기념관건립위원회, 1983, 135-136쪽

가정 상황 때문에 진학을 포기했지만, 홀로 일기, 소설, 글쓰기 등 자신의 감각을 깨우는 학습들을 진행했고 노동 상황 개선을 위한 근로기준법 학습, 바보회와 삼동회의 조직 등 평등에 대한 신념을 토대로 다양한 지적 모험을 감행했다. 전태일이 말한 "대학생 친구가 하나 있었으면 원이 없겠다."라는 이야기는 랑시에르의 무지한 스승이라는 관점에서 본다면, 꼭 스승을 필요로 했다기보다는, 지적 자극을 줄, 의지를 북돋아 줄 동료, 친구를 원하는 것으로도 해석할 수 있을 것이다.

정의진 또한 랑시에르의 사상을 토대로 프랑스 혁명 당시 노동자들의 텍스트와 전태일의 유고(일기, 소설, 시 등)들을 비교했는데, 프랑스 노동자들이 물질적 삶의 개선보다 정신적 삶과 이를 위한 자유로운 시간을 더 소중하게 생각했듯이 전태일 역시 노동 착취로 인한 육체적 고통보다 인간의 정신성의 파괴를 더욱 심각하게 여기고 이를 변화시키는 것을 감각의 재분할의 출발점으로 삼았다고 설명한다(정의진, 2017).

해방을 위한 지식으로의 변화

이와 같이 최근 랑시에르의 사상을 적용하여 노동자들의 학습, 책읽기, 글쓰기, 모임하기 등을 새로이 바라보려는 연구가 계속 등장하고 있다. 김경일은 1970년대 여성 노동자의 민주노조 운동을 분석하면서, 야학이나 소모임, 노동조합 활동을 통해 노동자가 변화해 나가는 과정에 주목한다. 여성 노동자들은 야학이나 소모임을 통해 처음에는 자신의 출세, 더 나은 지위, 멋있어

보임 등을 위해 공부하고, 취미와 실용적인 내용을 찾았다. 그런 데 노동자들은 여기에 머물지 않고, 이 지식들을 남성 관리자들에 대항하고 자신을 해방하기 위한 지식으로 변화시켜 나갔다. 그래서 인권의 존중, 노동의 가치에 대한 강조, 자신의 권리에 대한 인식, 주체성과 자주성, 창의성과 자발성, 집단과 공동에 대한 헌신, 폭력과 불의에 대한 저항 등의 덕목을 쌓아 나갔다(김경일, 2006, 165쪽).

우리의 배움이란 학문을 닦아 머릿속에만 담아 두는 것이 아니라, 실지 생활, 즉 노조 현장에서 필요하고 아는 것만큼 찾아 쓰는 그런 배움이었다. 예를 들면, 근로기준법을 앎으로써 월차·생리휴가를 찾아내는 등의 것이었으니, 이것을 회사가 좋아할 리 없었다. 이렇게 그룹 활동을 통하여 나는 너무나 많은 것을 배웠고, 노동문제에 깊은 관심을 가지고 조합에 드나들면서, 주제넘는 얘기 같지만 나랏일까지도 걱정을 하게 되었다. 그러한 의식은 나에게 있어서, 곧 건전한 사회발전이라는 차원으로 변화되어 갔고 인간으로 태어난 이상 무언가 사회를 위해 조그만 일이라도 해야겠다는 결의에 불탔으며, 정의를 위해서는 어떤 두려움도 각오했고, 그야말로 세상에 무서운 것이 없었다.

— 동일방직, 1985, 368쪽; 김경일, 2006, 164쪽에서 재인용

글쓰기의 영향

랑시에르에 주목하는 연구자들은, 이러한 과정에 전태일, 석정

남, 유동우, 장남수 같은 현장 노동자의 '산 경험'인 생활 수기, 노동운동 수기가 끼친 영향도 주목하고 있으며, 연대를 통해 함께한 경험들이 이후의 해방을 위한 지식 추구에도 큰 영향을 끼쳤다고 본다.

홍성식, 김대성, 한영인의 연구는 당시 노동자들의 글쓰기를 중심으로 서발턴(민중)이 자신의 지능, 지식을 어떻게 형성해 갔는지, 그 의미가 무엇이었는지 주목한다. 미학과 마찬가지로 문학을 본질적으로 정치적으로 바라본 랑시에르의 '문학의 정치'라는 개념 틀에 입각해, 노동자가 글을 통해 어떻게 보이지 않았던 것을 보이게 하고, 쿵쿵대는 동물로 취급되었던 사람을 말하는 존재로 만드는지 보여 준다(김대성, 2014, 120쪽). 프레이리의 개념처럼, 사물을 재명명하고, 단어와 사물들 사이에 틈을 만들고, 새로운 관계 형성을 위한 가능성을 만들어 내는 과정(공동체적인 것으로서의 글쓰기)이라고 할 수 있다. 김대성은 어린 노동자들의 수기집 《비바람 속에 피어난 꽃》의 글들 속에 있는 노동자의 꿈과 욕망을 "야순이의 밤"으로 표현하면서, 자신들의 존재론적 표현이면서 공동생활일지라는 의미를 부여한다.

오늘은 너무 바빴다. 그래서 야학도 못 가고 지금까지 일했다. 지금이 1시. 정말 피곤하구나. 그러나 하루 일을 정리하며 반성하는 이 시간이 제일 즐겁다고나 할까. 역시 좋은 시간이다. 캄캄한 밤. 우리의 시간은 밤밖에 없으니까 야순이라고 할까? 언제부터인지 나의 성숙함과 마음에 변화를 느꼈지만 오늘 새삼 그런 것을 느낀다. 나이를 먹은 탓일까? 나이 18세. 무엇 하나 해놓은 것 없이 나이는 잘 주워먹었다. 야학을 이틀을 못 갔더니 스무날이나 지난 것 같다.

－《비바람 속에 피어난 꽃》, 2000, 61쪽

또한, 여성 노동자들이 소모임을 만들어 진행한 것을 기록한 《손에 손을 잡고》에서 노동자들이 집단적인 대화-쓰기로 만들어 낸 공동생활일지를 분석하면서, 스스로 읽고 쓰는 능력을 향상시키고, 복수의 '나'로 만들어 가는 과정을 강조한다.

한영인 역시 랑시에르의 미학/감각학(철학적 반성 형식과는 다른 미학적 반성 형식인 '느끼는 것')에 근거해, 기계 취급을 받는, 성희롱을 당하는, 비인간적 대접을 받는 노동자가 글을 통해 앎의 위계에 도전하고, 분할의 논리를 뒤집고자 하는 해방을 위한 새로운 미학의 정치를 실행한다는 데 주목한다.

독서의 영향

천정환과 정종현은 노동자들의 독서 모임인 '노동자문학회'와 노동자들의 독서 문화를 통해 지적 평등을 고찰한다. 천정환은 노동야학과 노동조합의 소식지 작업, 그리고 1987년 이후 진행된 노동자문학회 활동에서 책을 읽고, 글을 쓰고, 작가들을 만나는 실천이 프롤레타리아의 밤과 동일한 의미를 가진다고 평가하고, 아래로부터 이루어지는 글쓰기의 가능성에 주목한다(천정환, 2014). 정종현은 특히 학출 노동자들이 읽었던 책과 노동자들이 읽었던 책을 비교하면서, 학출 노동자(지식인)의 '과학적 세계관'이 내용적으로는 급진적으로 들릴지 몰라도, 도리어 노동자들의 상식적 세계관과 분할, 거리를 두고, 감각적 위계질서를 만들어 내는 권위적 효과들을 살펴보아야 한다고 주장한다. 한 사례로, 당시 구로동맹파업에 참여하고 이후 서울노동운동연합, 제헌의회 그룹이라는 조직 활동에 참가했던 한 노동자의 학습 경험을 언급한다.

> 그러나 "노동자가 과학적인 지식으로 무장해야 한다."는 말은 충격이었다. 지금까지 내가 알고 있는 것들은 '상식적인 세계관'이며, 노동자는 '과학적인 세계관'으로 무장해야 한다는 것이었다. … 학습하면서 당면 실천 방향으로 '민족민주민중의 새로운 헌법을 위한 제헌의회 건설'을 위해 싸워야 한다고 배웠다. 다른 정치적 입장이 있다는 것도 모른 채. 실천을 위해 나는 선동가로 훈련되었으며, 그때 선동문 쓰는 훈련도 받았다. 또 학생들과 연계해 대학에 가서 '노동자 삶의 현실'을 선동하기도 했다. 그 과정에서도 학습은 계속됐다. 학생 출신들이나 노동자들과 함께 학습하면서 때로는 이해를 못하고 답답해서 울기도 했다. 이 시기에는 생활 문제가 해결되지 않아 자주 배를 곯았다.
>
> – 김준희의 기록, 《같은 시대, 다른 이야기》, 2007; 정종현, 2014, 109-110쪽에서 재인용

정종현은 이 노동자의 사례에서, 지식인들이 주장했던 '과학적 세계관'으로 진행된 학습과 정치활동이 성장보다는 상처로 기억

되었고, 노동자들을 앞에 내세우고 뒤로 숨은, 그리고 과학을 내세웠던 대다수의 학출이 지식과 학벌을 교환가치 삼아 자신의 출신 계급으로 돌아간 것에 노동자 학생들이 분개하고 있음을 지적한다. 기존 학력 질서에서 '못 배운 나'였던 노동자가 다시, 경직된 노동운동 아래서 사상이 주입되어야 하는 대상이 되어 버린 것이다. 그러면서 의식적 정치투쟁과 달리 노동조합의 소모임, 소풍, 야유회 같은 교류 문화가 노동자로서의 자각과 주체화의 계기로 작동했음에 주목한다.

학습자 자신의 가르침

감각적인 것의 분배, 이에 대한 균열 내기와 계쟁을 정치로 바라보는 랑시에르의 관점은 기존의 교육적 관계(교사는 가르치고 학생은 배우고)를 뛰어넘어, 학습자 스스로의 보편적 가르침과도 연결된다(정민승, 2012). 프레이리의 의식화론이 다소 지식인, 교사로부터 출발하는 방식이었다면, 랑시에르는 의지를 기반으로 한 지성적, 감각적 평등을 전제로 노동자의 학습과 실천, 해방에 무게를 두고 있다.

해방된 자들의 당, 의회 또는 해방된 사회는 있을 수 없다. 그러나 모든 인간은 늘 매순간 스스로 해방될 수 있고, 타인을 해방할 수 있으며 다른 사람들에게 혜택을 알리고, 제 자신을 알고 더 이상 열등한 우월자의 코미디를 연기하지 않는 사람들의 수를 증가시킬 수 있다. 사회, 인민, 국가는 늘 무분별할 것이다. 그러나 우리는 거기에서 개인으로서 이성을 쓰는 사람들, 그리고 시민으로서 가능한 가장 이성적으로 헛소리하는 기술을 찾을 수 아는 사람들의 수를 늘릴 수 있다

－Rancière, 2008, 189쪽

　이러한 시각과 관점은 노동야학을 바라볼 때도 교사의 의도와 수업보다 노동자의 학습과 실천, 수기, 말, 행동 등 감각적 일깨움에 주목해야 함을 시사하고 있다. 이런 맥락에서 이 책의 4장은 노동야학의 학습적 의미들을 노동자 학생들이 직접 쓴 수기, 문집, 일기 등을 통해 재구성해 본 시도였다고 할 수 있다. 랑시에르는 지능과 감각의 평등을 전제로 몫 없는 자들의 몫을 찾는, 개인들의 해방을 위한 지성적 운동의 가능성을 주장했다. 또한, 이 책이 다루고 있는 노동자의 학습뿐만 아니라, 교육, 정치, 민주주의, 문학 등 다양한 부분에도 영향을 주었다. 그럼에도 랑시에르의 이론에 대해, 개인의 의식 고양을 넘어 집합적 공유와 구체적 공동체로까지 다다를 수 있는지, 평등에 대한 가정과 개인의 참여 이외에 다른 구체적 방법이 무엇인지, 좀 더 연구가 필요하다고 할 수 있다(양대종, 2015; 신병현, 2014). 랑시에르의 '프롤레타리아의 밤'에서 보듯이, 노동야학에서 노동자 학생들이 자신들의 밤을 위해 무엇을 욕망하고 학습하고 실천하려 했는지에 대해 질문과 이야기를 건넬 필요가 있다.

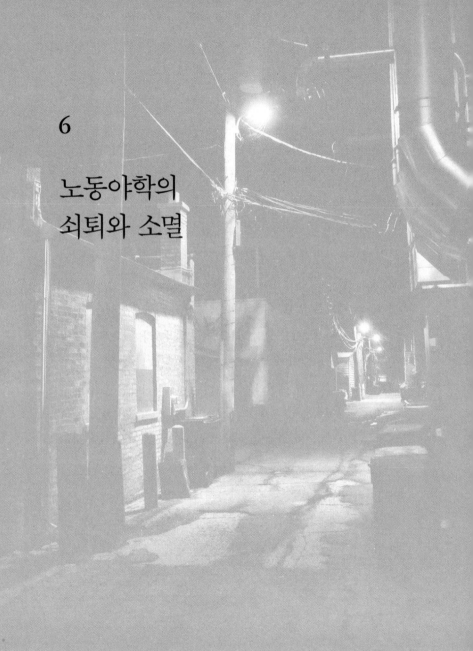

6

노동야학의
쇠퇴와 소멸

노동야학과 민중교육

노동야학의 쇠퇴와 소멸은 진보적(급진적) 노동교육 또는 민중교육의 쇠퇴, 소멸과 그 궤를 같이한다고 할 수 있다.

한국 사회에서는 1970년대 프레이리의 의식화 이론의 소개, 민중론의 등장과 심화, 산업선교와 빈민선교 등의 실천 활동을 토대로 '민중교육' 담론이 등장했다. 민중교육은 이 책에서 다룬 야학뿐만이 아니라 공부방, 어머니학교, 주민도서관, 협동조합, 노동교육, 농민교육 등으로 확장되면서 1980년대까지 양적, 질적으로 성장했다. 특히 산업선교와 빈민선교를 진행했던 진보적 기독교 계열에서는 프레이리 이론과 민중 신학을 결합하여 민중 사건, 민중 사실, 민중 언어, 민중 전기 등의 개념을 만들어 내면서, 한국적 비판 교육의 담론을 형성하는 시도를 했다. 또한, 한국기독교민중교육연구소를 만들어 프레이리 방식을 활용한 대화 방법론, 민중 문화 운동에 토대를 둔 연희 자료 개발, 민중 언어와 사실을 담은 무크지 《모퉁이돌》 발행, 노동자와 도시 빈민의 감정 상태 분석 등의 작업을 통해 실천적인 전략들도 개발하려 했다(김한수, 미간행). 하지만 1990년대를 넘어서면서 실천 활동들은 제도화되거나 소규모화되었고, 민중교육 관련 담론도 거의 사라졌다.

노동야학은 주변의 다양한 노동자(민중)교육의 영향 속에 있었다. 따라서 노동야학의 소멸에 대한 분석은 한국 사회에서 민중교육의 쇠퇴 이유를 일정 정도 설명해 줄 수 있을 것이다. 나아가, 이후 노동자 학습, 노동교육, 민중교육을 고민하면서 여러 가지 성찰과 대안을 생각해 볼 계기를 제공할 것이다.

1980년대 이후 노동교육의 전개

1980년대부터 야학은 전국적으로 확산됐고, 노동야학은 여러 가지 형태를 띠면서 노동운동을 지원하거나 학생운동 같은 운동들과 결합했다. 1980년대 중반을 넘어서면서는 노동야학에 대한 정부의 탄압으로 여러 노동야학이 문을 닫거나 조직 사건으로 와해되기도 했지만, 끊임없이 생겨나고 없어지고를 반복하면서 그 생명력을 유지했다. 1987년 6월 항쟁과 이어진 노동자 대투쟁으로 인해 많은 사업장에 민주노조가 생겨나고 노동쟁의가 폭발적으로 증가하는 등 노동운동 현장이 양적, 질적 성장을 겪었다. 1987년 7~9월 노동자 대투쟁 기간 동안 1,060개의 노동조합이 생겨났고, 하루 평균 40건, 총 3,000건이 넘는 노동쟁의가 생겼다 (천성호, 2009, 475쪽). 노조의 결성과 노동쟁의의 증가로, 야학 같은 교육보다는 현장 투쟁을 더 중요시하는 경향이 강해졌고, 노동야학 역시 다소 필요성이 줄어들거나 그 형태가 변화했다.

87년 이후 현장에서 막 튀어나오니까 … 사건들이, 부당해고 이런 것들이 터지지. 굳이 센터까지 올 필요가 없어지기도 하고 센터가 일일이 대응하기는 역부족이고, 노동문제상담소 개설되고. 그전에는 Y[YMCA를 말함]에 시민중계실이라는 게 있었어요. 87년 이후는 노동상담소 만들어서 상근자 들어가고 그쪽에서 현장 직접 지원하고. 양상이 달라지지요. 88년 이후부터 지원 조직이 별도로 만들어져요. 현장에 들어간 강학들이 튕겨나오고, 그 친구들이 사상공단 주변에 도서관 같은 걸 만들어서 거기서 오픈된(합법화된) 그릇이 여러 개 만들어져요.

질문: 노동야학이 [노동운동 현장과] 중간적인 연결이었는데, 87년 이후는 직접적인 연결이 없어지는지?

중간 역할이 없어지지요. 현장별 조직이 기본 방향이기 때문에 그쪽이 활발해지니까 이쪽은 여러 회사 다니는 사람들이 모이니까, 동창회나 이런 거하고, 활동들은 현장에서 이루어졌지요. 야학이 6개월 코스가 3개월로 바뀌고 다음에는 취미별, 예를 들어 탈춤을 배워서 현장에서 행사할 때 쓰고 … 이쪽 필요를 지원해 주는 거지 … 6개월은 과목, 3개월은 탈춤 진행, 노래 등 기능적으로 갔다가 그다음은 없어져요. 교양 교실로 갔다가 취미 교실로 넘어가면서, 취미 쪽에 전문 지도력이 Y가 많지. 탈춤이나 노래 지도력도 있고, 그 기능을 적절하게 해 줬지요.

－전점석 구술

물론 이러한 판단과 경향은 노동야학의 학생들보다는 강학들에 의한 것이라고 할 수 있다. 야학에 나올 것이냐 노동 현장을 택할 것이냐에 대한 야학 학생들의 결정이 아니라, 야학 현장을 통해 노동 현장으로 갈 것이냐 아니면 중간 과정 없이 바로 노동 현장으로 갈 것이냐에 대한 야학 교사들의 선택이었기 때문이다. 노동운동의 지원체로 야학을 바라보는 시각에서는 자연스레, 소모임이나 야학이라는 매개가 필요 없는 상황에서 노동 현장을 택할 테니 말이다. 이러한 시각은 앞서 보았던 청계피복노조와 밀접하게 관련이 있던 시정의 배움터에서도 나타났던 상황이라고 할 수 있다.

문제는 당시 공을 들이고 해야 할 사람들이 어디에서 시간을 부여하고 노력을 해야 할까 하는 것이죠. 청계노조를 지키는 거 이것이 1년에 걸친 싸움이었고, 그 시기는 현장의 노동자 모임, 현장 조직이 중요했어요. 점차 야학을 계속 더해야겠냐 하는 논의들이 되었죠. 노조 모임하고 그래야 하는데 야학에 와 버리면 허허 … 너무 밀접해서 또 그랬을 거예요.

– 김환기 구술

1980년대 후반 이후 흐름1 - 다양한 노동교육의 등장

1980년대 후반으로 가면서 크게 두 가지의 노동교육 관련 흐름이 나타났는데, 먼저 살펴볼 것은 다양한 노동교육기관과 강좌가 생겨났던 흐름이다.

형식적 민주화와 함께 과거 언더 운동(비합법 운동)과 달리 공개적이고 대중적인 노동 관련 활동 단체가 계속 생겨났다. 가장 대표적인 단체가 노동상담소로, 공단 지역을 중심으로 생겨나기 시작했다. 노동상담소는 1987년을 시작으로 서울, 경인 지역을 중심으로 100여 개까지 생겨났다(이현경, 2000, 19쪽). 노동상담소는 폭발적으로 증가한 여러 현장의 다양한 문제를 지원, 상담하고 필요한 실무적 강좌를 개설하기도 했으며, 공통의 지역 이슈를 공유하는 역할도 했다. 그래서 기초적이면서 현장에서 필요한 실무적 내용과, 노동운동을 위한 기초 교육을 강좌 형태로 개설했다. 일례로, 구로노동상담소에서 개설한 노동 강좌는 다음과 같은 교육 내용을 마련하기도 했다.

　　①노동자란 누구이고 자본가란 무엇인가?(노동자와 자본가에 대한 바른 인식을 갖게 하는 한편, 양자의 관계를 분명하게 인식할 수 있도록 한다) ②임금이란? ③우리나라 역사 ④소모임에서부터 노조 결성 및 민주노조까지.

　　또한, 여러 노동 조직과 정치 조직이 정치교실, 노동교실을 개설했는데, 1992년에는 전국민중교육단체협의회(전민교협)를 만들어, 노동자 정치교육을 전문화하려 했다. 당시 대중 대상 강좌를 개설한 곳으로는 노동자대학, 사회민주주의청년연맹 정치학교, 서울민중연합민족학교, 서울노동자학교, 인천민중연합 인천민중학교, 광주민중학교, 노동해방'을'배움터, 늘푸른노동자학교, 부산노동자교육협의회 등이 있었고, 노동교육 관련 지원 조직이 조합원 대상 교육을 진행한 곳으로는 한국노동교육협회, 우리노동문제연구원, 노동인권회관, 인천민중교육연구소, 석탑노동교육원, 산들노동교육원, 참뜻노동자학교, 노동자종합학교, 노동자대학, 각 지역의 노동교육연구소 등이 있었다(천성호, 2009, 488쪽).*
이 가운데 전민교협과 당시 회원 기관에서 진행했던 교육 프로그램은 당시 노동자교육기관의 지향을 잘 드러내 준다.

전민교협의 목표

민중교육의 목표는 변혁 운동의 과정에 과학적 변혁사상을 교육함으로써 변혁의 물적 토대를 이루는 기층 계급 대중을 의식화·조직화한다는 것입니다. 즉, 기층 계급 대중들이 스스로 느끼고 체험한 현실의 모순을 과학적으로 분석해 낼 수 있는 세계관을 형성해 내고, 그 모순을 실천적으로 철폐해 나가기 위한 실천적인 방향까지 제시하여, 변혁 운동의 지지부대이자 주체군으로 성장할 수 있게끔 하는 것을 말합니다.

– 전국민중교육단체협의회추진위원회(전민교협), 1993, 5쪽

---

* 이 강의들은 주로 사무직, 대졸 이상의 노동자가 주 수강생이었는데, 민족학교의 경우 한 기수 100여 명의 수강생 중 사무직 33%, 학생 16%, 전문기능직 10%였고, 학력도 대졸 50%, 고졸 30%, 연령은 20대 63%였다. 그리고 서울민중연합의 민족학교, 민주화운동청년연합의 청년학교는 경찰에 고발을 당했고, 사회민주주의청년연합의 정치학교는 수사 의뢰, 서울민주통일민중운동연합의 민주시민통일학교는 강좌 폐쇄 지시를 당하는 등 대부분 정권의 감시와 탄압 속에 있었다(김영철, 1989).

인천민중교육연구소 1989년 정치학교 교육과정

강좌	강의 주제
노동자와 철학	① 노동자의 철학은 무엇이며 왜 필요한가? ② 세상을 바라보는 바른 눈 - 유물론과 관념론 ③ 노동자의 역사 - 사적 유물론 ④ 노동자 계급의 역사적 사명과 올바른 인생관
자본주의	① 임금과 노동자 - 노동자 경제학과 임금론 ② 자본의 축적과 노동자의 삶 ③ 제국주의 ④ 노동해방이란?
한국 사회	① 한국의 경제1 - 경제가 왜 사회의 토대인가? ② 한국의 경제2 ③ 한국의 정치 ④ 변혁 운동의 과제와 전망
노동조합 운동론	① 노동조합의 성격과 임무, 발전 법칙(노조운동 일반론) ② 한국노동운동사 ③ 한국노동조합운동론(민주노조운동의 현황과 과제) ④ 노동조합과 정치투쟁, 정치조직

구로노동자종합학교 1992년 1월 교육 내용

1회. 다시 건설할 이 세상

2회. 노동자가 보는 경제1 - 소외된 삶, 소외된 노동

3회. 노동자가 보는 경제2 - 자본주의 이상없다?

4회. 노동자의 철학1 - 우리들의 사상, 우리들의 투쟁

5회. 노동자의 철학2 - 전진하는 투쟁의 길목에서

6회. 노동자의 조직1 - 노동조합운동의 역사

7회. 노동자의 조직2 - 노동조합의 일상활동

8회. 노동자의 조직3 - 노동조합의 정치활동

– 전국민중교육단체협의회추진위원회(전민교협), 1993, 23·26쪽

1987년을 지나면서 합법화된 공간이 열리고 노동운동이 다소 활성화되면서, 이러한 강좌는 70여 곳이 넘는 곳에서 진행됐고 1990년대 중반까지 수만 명이 강좌를 수강했다. 하지만 이 강좌들은 준비가 미흡하거나 내용이 겉도는 교육이 많았고, 교조적인 방식으로 진행된 사례가 많아, 의식화와 조직화가 분리된 경우가 많았다고 평가하기도 한다(천성호, 2009, 499쪽). 사회 변화, 노동자(계급)정치, 혁명 등의 내용을 다루면서 대화와 토론이 단절된 일방적 주입 방식으로 이론과 실천이 분리된 채로 진행되어 대중으로부터도 호응을 얻지 못했다는 것이다(이 장 뒤에서 인천노동자대학의 사례를 통해 노동자 정치교육에 대해 조금 더 구체적으로 살펴볼 것이다).

1980년대 후반 이후 흐름2 - 지역 기반의 진보적 생활야학

1980년대 후반으로 가면서 나타난 노동교육 관련한 또 하나의 흐름으로는, 지역을 기반으로 한 진보적 생활야학(협의회) 활동이 있었다.

1987년 이후 상황을 간략하게 살펴보면, 노동 관련 기구가 많아지기는 했지만 여전히 양적으로는 턱없이 부족했고, 대규모 공단이 아닌 지역은 지원 조직마저 별로 없었다. 또한, 노동자 대투쟁을 통해 많은 노조가 결성됐지만, 계속되는 외부 탄압과 내부 운영 문제로 해체되거나 다시 어용화되는 경우가 많았다. 비민주적이고 비대중적으로 운영되어 온 노조를 변화시키려면 1987년과 같은 큰 흐름도 필요했지만 지속해 나갈 역량과 일상 활동이 필요했는데, 노동 현장에서는 그런 준비가 되어 있지 않은 탓이 컸다.

이에 야학 활동가들은 여전히 노동운동을 위한 역량으로 야학이 필요하다고 판단했고, 개별 야학 방식보다는 전체 변혁 운동 속에서 완결성을 갖는 운동체의 성격을 가져야 한다고 봤다. 그래서 지역 단위의 미조직화된 사업장의 노동자를 대상으로 한 교육 활동과 문화 활동이 필요하다고 보고, 다양한 노동 대중의 욕구를 분담하고 체계화해 이후 자주적이고 민주적인 후속 대중 자치 모임을 만드는 것을 목표로 삼았다.

> 엔씨NC, Night Club*는 바로 이러한 지역 노운의 객관적 상황으로부터 노동 대중을 교육을 통해 계급 의식과 변혁의 주체로서 자신을 자각하고 지역 노운을 활성화시키는 역량이 돼야 하며, 자주적인 노동 대중 단체를 꾸리는 조직 주체가 될 수 있도록 해야 한다. 또한, 엔씨 졸업 후에도 수준과 결의 수준이 맞는 교육과 훈련이 계획적이고 장기적으로 수행되어야 하며, 현재 전문적으로 졸업 이후의 노동자교육을 실행하는 단체가 있는 없는 이상 이후의 교육(후속)도 함께 풀어 나가야 한다. … 이상의 논의 속에서 개별 단위 엔씨의 성과를 드높이기 위해 노동자교육을 체계적이고 전문적으로 수행하기 위해서는 지모의 강화-전문 부서와 집행 능력의 강화가 필요하다.
>
> — 푸른공동체, 〈지역 노운에서 엔씨가 차지하는 역할〉, 1988

---

* 야학을 일종의 조직으로 여겼기에, school이 아니라 club이라고 불렀다.

교육 내용과 목표

초보적 대중으로서 정치, 경제적으로 억압 착취당하는 모순된 사회 현실을 구조적으로 파악하지 못하고 있으며 문화적 이데올로기적으로 자본가의 그것에 물들어 있다. … 대중의 다양한 요구에 기초해서 그들로 하여금 자기운명의 주인으로서 자기 삶을 스스로 개척해 나가려는 주인 의식, 자신감과 노동자의 단결 사상, 그리고 사회와 역사의 주인으로서 모순된 사회 현실을 변혁하기 위한 무기로서의 사회구조에 대한 계급적, 정치적, 민족적 의식을 가질 수 있도록 교육해 내야 하고, 특히 야학 과정에서 중점을 두어야 하는 것은 자주 의식과 권리 의식이다. … 자기 현장의 문제를 자주적으로 풀려는 의지, 노동자의 권리를 집단적으로 현장 동료와 함께 찾으려는 의지와 실천적인 노력이 가장 중요하며 그것이 이후 발전의 토대가 된다.

- 영등포도시산업선교회, 〈현재 영등포 구로 지역의
야학 운동의 현황과 그 전망〉, 1988, 9-10쪽

다양한 지역에서 검정고시야학, 생활야학으로 활동하던 야학들이 1980년대를 거치면서 노동야학의 성격으로 변화하기 시작했고, 개별 야학의 한계를 깨닫고 '지역'을 근거로 한 협의체들을 만들기 시작했다. 지역별로 좀 다르기는 하지만, 협의체는 단순 교류에 그치지 않고 공동으로 프로그램을 만들거나 통합 학교를 만드는 형태로 발전했다. 서울 지역에 북부, 동부, 구로, 관악, 영등포 지구 생활야학협의회가 있었는데, 아래는 서울 지역 각 지역별 생활야학협의회의 활동과 현황을 정리한 내용이다.

구분	구성	주요 활동
관악지역 야학협의회	4개 생활야학, 1개 검정고시야학. 강학 40명, 학강 80명	교양과 문화 수업. 교양에는 노동법, 정치경제, 문화에는 풍물과 놀이.
동부지구 야학협의회	8개 생활야학, 1개 검정고시야학. 강학 45명, 학강 90명	국어, 사회, 역사, 노동 상식, 문화 5개 과목. 주 3일
북부지역 야학연합회	6개 생활야학, 강학 30명.	6개 생활야학을 분회로 개편, 교양1(노동상식), 교양2(생활상식) 내용을 나누어 진행. 공동으로 4개의 취미반 구성 예정.
구로노동자 종합학교	5개 분반, 강학 12명. 1기 55명 졸업	풍물, 노래 기타, 현장 문학, 연극, 시사토론 5개 분반. 주로 문화를 매개로 별도의 교양 수업 공동 진행(구로·영등포의 10개 야학이 연대모임을 하다가 구로 5개 야학이 90년 3월 노동으로 재편. 현재 1기 졸업).

출처: 〈서울지역 야학운동의 현황과 과제〉, 1990

진보적 생활야학협의회들은 지역 단위로 교사 교육, 연합 행사, 지역 실태 조사 등 공동 사업을 통해 서로 교류했고, 연합 문화, 교양 프로그램을 기획하고 진행하면서 후속 조직화 작업을 만들어 나갔다.

1990년대 중반 이후, 노동야학의 쇠퇴

1980년대 후반 이후 다양한 노동교육이 나타나고 지역 기반의 진보적 생활야학이 활성화되던 흐름들은, 1990년대 중반을 넘어서면서 대부분 사라졌다. 일부는 1990년대 중반까지도 계속된 탄압에 의해 문을 닫았고, 나머지는 운영의 어려움이나 방향성의 상실로 문을 닫은 것으로 보인다.

여기에는 외부적인 요인도 작용했다. 1991년 소련의 붕괴는 당시 혁명을 논하던 지식인들에게는 충격을 주었고 1992년 대통령 선거에서의 패배로 진보적 운동권은 침체되어, 야학은 동력을 많이 잃었다. 또한, 1990년대 초반을 넘어서면서 굴뚝 산업이 줄어들고 현지 공장들이 외국으로 옮겨 가기 시작한 것도 영향을 끼쳤다. 대표적인 노동운동의 메카였던 구로공단에서 10만 명이 넘었던 노동자가 1995년 4만 2,000명으로 대폭 줄어든 상황은 이러한 변화를 잘 보여 준다. 공장뿐만이 아니라 노동상담소, 노동자문학회, 청년회, 노동자교육 공간 등도 함께 사라졌고, 1990년대 중반 열악한 주거환경의 대명사였던 벌집과 함께 노동단체들도 동시에 쇠퇴했다(김원, 2015).

야학 역시 1990년대 들어서면서 전반적으로 침체되기 시작했는데, 야학문제연구소의 보고서(1991)에 따르면 40%의 야학에서 신입생 모집이 감소했다. 산업체 부설 학교가 1987년을 넘어서면서 150개가 넘는 학교를 통해 15만 명 이상의 노동자를 교육하고 있었고, 학력이 인정되는 사회교육 시설이 등장하고 노동자의 전반적인 학력이 상승되면서, 학력 취득을 위한 야학의 필요성이 점차 줄어들고 있었기 때문으로 보인다(서인영, 1988, 31쪽).*

---

* 천성호 역시, 1990년대 이전에는 40~50명의 야학 학생이 모집되어 20~30명이 졸업하다가, 1990년에 와서는 10~20명이 모집되어 10명 안팎이 졸업하는 것이 당시 현실이라고 했다(천성호, 2009, 511쪽).

이제부터는 개별 소규모 노동야학의 사례로 의정부 디딤돌야학, 진보적 생활야학연합체의 사례로 관악노동자학교, 노동자 정치교육의 사례로 인천 노동자대학을 살펴보면서, 노동야학의 쇠퇴와 소멸 과정을, 그리고 조금 더 자세하게 노동야학 쇠퇴의 내부적인 요인은 무엇이었는지 분석해 보자.

야학의 쇠퇴와 한계: 의정부 디딤돌야학

의정부 디딤돌야학은 1991년 고려대 학생들에 의해 만들어졌다. 디딤돌야학은 1969년부터 검정고시야학인 종로직업청소년학교를 운영했던 고려대 '운화회'라는 동아리에서 검정고시야학을 비판하며 '새벽광장'이라는 새로운 동아리를 만들어 갈라져 나와 설립한 노동야학이다. 당시 학생운동 내에서는 노태우 정권의 3당 야합과, 대학생 강경대가 시위 중 백골단의 폭행으로 사망하는 사건이 발생하면서 제2의 6월 항쟁이라 불릴 정도로 집회와 시위, 학생과 노동자의 분신이 잇달았고, 이를 탄압하는 공안 정국이 조성되고 있었다. 야학의 교사들은 중학 과정의 수요가 줄어들면서 검정고시가 노동자에게 대안이 되지 못한다는 생각을 하고 있었고, 종로야학이 경찰서 청소년계의 지원금을 받는 상황에도 비판 의식을 가지며 노동야학을 추진했다.

운화회 종로 야학을 하면서 많은 보람과 성과가 있었지만 점차 학력이 높아지면서 검정고시에 대한 수요가 줄어들면서 학생 수가 감소했다. 특히 검정고시야학이 노동자들의 계급의식을 높이지 못하고 근본적인 개선은 힘들다는 공감대가 운화회를 이끄는 집행부들 사이에서 형성됐다. 또, 당시 공안정국 조성으로 학생운동이 격화되는 상황 속에서 종로경찰서에서 장소와 운영 자금을 받는 것이 적절하지 않다는 인식도 있었다. 이에 따라 종로야학을 중단하고 노동자 밀집 지역에 노동야학을 시작하자는 결의가 모아져 1년 정도의 준비 기간을 거쳐 의정부에 노동야학을 열게 되었다.

- 김태석 구술

새벽광장의 회원들은 새로운 동아리 설립과 함께 노동야학 설립 준비에 들어갔다. 애초에는 강학들의 대학교가 있는 서울 북부 지역에 야학을 세우려 했으나 당시 북부 지역에 노동야학이 이미 존재하고 있어서, 1992년 서울이 아닌 의정부의 가능동 한 상가 지하에 야학 터를 잡았다. 1년여의 준비 기간 동안 교사들이 과외 같은 아르바이트를 해서 직접 운영비를 모았고, 야학의 목표는 '미조직 노동자들의 초기 의식화와 조직화'로 정했다. 수업 내용은 초기에는 교과 형태로 역사(거꾸로 읽는 세계사), 정치, 경제, 노동법 등을 잡았고, 이후에는 교양 수업과 동아리 활동(노래, 풍물, 기타, 연극 등) 두 가지로 나누었다. 학생들은 주로 공단 지역에서 전단지를 통해 모집했는데, 생산직, 사무직, 무직 등 다양했고 대부분 교사와 나이가 비슷하거나 많았다. 주로 고등학교를 졸업한 사람이었고 전문대를 나온 사람도 있었다. 한 기

수는 6개월 정도의 과정이었고, 교양 수업 1회, 동아리 수업 1회로 주 2회 저녁 시간에 진행했다. 시사, 노동 관련 내용을 토론하고, 노동 관련 외부 단체와 연대 활동도 하려 했다.

디딤돌야학은 시작 때부터 운영상 어려움을 겪고 있었는데, 야학의 공간도 대학생들의 자비로 모두 마련해야 했고, 지원금은 거의 없었다. 또한, 강학들은 서울에서 의정부까지 왔다 갔다 하면서 막차를 놓치지 않으려고 야학 수업과 뒤풀이 시간을 끝내면 헐레벌떡 전철을 타기 일쑤였다고 한다. 차차 시간이 흐르면서 학생들도 줄어들고, 야학 공간의 월세도 감당하기가 어려워졌다. 무엇보다도, 대학생 신분이었던 강학들은 수업 내용에 한계를 느끼고 있었다.

대학 강의와 스터디를 통해 약간의 지식을 보유한 대학생들이 노동자들에게 이런 강의를 한다는 것이 무슨 효과가 있는가 의문이 제기되기도 했다. 노동야학이 지금은 실효성이 없다고 알려져 있지만 당시로서는 어느 정도 필요하지 않았는가 하는 개인적인 생각도 든다.

－김태석 구술

우리보다 나이도 많고 … 우리가 뭘 가르친다기보다는 그냥 같이 했다고 할 수 있지.

－정욱식 구술

그리고 당시 학강의 이야기로는, 지역에 노동 관련 단체가 생기기 시작하면서 노동 관련 내용을 보다 전문적으로 배울 곳이 생겨나고 있었다고 한다. 1987년을 지나면서 주로 공단 지역을 중심으로 노동상담소들이 생겨 노동운동을 지원하거나 교육하는 역할을 했다. 그리고 야학 이외에도 노동자교육을 할 수 있는 다양한 조직이 생겨났고, 지역에서의 노동 연대 활동도 자리를 잡아가기 시작했다. 노동야학은 이런 단체들과 비교했을 때 전문성이나 노동 현장에 대한 결합력 면에서도 떨어졌다고 할 수 있다.

엠티나 타 야학 방문 활동도 있었어요. 양주상운이라고 택시 노조 지지 방문을 하기도 하고, 북노회 기념행사에 갔어요. 도봉이었나. 가까웠어요. 의정부에는 일꾼노동교실이라고 있었어요. 야학과 비슷한. 저희보다 수도 많고. 야학이랑 비슷한 단체인 거 같아요. 하루 생활했던 거 이야기하고 토론도 하고 문제 있음 상의하고 그런 곳이었죠. 노동상담소랑도 만났어요. 저희보다 노동운동을 먼저 했던 분들이죠. 대선 선거운동도 같이 하고 그랬어요. 유일하게 파업 참여 결합은 양주상운밖에 없었던 거 같아요. … 뭔가 하려고 했던 건 야학 친구와 신성통상이라는 섬유 공장에 몇 개월 위장 취업을 들어간 게 다였어요. 뭔가 해 볼까 했지만 엄두를 못 냈죠. … 그건 야학과 별개로 한 거였어요.

– 노현주 구술

이러한 어려운 운영 상황이 지속되다가 1996년경 디딤돌야학

224

은 문을 닫고, 동아리는 야학이 아닌 환경 관련 동아리로 변화했다. 디딤돌야학은 1990년대 초중반 노동야학의 어려운 상황을 보여 주는 사례라고 할 수 있다. 1987년 이후 지역에서는 노동 관련 활동이 활성화되기 시작하고, 노동 관련 실무 교육을 진행할 수 있는 단체가 속속 등장하기 시작했다. 하지만 당시 야학은 대학생들이 세미나를 통해 진행할 수 있는 다소 이론적인 내용을 벗어나기가 어려웠다. 그렇다고 현장 지원이나 연결에 대한 경험을 가진 것도 아니었다. 《야학비판》을 쓴 이장원은 대학생 강학이 경험과 이후 삶에서 노동자를 대상으로 한 교육을 하는 데 한계를 보일 수밖에 없다고 말했다.

근데 현실적으로 보면 주로 야학을 구성하고 있던 노동자들이 대개 이 빈민 지역이나 주로 이렇게 많이 있었고, 그니까 사실 노동운동을 본격적으로 할 수 있는 조건이 아닌 곳에, [있었다고] 보이거든요. 물론 청계노조나 이런 특수한, 특수한 조건도 있지만 대부분도 그랬다고 보여요. 사실 그렇잖아요? 강학들의 수준이 대학교 1, 2학년, 기껏해야 3학년 수준인데 그 수준에서 이렇게 교육적으로 뭐 성숙된 것도 아니고, 또 그런 공부나 경험 제대로 해 본 것도 아니고, 그 상당수의 강학은 대개 3학년, 4학년 되면 다 이렇게 나가고, 이런 시스템 속에 있었기 때문에 그런 날것이 주입되거나 이런 것은 사실 피하기 어려운 구조적 측면이 있었다고 보이거든요.

— 이장원 구술

대학생이 중심이 된 개별 야학으로는 운영상의 어려움을 해결하는 데 한계가 있었고, 새로이 등장한 노동 단체에 비해 전문성 면에서도 부족할 수밖에 없었다. 1980년 대전민중교회에서 세운 민중야학도 비슷한 상황을 겪었다. 민중야학은 1980년대 초반 야학연합회 사건으로 탄압을 받았고, 이후 내적인 고립, 교사 교체, 교사 훈련 부족 등으로 1993년 6월 폐교했다.

현실의 변화와 괴리: 관악노동자학교

> 교과서를 펴면
> 늘 우리의 눈을 때리는 진한 글귀
> '거꾸로 보는 세상'[교재 제목]
> 우리는 온통 혼란에 빠졌다
> 열심히 일하면 나도 자본가가 될 수 있다고 믿었는데
> 내 탓이오 하며 살아왔는데
> 아무리 기를 써도 노동자는 노동자일 뿐이라고
> 내 탓이오는 우리의 구호가 아니라고 했다.
> — 관노학 학생들의 집단 창작시 중, 〈노동야학 참여관찰 연구〉, 1992

앞서 보았듯이 1987년 이후 노동자교육 활동은 ① 정치적으로 전문화된 민중학교, 노동자 정치학교의 형태와 ② 노동야학의 성격을 가진 지역 단위 생활야학협의체 형태로 진행되었다. 서울

남쪽의 '관악지역야학협의체'와 이것이 발전된 '관악노동자학교'가 후자에 해당하는 대표적 야학이라 할 수 있다.

1980년대를 넘어서면서 관악 지역에서도 검정고시야학에서 생활야학이나 노동야학의 성격이 강해지기 시작했다. 1986~87년경부터 사랑의집, 관악청소년학교, YWCA 봉천야학, 선우야학, 한울야학 등이 생활야학, 노동야학으로 변화하면서 관악지역야학협의체를 만들어 함께 연대를 모색했다. 협의체는 야학을 "엘엠(Labor Movement. 노동운동)으로 연결되는 노동자의 초보적인 의식화의 장으로, 초보적인 사회과학적 인식의 획득과 노동자 계급의식의 획득을 주목적"으로 보았다(관악지역야학협의회, 1989). 1988년 후반기부터는 공동 문화 교실, 강학 공동 학습, 체육대회, 지역 조사팀 구성 및 활동을 통해 서로 교류하면서 공동의 정체성을 만들어 갔고, 1990년 관악노동자학교 1기를 시작했다.

협의체는 당시 야학에 제기됐던 '야학이 노동운동의 외곽 지원 기관이라는 현장외곽론'과 '노동자의 대중적 욕구에 맞춘 대중 공간 논리'를 비판하면서, 전체 변혁 운동의 전망의 연장선상에 있는 지역 단위 노동운동을 주장했다. 이러한 문제의식 아래, 졸업 이후 학강들에 대한 후속 과정을 가장 중요하게 고민했다. 한울야학에서 햇살모임이라는 이름으로 진행된 졸업생 모임을 계기로, 지역의 연합적인 후속 구조를 만들어 나갈 지역 단위 노동자협의회(관악노동자협의회, 관노협)를 조직했다. 관노협은 주 2회 모임을 하면서 1회는 분반 특성의 기능 습득, 1회는 주제 토론이나 대중 강좌를 진행했다. 야학협의회와 지역노동자협의회는 유기적 관계를 가지며 서로 연결하고, 연대하는 조직 방식을 택했다.

이러한 형태는 1991년 하반기에 접어들어 독자 공간을 가지면서 더욱 집중됐다. 관악노동자학교는 '노동의 의미와 중요성' '자본주의 사회에서 노동자의 역할'을 가르침으로써 학생들이 노동자로서 자신의 운명을 긍정하고 노동자의 권리를 찾아갈 수 있도록 앎의 기회를 제공하려 했다. 학생들은 주로 중졸이거나 실업계, 상업계 고등학교를 졸업하고, 관악 지역의 봉제·전자업종에서 일하는 생산직이거나 하층 사무직 노동자들이었고, 여느 노동야학과 마찬가지로 '막연한 고민을 낳는' 자신의 현 단계를 배움을 통해 뛰어넘으려는 의지를 가지고 있었다. 관악노동자학교는 4개월 코스로, 교양 수업을 기본으로 하고 문학반, 노래반, 풍물반 세 가지의 문화 수업을 병행하는 방식으로 짜여졌다. 아래는 관악노동자학교의 주요 수업 내용을 축약·정리한 것이다 (김홍옥, 1992).

교양 수업

•노동자 계급의 일원으로서 인식: 사적 유물론의 기초 이론을 동원하여 사회 변화, 발전의 합법칙성을 설명.

•노동 현실: 한 노동자의 삶과 죽음을 통해 본 노동 현실(전태일과 근로기준법), 노동자의 임금 수준을 통해 본 노동 현실(실제 학생들의 임금 계산), 산업재해와 직업병.

- 한국 사회의 성격과 착취의 본질: 신식민지국가독점 자본주의 때문. 노동력과 잉여가치 등.
- 대안적 사회에 대한 인식과 실천: 노동 해방. 노동자들이 사회와 정치경제의 실질적 주체가 되는 것. 하지만 대안적 상은 구체적이지 못했음. 노동자 사상 전달이 가장 큰 목표였음.

문화 수업

- 문화적 내용: 무조건 재미있어야 한다. 견인 역할. 내용적인 기대보다는 신명과 흥미.
- 노동자 농민의 현실을 반영한 문학은 아름다움보다는 분노를 느끼게 하는 것.
- 시도 씀. 연극, 공동체성의 중요성을 느끼는 것.

행사: 졸업 공연 특히 중요. 13주의 마지막 3주를 할애할 정도.

교양 수업은 '노동자들이 반드시 알아야 할 것'이라는 차원에서, 노동자 계급의 일원으로서 인식, 노동 현실, 한국 사회의 성격과 착취의 본질, 대안적 사회에 대한 인식과 실천 활동 등을 다루었는데, 주요 내용은 사적 유물론, 근로기준법, 신식민지국가독점자본주의 같은 변혁 운동, 사회구성체 논쟁 관련 내용이었다.

이 내용들은 학생들에게 자신의 지위와 환경에 대해 그동안 별로 인식하지 못했던 사실을 깨닫게 해 주었으나, 노동 계급의 정체성을 만들기보다는, 배운 것을 실천하지 못하는 좌절감과 막연한 활동에 대한 불안감을 낳기도 했다. 취업과 실업 사이를 오락가락해야 하는 고용 불안정 상태의 학생들에게 사적 유물론과 노동의 가치는 그리 잘 와닿지 않았고, 노동 해방이라는 대안은 당장의 실효성은 없는, 먼 미래의 것처럼 느껴졌다(김홍옥, 1992, 92쪽). 현장과 다소 동떨어진 관념적이고 생경한 이론적 내용들은 학생들의 인식의 변화를 넘어 실천적인 변화를 끌어낼 수 없었다. 그리고 생산직 노동자에 초점이 맞춰진 내용들은 사무직 노동자가 자신과 관련한 내용으로 받아들이기는 어려웠다. 실제 야학 학생들의 이야기를 들어보자.

동우: 너무 노동자, 노동자 하니까 거부감이 일어납니다. 또 너무 임금 착취, 임금 착취 하니까 반발심이 생깁니다. 우리 회사는 안 그러는데 하는 생각이 자꾸만 듭니다. 일부 기업에서의 임금 착취라고 해도 될 텐데 하는 생각이 듭니다. 이런 문제 때문에, 야학을 계속 다녀야 하나 말아야 하나 망설이기도 했습니다.

경모: 수업 시간에는 많은 좋은 이야기를 배우지만 그게 나와 무슨 상관이 있는지 어떻게 연결되는지, 결국 수업 시간에 나온 말 중 과연 내가 어디까지 인정하고 받아들여야 할지를 모르겠습니다.

지은: 관노학의 수업은 모두 좋고 또 현장에 있는 다른 학강들(생산직 학강) 이야기를 들을 수 있어서 좋지만 수업 내용이 생산직 노동자 중심이라 제 삶과 수업 내용을 연결시키기가 좀 어려워요. 내가 사무직이라는 생각이 수업에 적극적으로 참여하지 못하게 만들

고 괜히 수업에 지장을 주는 건 아닐까 해서요.

－〈노동야학 참여관찰 연구〉, 1992, 133-141쪽

오히려 학생들은 신명과 흥미를 기본으로 하는 문화 수업(풍
물, 노래)을 통해 더 힘을 받았고, 시를 쓰거나 문학작품을 읽으
면서 자신의 감정을 이입하고 일상에서 자기 삶의 방식을 이야기
할 수 있었다. 관노학 강학으로 직접 참여하고, 참여 관찰을 진행
한 김홍옥은 관노학의 교육 결과에 대해 "노동자로서의 기본적
자신감은 가지게 했으나, 초보적 의식의 노동자에게는 적절치 못
하며, 착하게 살아가자 정도의 생각을 가진 노동자들을 모아 놓
고 노동운동가를 만들려는 무리한 활동"이라고 정리했다. 관노학
강학들의 평가 또한 같은 맥락에 있다.

　　준석: 그동안 '관노학'을 통해 배출된 학강의 수는 꽤 많지만 졸업
이후 그들이 다 어디로 갔는지 보이지 않는다. 일부는 '노협' 같은 후
속단체에 갔고 일부는 현장 활동을 위해 준비하고 있겠지만 나머지
사람은 다 어디로 갔는가? 2개월간 준비하고 4개월간 우리의 시간
과 땀을 투여한 결과가 이것이라면, 우리는 혹시 우리 자신의 만족
을 위해 야학을 하고 있는 것은 아닌가?
　　성한: 현재 우리는 불투명한 시대를 살고 있습니다. 많은 동지들
이 우리의 대오를 떠나갔고 적들은 우리를 '우매하다'고 비웃고 있습
니다. 사상적 혼란과 피폐가 우리를 좀먹고 있습니다. 현재 우리는
승리보다는 패배에 훨씬 더 접근하고 있습니다.

대성: '남한테 해 끼치지 말고 착하게 살아가자.' 정도의 생각을 가
진 노동자들을 모아 놓고 '노동운동가'를 만들려는 것 자체가 무리
가 아닙니까?

– 〈노동야학 참여관찰 연구〉, 1992, 159-160쪽

특히, 학습의 결과가 학생의 현실 속에서 실현되기 어렵고 구
체적인 실천으로 연결시키지 못하는 관념성을 큰 실패 요인으로
들었다. 영세사업장 노동자나 사무직 노동자에게 대규모 생산직
노동자 관점을 교육하고, 졸업 후와 관련한 부분은 지역 노동 단
체인 관노협에 이전해 버렸다. 이러한 한계로 관노학은 1년 반 만
에 문을 닫고, 1992년 지역 문화 단체의 성격을 가진 관악생활문
화학교로 변모했고, 졸업생 모임이던 관노협은 이후 1994년 지역
노동청년모임으로 변화한 뒤 조직 탄압 사건으로 해산했다.

노동운동과 노동교육의 경직화: 인천노동자대학

이번에는 1987년 이후 노동자 합법 교육기관을 만들려 했던
인천노동자대학(인노대)의 사례를 살펴보자. 인노대는 앞서 보았
던 야학들과 달리, 대학생이 아닌 노동운동 활동가가 중심이 되
어 노동자교육을 진행을 했다는 점, 그 대상 역시 노동조합 간부
나 조합원을 대상으로 했다는 점에서 차이가 있다. 거기에 더해,
공식적인 조직으로 나아가기 위해 합법화를 추진했다는 부분에

서도 다른 특징을 가지고 있다.

1987년 이후 야학을 비롯해 다양한 노동자 소모임, 문학회, 문예운동 단체가 생겨났고, 노동상담소의 노동교육, 정치학교, 민족학교, 청년학교, 시민학교 등 노동운동을 지향하는 기관과 프로그램이 많이 등장했다.

인노대는, 당시 널리 퍼지고 있던 노동상담소가 조합주의라는 한계를 가지고 있고 기존 소모임 운동은 비공개적 교육이어서 대규모의 전문적 노동자 정치교육기관이 필요하다고 주장했다(김민호, 1998, 318쪽). 그렇게 1989년 합법적 교육기관 설립을 위해 '노동자대학(원)'이라는 학원 설립 인가를 신청했지만, 인천시교육청이 법적 요건 결여와 위법성을 문제 삼으며 신청을 반려했고, 이후 어쩔 수 없이 이동식 수업을 하면서 합법화 투쟁을 진행했다.

인노대는 전문적(또는 중급 이상) 노동교육을 지향했기 때문에 학생은 주로 노조 간부이거나 노동운동을 하다 해고된 노동자가 대부분이었고, 다른 민중교육기관에서 실시하는 교육을 이수한 노동자가 많았다. 1, 2기는 생산직 노동자가 많았으나 점점 무직, 일용직, 사무직의 비중이 늘어나 4기에는 무직 및 일용직이 절반, 5기에는 사무직 노동자들이 절반을 차지했다(조정아, 1997, 64쪽).

인노대 교사 및 운영진(집행위원회)의 주요 구성원은 주로 지식인 출신이면서 정치운동적 성격이 강한 정파 조직에 속한 사람들이었다. 이들은 노동자 중심의 현장 운동보다 전위적인 정치 조직을 선호했고, 경제주의적·준비론적 활동 방식을 비판하고, 전면적 정치 폭로, 혁명적 요구 제기를 통한 정치 선전 등으로 정치권력을 장악하는 방식을 택했다. 이러한 경향은 구로동맹파업 이후 지식인을 중심으로 생겨난 것으로, 혁명적 계급의 교양 교육의 방법으로 정치 선동을 강조한 레닌주의의 영향을 받은 것이었다(김동춘, 1990, 214쪽). 그래서 노동자의 의식과 그 변화를 판단할 때도 외부의 영향을 강조해, 사회주의자, 즉 지식인에 의한 정치 지도를 받아야 가능성을 현실성으로 만들 수 있다고 생각했다.

남한의 사회운동 과정에서 노동자는 자생적으로 계급적 각성을 할 수 없다. 노동자는 목적의식적 의식에 접해야 총자본과의 투쟁이 가능하다. 바로 학습자로 하여금 목적의식적 의식의 변화를 가져오게 하는 것이 노동자대학에서 추구하는 정치교육이다. … 자신의 사업장에 관한 문제만을 고민하다 보면 전 노동자(남한 노동자)의 관점에서 고민할 기회를 갖지 못해 자기 사업장의 문제조차 희석화할 가능성이 있다. 안에서 밖을 보는 것이 아니라 밖에서 안을 보는 관점, 즉 목적의식을 가지고 계획 실천하는 일을 강조해야 한다. 그러므로 자기 사업장의 문제와 전체 노동자의 고민을 결합하는 일이 중요한 과제로 남아 있다.

— 김민호, 〈인노대 집행위원의 인터뷰〉, 1994, 84쪽

정치 선전과 지식인에 의한 의식의 변화를 중요시하는 관점은 노동자의 경험에 기반한 교육이 아니라 추상적이고 원론주의적인 교육 내용과 방법을 만들어 냈다. 인노대의 교육 목적은 '노동자의 정치의식 발달과 혁명적 활동의 육성'이었는데, 교육 내용은 3단계로 짜여 있었다.

인천노동자대학 제3기 단계별, 강좌별 강의 주제 목록

단계	강좌	과목	강의 주제
1 단계	임투		현 정세와 91년 임투의 문제 임금이란 무엇인가 자본가의 이데올로기 비판
	교양		노동교육의 현황과 과제 노동자의 과학적 세계관은 무엇인가
2 단계	정기	한국 사회 운동사	1920년대 식민지 민족해방운동 1930년대 식민지 민족해방운동 해방 공간 자주적 민족독립국가 건설 운동과 전망 1960~70년대 한국 자본주의의 성장과 민중운동 광주항쟁과 1980년대 민중운동
		노동자의 경제	상품, 화폐 잉여가치 임금론 공황론 재생산구조 제국주의 세계경제의 동향과 한국의 정치경제
		노동자의 철학	철학의 근본 문제 변증법과 형이상학-변증법의 3대 법칙 역사와 인식론 역사와 사회를 보는 관점 사회 역사 발전의 합법칙성 사회 발전의 역사 계급, 계급투쟁, 국가, 사회혁명
		세계 사회 운동사	노동계급 운동의 탄생과 과학적 공산주의(파리코뮌까지) 마르크스주의의 보급과 당 창건을 위한 레닌의 투쟁 1905년 혁명과 전개 과정, 혁명 시기의 퇴조기의 볼셰 비키 투쟁 1917년 2월 혁명과 10월 사회주의 혁명의 승리 내전기의 볼셰비키의 투쟁과 사회주의의 승리
		변혁 운동론	사회구성체론 신식파시즘론 2단계 연속혁명론 정세와 전술, 조직론

2 단계	정기	노동 운동론	노동운동의 5대 임무 노조운동의 현황과 과제 공장활동-공장소조
		노동법	노동법의 역사와 의의 노조법, 노동쟁의조정법 근로기준법, 산재법
3 단계	시사		월 1회 시기별 주요 정치적 쟁점에 대한 강의
	특강		조직활동에 대하여(비밀활동 능력 습득-보위, 수사투쟁) 선전 선동론

– 김민호, 〈노동자대학 연구〉, 1994, 78쪽 표

교육 내용은 사적 유물론, 정치경제학, 변증법적 유물론 같은 원론 중심의 내용이어서 중진 노동자들조차 어려워할 수밖에 없었고, 노동운동 경험이 없는 사람들에게는 더더욱 무리였다. 또한, 교육 방법도 경험을 기반으로 한 문제 제기식, 대화식 수업이 아니라, 원론을 놓고 정치사상 논쟁을 하는 경직된 방식을 사용했다. 인노대의 프로그램은 현장의 실무보다는 이론적, 사상적 내용이 주여서, 학생들이 노동자계급임을 의식하는 데는 일정 정도 기여했지만 학습한 내용을 노동 현장의 문제 해결에 적용하는 데는 어려움이 있었다. 이런 상황에서 주체 간 정파적 논의들은 노동자 대중과의 괴리를 더더욱 심화시켰다. 당시 학생으로 참여했던 졸업생의 이야기에는 당시 현실이 잘 나타나 있다.

인노대 같은 경우엔 그런 것[과학적인 노동해방 사상 전파]을 나름대로 충실히 하면서도, 또 한편으로는 전선 활동에 전념했어요. 가령, 소문은 많은데 비합조직과 연계된, 비합조직체가 많아도 아실려면

아실 수 있겠지만[사노맹을 지칭함], 아무튼 그런 부분과 연계된 이런 전선 활동의 뉘앙스를 많이 비췄다고요. … 그게 어떻게 대중교육기관이에요? 정파교육기관이지. 차라리 어느 당 정치연수원이라면 이해가 되지만 이렇게 되니까 일반 노동자들이 마음 놓고 찾아오지 못하는 거예요.

너무 급한 생각을 했어요. 너무 조급했다는 생각이 들어요. 뭐냐면 너무 급하게 당원 만들려고, 말하자면 여기 졸업해서 그렇게 빨리 빨리 재생산되어서, 현장을 가든 어디를 가든, 일을 하게 하는 거예요. … 교육운동이 이래서는 안 돼요. 엔디알NDR론 이런 거 가르쳐서는 안 되는 거고, 가장 중요하게는 철학, 정치경제학 크게 이 둘을 중심으로 역사학, 강사도 여러 명 할 수 있잖아요. … 수혜자로 하여금 다양하고 객관적으로 인식할 수 있게끔. 이건 교육방식이 아니라 권리잖아요.

어떤 문제가 올라오면 노동자 정서라는 걸로 일관되고 현실에 매몰되는 것이라고 현란한 말로는 다 까 버리죠. 그거는 잘못했어요. 주눅이 들면 노동자들은 마음을 열지 않아요. 그거는 가진 자들의 횡포예요. 그래서 마음을 닫은 노동자들이 너무 많았어요. 그러니 무슨 힘을 가지겠어요? … 이기적인 사람들이고 우리를 이용해 먹는 것들이 아닌가, 이런 것에 대한 원망들이 암암리에 있었어요.
— 조정아, 〈노동자대학 연구〉, 1997, 42·162-164쪽

이러한 내부적 갈등에 비합법 상태가 길어지면서, 구로동으로 이전 후 다양하게 전망을 모색했는데도 국가보안법을 통한 탄압 등이 겹치면서 결국 1995년 문을 닫았다. 인노대는 1987년 이후 노동운동이 활성화되는 시점에, 보다 전문적인 노동교육을 위해 노동운동과 교육운동을 결합하려 한 시도였다고 할 수 있다. 하지만 인노대는 현장을 교육 텍스트로 삼지 않았고 현장과 노동자의 변화에 대한 내용을 다루지 않은 상태에서, 다소 관념적인 혁명 사상, 전위 조직, 정치투쟁을 주요 내용으로 삼으면서 현장과 대중에게서 괴리된 채 소멸했다고 할 수 있다. 인노대를 분석한 김민호는 인노대의 실패를 다음과 같이 이야기했다.

즉, 인노대에서는 노동자의 정체성을 노동해방의 투사로 과잉규정하려 했고, 노동자들의 일상적 삶, 생활세계, 상식을 학습의 내용으로 삼지 않았고, 일방적이고 추상적인 메시지의 제시는 노동자들에게 가 닿지 못했다. 그러면서 교육주의가 가진 한계를 노동자가 주체가 되는 학습활동으로 풀어 가야 그람시가 이야기한 상식의 세계를 바탕으로 진정한 자기인식과 정치의식이 형성될 수 있음을 강조했다.

인노대는 노동자 학생을 철저하게 '계몽의 대상'으로 간주했다. 물론 노동자를 우리 사회의 핵심적 정치세력으로 상정하여 이들이 역사 발전에 능동적으로 참여하길 기대했다는 점에서, '인노대'의 역사관은 다분히 민중지향적이었다. 그러나 그러한 역사를 만들어 나가려면 노동자에 대한 지식인의 계몽이 필수적으로 수반되어야 한다고 봤다. 예컨대 인노대는 원론[마르크스의 사적 유물론, 정치경제학 및 변증법적 유물론] 중심의 교육을 고집했다. 원론 중심의 교육은 소기의 성과를 거두지 못했다. 교육 방법이 문제 제기식이지 못했고, 노선 투쟁의 불건전한 작풍 조성으로 학생들이 자신의 견해를 공공연하게 밝히지 못했기 때문이다. 요컨대 교육주의의 관점을 벗어나지 못했다.

- 김민호, 〈노동자대학 연구〉, 1994, 100쪽

노동야학은 왜 쇠퇴했는가?

그 정○○랑 아유! 말하는데 알아들을 수도 없고, 걔네들(학출)이랑 같이 만나는데 우리는 무슨 말인지도 알아들을 수가 없는 회의를 하고 아휴, 복잡하더라고. 내가 도대체 말조차도 알아듣지 못하겠고, 뭐 무슨 말을 하는지는 알지만 막 용어랑 섞어가지고. 그러니까 거리감이 생기고 막. 그러면서 내가 마음을 정하고 그 뒤로 안 나갔어요.

- 조분순, 《나 여성 노동자 1》, 2011, 375쪽

앞에서 노동야학 학생들의 글과 말을 통해 야학이 노동자에게 어떤 의미였고, 어떤 변화들을 주었는지 살펴보았다. 노동자라는 이유로, 배우지 못했다는 이유로 무시당하고, 못 없는 존재로 취

급받았던 노동자들은 야학에서, 자신이 생각할 수 있고 말할 수 있는 감각적 존재임을 깨달았으며, 자신과 같은 처지의 노동 형제들과 함께하고 연대하는 윤리적 주체가 되려 했다. 하지만 노동야학들은 노동자 학생의 감각과 산 경험에 주목하기보다는, 지도를 기반으로 한 이념적 과학성을 우선시했다.

1980년대 이후의 급진적 야학운동과 노동자교육은 1차적인 현장의 문제들을 넘어서서 보다 본질적인 문제를 바라보고 운동을 심화해 나갈 수 있는 계기를 제공하기는 했지만, 접근 방식은 전혀 계쟁적이지 못하고 노동자 학생들을 주체로 만들기보다는 정체시켰다고 할 수 있다. 1987년 이후 노동조합이 생겨나면서 현장 경험이 축적되고 다양해졌으며 노동자의 학력도 높아지고 직종의 변화도 생겨나는 등 노동자, 노동운동을 둘러싼 다양한 변화가 생겨났다. 하지만 노동야학은 변화하는 현실 속에서, 이미 만들어진 원론적 지식 중심의, 대학생 강학 중심의, 선전·선동적인 방식을 벗어나지 못했다. 디딤돌야학의 대학생 강학들은 다른 노동 단체에 비해 더 체계적이고 전문적인 노동교육을 제공하기 어려웠고, 관악노동자학교에서는 변화하는 노동자들의 현실을 교육 프로그램에 반영하지 못했다. 특히, 야학에 오는 노동자의 70% 이상이 영세 규모 사업장에서 일을 했고 노조에 가입한 사람은 채 10% 되지 않았고 작업환경이 열악하고 근로기준법도 지켜지지 않는 현실도 있었지만, 기업주들도 노동을 하면서 고용-피고용의 관계가 흐릿한 경우도 있어 노동-자본 대립에 기반을 둔 노동자 의식을 체득하기가 쉽지 않은 상황이었다(야학

문제연구소, 1991).* 인천노동자대학은 체계화되고 전문화된 노동교육을 진행하려 했으나 관념적 계급의식, 경직된 교육 방식으로 교육이 도구화되고 말았다.

시대에 따른 노동야학의 변화 양상, 구체적으로는 학습 기간, 수업 내용, 교육의 문화적 요소, 교육을 바라보는 관점이나 전문성 등을 통해서도 쇠퇴의 원인을 분석할 수 있다. 학습 기간의 측면에서 보면, 1970년대 1년 정도였던 학제는 6개월로, 그 뒤로는 3개월로, 어떤 야학은 1개월까지로 점점 줄어들었다. 기간의 축소는 수업 과목의 변화와도 상관이 있다. 노동야학 초기에는 읽기, 쓰기, 셈하기 등 의사소통에 필요한 과목과 세계 이해의 기초가 되는 내용들, 노동자 권리 의식, 사회 의식에 관한 내용이 함께 있었지만, 점차 노동 사상, 노동운동의 역사, 노동운동 실무 등으로 내용이 줄어들고 어려워지는 경향을 보였다. 부산 노동야학의 경우 현장 쟁의 상황이 계속 증가하면서 노동 실무나 현장에 필요한 기능을 중심으로 1개월 단위로까지 학습 기간이 줄어들었다. 시정의 배움터도 마찬가지로 청계피복노조 재건을 지원하는 형태로 변화했다가, 노조가 다시 정상화되면서 야학은 없어졌다.

또한, 1970년대와 1980년대 중반까지의 야학은 글쓰기, 음악,

---

* 그래서 야학문제연구소의 이 보고서는 무조건적인 대립 의식보다는 자기 존재에 대한 인식을 우선적으로 고양하고, 차차 인식의 범위를 총체적으로 넓혀 가야 한다고 주장했다.

노가바, 연극 등 문화 수업을 통해 수기집, 문집을 내고, 연극 공연을 했던 반면, 1990년대 이후에는 문화적 내용은 기능적으로 되거나 비중이 줄었고, 사상, 지식을 중심으로 한 의식화 교육이 강해지는 경향성을 띠었다. 하지만 이러한 경향성은 관노협과 인노대의 사례에서 보듯이 교사가 중심이 되고, 교사 집단이 추구하고자 했던 추상적인 과학적 이론과 사상으로 변화했다. 이러한 내용은 노동자 학생에게는 실질적이지도 못했고, 노동자의 감각을 일깨우는 것이 아니라 지적 분할에 따른 또 하나의 소외를 만들어 냈다. 노동야학의 이러한 경직화는 프레이리가 비판한 은행저금식 방식에 다름 아니며, 랑시에르가 개념화한 '바보 만들기stultification'에 해당하는 것이었다.

교육의 전문성이라는 측면에서도 바라볼 필요가 있다. 1987년 이후 노동 현장의 활성화, 다양화와 함께 노동교육 역시 세분화, 전문화되기 시작했다. 1990년대 노동야학은 지역적으로 통합하거나 후속 조직화를 고민하는 등의 시도를 했지만, 대학생 강학들은 비전문성이라는 한계를 가질 수밖에 없었고, 교육기관으로서의 비전과 전문성을 개발하지 못했다. 그보다 정치적 조직화를 앞세우다 보니 비교육화, 도구화, 지식인화되어 갔다고 할 수 있다.

1970년대 지식인들은 노동야학이라는 매개를 통해 노동자들을 만났다. 서로 다른 두 계층은 차이를 인식하기도 했지만 함께하는 것의 의미와 가능성을 발견하려 서로 노력했다. 하지만 현실 상황을 성급하게 판단한 교사, 지식인은 매개 없이 스스로 노동자가 되어 현장으로 들어가거나, 더 빠른 속도로 사회를 변화시키고 싶어 했고, 그러기 위해 급진적 정치 방식을 선택했다. 이 과정에서 노동자들은 도리어 소외되고 주변인이 되었다.

노동야학이라는 매개는 만남의 장이기도, 거울을 통한 반성과 성찰의 장이기도 했다. 따라서 노동야학의 쇠퇴와 소멸은 이 반성과 성찰의 과정이 없어져 버렸음을 뜻하는 것이기도 하다.

7

노동과 학습의
새로운 만남을 위하여

한국 사회에서 노동과 학습

노동야학은 우리 역사에서 가장 긴 역사를 가진, 가장 활발하게 일어났던 노동교육, 노동자교육이었으며 대안교육 실천이었다. 노동자 학생들은 야학에서 자신의 경험과 고민, 꿈을 이야기하고 표현할 수 있었으며, 사회를 비판적으로 바라보면서 노동자에 대한 인식과 권리를 위한 학습을 했다. 또한, 강학과 학강은 서로를 존중하면서 타인에 대한 관심과 사랑을 가질 수 있는 윤리적 주체로 변화를 꾀했고, 서로의 연대를 통해 이를 실천했다.

하지만 열악한 노동 상황과 노동운동에 대한 탄압, 그리고 지식인의 조급함으로 인해 노동야학은 교육적 역할보다는 조직화를 위한 도구적 역할이 강조되면서 비非교육화되기 시작했고, 아이러니하게도 노동운동이 활성화되고 대중화된 1990년대 이후 쇠퇴하면서 사라졌다. 그렇다면 노동야학은 더 이상 필요 없어진 것일까? 노동교육은 충분히 진행되고 있고, 열악했던 노동 상황은 많이 나아진 것일까?

이번 장에서는 현재 노동교육의 상황과 필요성을 살펴보고, 노동야학이 채 이루지 못한 교육적 시도들을 다시 한 번 모색해 보고자 한다. 그러기 위해 먼저 현재 한국 사회의 노동, 학습의 상황을 점검해 봐야 한다. 그러고 나서 앞으로의 노동교육, 노동자 학습의 변화와 발전을 탐색하는 과정으로 몇몇 해외 사례를 살펴볼 것이다. 이 사례들은 노동야학에서 진행해 왔던, 또한 본격적으로 다루지 못했던 다양한 (대안적) 학습 방법과 대안 지식의 창출 과정, 그리고 이 활동들을 사회와 국가가 지원하고 보장하는 제도적인 측면까지 포함할 것이다.

노동자의 현실에서 멀어진 노동교육

〈들어가며〉에서 잠깐 언급했듯이, 1987년 6월 항쟁으로 한국 사회는 형식적 민주화를 이루기는 했지만 실질적 민주화로 가기 위해서는 여전히 수많은 과제가 남아 있다. 특히 노동과 관련해서는, 1997년 외환위기와 이어진 신자유주의에 의한 사회경제적 재편으로 상황은 더 악화됐다. 오랜 기간 동안 수많은 노동자의 희생과 싸움으로 노동운동은 합법화, 대중화되었지만, 정리해고법, 비정규직법 등을 통해 불안정한 고용 상태가 만연했다. 자연스레 노조 조직률은 점점 떨어졌는데, 1989년 19.8%까지 올라갔다가 2010년 9.8%까지 떨어졌다. 노동운동은 합법화로 인해 협상 중심의 방식으로, 이제는 '활동가'보다는 '노조 간부'가 주도하는 방식으로 변화했다.

노동 현장의 열악함은 노동교육에서도 이어졌다. 한때는 노동교육을 진행하는 단체가 100개를 넘었지만, 노동야학과 마찬가지로 1990년대 중후반 대부분 없어지면서 노동자 학습 운동의 맥이 끊어졌다(박장현, 2016, 34-37쪽). 상위 조직이라 할 수 있는 산별노조, 노총 등의 조직이 생겨났지만, 체계적인 활동가 양성 프로그램이 없는 상태에서 주로 당면한 조직 투쟁을 위한 실무 교육 정도밖에 진행할 수 없었다. 6장에서 보았듯이, 노동운동의 경직화와 이에 따른 교육의 도구화로 교육과 현실은 괴리될 수밖에 없었다. 노동자의 지식과 경험이라는 '상식'의 영역을 교육에 포함시키지 않고 선전·선동 위주의 정치적 계급의식을 중심으로 한 관념적 교육이 되어 버리면서, 노동자의 일상, 문화와 점점 멀어졌다(고경임·신병현, 1994).

이러한 현실 속에서 유연화, 경쟁력 강화, 경영 혁신, 신인사제도, 인센티브, 자본 합리화 같은 담론이 자리 잡기 시작했고, 기업은 노동자의 일상과 노동을 장악하기 위해 직무 능력 향상 훈련, 다기능 교육, 조직 혁신 교육, 회사 공동체 의식 함양 교육, 해외 연수 등을 실시했다. 문화적인 측면으로는 사내 서클, 체육 행사, 케이블티비, 가족과 지역 주민 대상의 한마음회관, 복지회관 건립 등을 통해, 대립적 노사 관계를 약화시키면서 노동자가 스스로를 작업 조직의 주체로 만들거나 회사의 입장과 동일시하는 이데올로기 전략을 강화했다(고경임, 2000). 노동자의 생산 활동과 이를 둘러싼 재생산의 일상을 문화적이면서 정치적으로 다루어야 하는 노동교육은 "선택적-단계별-장기적 교육보다는 획일적-단발적-단시간 교육으로 한정될 수밖에 없고, 다양하고 세분화된 프로그램보다는 동일한 프로그램을 반복"하고 있다는 평가를 받을 수밖에 없었다(전국민주노동조합총연맹, 2017, 145쪽). 한 산별노조에서 최근 수년간 진행한 교육 내용을 보자.

금속노조 2001-2017 조합원/간부 교육(1)

연도	조합원 의무 교육	간부 의무 교육
1기 01.02-01.09.	01년 금속노조 사업과 투쟁	금속노조 2001년 사업 방침(2H) 금속노조 조직 운영과 간부의 역할(2H)
2기 1년차 01.10-02.09.	01년 상반기 투쟁 승리를 위한 교육 02년 상반기 투쟁 승리를 위한 교육	2002년 상반기 투쟁 방침 노동자 정치세력화
2기 2년차 02.10-03.09.	02년 하반기 투쟁: 노동법 개악 저지 등 대선 투쟁 교육 03년 임단투 교육	여성 문제 통일 문제
3기 1년차 03.10-04.09.	임단투 방침 정치세력화	구조 조정 현황과 대응 금속노조 조직, 교섭, 협약 발전 전망
3기 2년차 04.10-05.09.	04년 하반기 투쟁 05년 임단투 교육(05년 정세와 금속노조의 투쟁 방침)	성폭력 예방 교육 노동자 건강권
4기 1년차 05.10-06.09.	06년 정세와 투쟁 방침	완성금속노조 조직 운영 관리
4기 2년차 06.10-07.10.	07년 정세와 투쟁 방침 / 금속노조 이해 한미 FTA 저지 전조합원 교육	금속노조의 이해 노동조합 대의원의 역할과 자세
5기 1년차 07.10-08.09.	08년 정세와 임단투 방침 경제위기 대응	금속노조 현황과 과제
5기 2년차 08.10-09.09.	09년 정세와 투쟁 방침 경제위기 대응	경제위기 대응, 철학(일부)
6기 1년차 09.10-10.09.	10년 정세와 투쟁 방침 계약 노조법(특단협)	10년 정세와 투쟁 방침, 인권(일부)
6기 2년차 10.10-11.09.	11년 정세와 투쟁 방침 복수노조 대응	국가고용전략2020 비판 발암물질, 퇴직연금
7기 1년차 11.10-12.09.	12년 정세와 투쟁 방침 노동자와 정치	지회장 의무 교육
7기 2년차 12.10-13.09.	13년 정세와 투쟁 방침	지회장 리더십 교육, 중견 간부 교육 학습 소모임 진행자 훈련

8기 1년차 13.10-14.09.	14년 정세와 금속노조 투쟁 학습 소모임 진행자 훈련	지회장 리더십 교육, 중견 간부 교육
8기 2년차 14.10-15.09.	15년 노동시장 구조 개악 저지 총파업 투 쟁 조직화	지회장 교육, 간부 교육 조합-지부 전임 간부 교육 소모임 진행자 훈련
9기 1년차 15.10-16.09.	16년 정세와 금속노조 투쟁	지회장 교육, 간부 교육 조합-지부 전임 간부 교육 소모임 진행자 훈련
9기 2년차 16.10-17.09.	17년 정세와 투쟁 방침 / 재벌 개혁	지회장 교육, 간부 교육 조합-지부 전임 간부 교육 소모임 진행자 훈련

— 전국민주노동조합총연맹,《2017 국제노동교육포럼 자료집》,

2017, 146-147쪽

위의 교육 내용을 보면, 자신의 노동 상황, 노동에 대한 의미, 더 나은 노동을 위한 생각을 표현하거나 담아내는 교육은 없고, 투쟁 중심의 지침성 내용과 그 배경이 되는 정세 분석이 대부분이다. 따라서 교육과정을 통해 자신의 경험, 생각, 고민, 감정을 담아내기는 어렵고, 이미 정리된 지식을 얼마나 정확하게 잘 이해하고, 현장 투쟁에서 어떻게 기능적으로 잘 써먹느냐가 중요한 것이다.

최근 단기 노동, 비공식 노동, 청소년 노동, 이주민 노동, 플랫폼 노동 등이 늘어나면서 노동교육을 필요로 하는 대상은 다양화되고 그 수도 늘어나고 있다. 또한, 서비스 노동, 감정 노동의 비중이 커지면서, 이와 연관된 소비자, 즉 시민에게도 노동 존중과 인권에 대한 교육이 점차 필요해지고 있다. 이에 몇몇 지자체가 노동교육에 대한 정책적인 관심으로 노동아카데미를 열어 주로 청소년을 대상으로 교육[6]을 진행하고 있지만, 필요한 영역과 그 수요에 비해 턱없이 부족한 상황이다.

변화가 필요한 노동교육

이처럼 현재 노동교육은 그 대상과 교육 방법에 변화가 필요하다. 일례로, '직장 갑질 119'라는 노동법률 단체는 최근 다양한 일상에서 억압의 행태를 '갑질'로 표현하는 데서 착안해, 노동에 대한 억압을 좀 더 대중적으로 접근하려고, 갑질 제보와 모임 등을 시도했다.[7] 자신의 감정 상태를 그린 봉투를 쓰고, 자신의 직장생활에서 이루어지는 '갑질'을 함께 이야기하고 해결책을 찾아나가는 등의 방식은 대중적이면서도, 노동자의 경험으로부터 출발하는 교육 방식의 좋은 사례라고 할 수 있다. 이 밖에도 새로운 시도들이 점차 늘고 있는데, 평등사회노동교육원은 노동자를 교육 대상이 아닌 학습 주체로 생각해, 외부 전문 강사에 의존하지 않고 학습 모임을 조직할 '노동자 안내 강사'를 교육하고 훈련하는 시도를 하고 있다. 서울노동아카데미는 노동자뿐만이 아니라 시민 10명만 모이면 청소년에서부터 청년, 대학생, 어르신까지 생애 맞춤형 노동교육을 제공하고 있다.

이와 같이 노동교육은 노동조합원만이 아니라 전 시민을 대상으로 한 교육이어야 하고(노동과 관계되지 않는 사람은 없다), 이미 정리된 지식이 아닌 체화된 경험, 감정, 참여를 중요시하는 방식으로 변화할 필요가 있다. 또한, 노동운동에만 치중된 교육을 넘어서서 '노동에 대한 전인적 교육'으로 변화해야 한다.

이러한 변화를 가져나가는 데 보탬이 될 수 있는 몇 가지 해외 사례를 살펴보면서, 노동과 학습의 새로운 만남을 거칠게나마 모색하며 책을 마무리할까 한다. 이 사례들은 노동야학에서 추구했으나 충분히 시도하지 못한 과제들과, 현재 노동교육에도 시사점을 줄 수 있는 내용들일 테다.

첫 번째는 노동자의 경험으로부터 출발하는 교육 방법론으로, 프레이리 이론을 적용한 캐나다의 노동교육 방법론이다.

두 번째는 노동교육에서 지식 생산의 과정과 방법에 대한 새로운 방식인, 참여적 실행 연구Participatory Action Research, PAR다. 참여적 실행 연구는 노동자의 입장과 맥락에서 자신에게 필요하고, 자신의 상황을 대변하는 새로운 지식을 창출하는 과정이라고 할 수 있다.

마지막으로, 이러한 노동교육의 과정을 제도적으로 만들고 지원하는 스웨덴의 노동교육 사례. 스웨덴은 제도적 지원에 의한 학습동아리study circle 활동(학습 모임), 유급 교육 휴가 제도 등을 통해 노동자 중심의 학습 모델로 사회운동, 노동운동의 뿌리를 만들어 왔다. 한국 사회에는 1990년대 후반에 들면서 평생교육, 평생학습 사회에 대한 시도가 있었지만, 노동교육은 기초적인 수준을 벗어나지 못하고 있다. 이에 스웨덴의 구체적 모델을 통해 노동교육의 중요성과 그 사회적 의미도 함께 살펴보았다.

민중교육과 노동교육의 연계
: 프레이리 이론을 적용한 캐나다 노동교육 방법론

나선형 모델The Spiral Model로 불리는, 프레이리 이론을 적용한 노동교육 방법론은 북미의 캐나다를 중심으로 민중교육, 노동자교육에 주로 활용됐다. 북미에서는 20세기 초반부터 민중교육이 형성되기 시작했는데, 미국의 경우 인간의 경험과 실용성을 강조하는 교육학자 존 듀이의 사회철학에 영향을 받은 린드만Eduard Lindeman, 헐Cyril Houle, 하트Mechthild U. Hart 같은 교육가들의 실천과, 알린스키의 빈민 지역을 중심으로 한 지역사회 조직 운동, 마일스 호턴Myles-Horton이 이끈 하이랜더센터Highlander Research and Education Center의 노동교육 인권운동 등 다양한 민중교육 실험을 진행해 왔다. 특히 덴마크 교육 사상가 그룬트비Nikolaj Frederik Severin Grundtvig의 영향을 받은 호튼이 미국 애팔래치아 중부에 세운 하이랜더센터는 노동조합과 흑인을 지원하는 시민권 운동을 활발히 전개했다.

캐나다 역시 20세기 초부터 노동교육협회, 프론티어 칼리지운동, 농촌협동주의가 중심이 된 앤티고니시 운동Antigonish Movement 등을 통해 꾸준히 진보적 성인교육, 풀뿌리 운동을 전개해 왔다(한숭희, 2001). 이러한 전통과 실천은 1992년 북미민중성인교육협회North American Popular Educators를 만들었고, 1993년 북미민중성인교육동맹North American Alliance of Popular and Adult Education으로 발전하면서 세계성인교육협회International Council for Adult Education의 북미 대표 기구가 되고, 성인교육협회가 토론토에 본부를 두면서 제

3세계 진보적 성인교육 활동의 구심점 역할을 했다.

다양한 민중교육에 활용된 나선형 모델

이러한 캐나다(북미)의 민중교육은 교육을 개인과 집단의 해방에서 중요한 일부라고 판단하고, 하향식top-down 전위주의 vanguardist에 반대했다. 그리고 풀뿌리 민주주의, 유럽 좌파의 영향과 함께 교육을 변혁적 관점에서 바라본 프레이리, 그람시, 탄자니아의 니에레레Julius Kambarage Nyerere의 사상들을 받아들이면서 나선형 모델을 만들어 냈다(Rick Arnold and Others, 1991, 33쪽). 이 나선형 모델은 1991년에 출간한《변화를 위한 교육Educating for Change》라는 민중교육 매뉴얼을 통해 정리·소개되었는데, 노동교육뿐만이 아니라 반인종운동, 시민권운동, 여성주의운동 등 다양한 민중교육에 활용됐다. 나선형 모델은 아래와 같은 다섯 단계의 활동으로 구성된다.

단계	과제	방법
1단계	참가자의 일상적 경험과 지식에서 출발하기	참가자가 스스로 자신의 경험을 많이 이야기하도록 촉발하고 격려한다.
2단계	유형 찾기	참가자가 쏟아 놓은 다양한 경험과 지식을 비교하여 공통점과 차이점을 확인한다.
3단계	새로운 정보, 지식, 분석 보태기	참가자의 일상 지식을 넘어서서 세계의 구성 원리 및 변화 원리를 규명한다.
4단계	실천 전략 수립하기	일상적 실천을 통하여 실현 가능하고 검증 가능한 전략을 수립한다.
5단계	현장에 적용하기	유급 교육 휴가를 통하여 배우고 익힌 것을 현장에 적용하고, 그 결과를 피드백하여 교육에 반영한다.

나선형 모델은 참가자의 경험과 지식으로부터 출발하여, 그 경험을 공유하고 질문을 통해 대화하면서 필요한 새로운 내용을 보탠 뒤, 논의를 통해 종합된 내용의 실천 계획을 수립하고 실행한다. 또한, 실천 이후 다시 그 경험을 토대로 공유, 대화, 실천을 종합적으로 진행하면서 계속 연결되고 확장되는 구조를 가진다. 나선형 모델을 노동교육에 적용한《노동조합 변화를 위한 교육 Education for Changing Unions》은 이 모델의 유용함을 다음과 같이 설명한다.

1. 참가자의 경험과 지식을 전문가의 그것과 같은 비중으로 중요시하고 근거로 삼는다는 점에서 민주적이다.

2. 우리는 오직 한 사람의 교사가 가르치는 것을 따라 배우는 것이 아니라, 새로운 지식을 창조하는 집단 학습 과정에서 서로 가르치고 배운다. 이 과정은 개인의 경험과 지식을 한곳에 모으고 집단 내에 존재하는 창조적인 재능을 발휘하게 하여 공동체 의식을 만들어 낸다.

3. 새로운 학습 조직 방식과 정보가 제공되면 노동자는 다른 영역의 노동자와 연결되어 있음을 알게 되어 계급의식을 갖는다.

4. 학습은 조합원의 능력 개발, 지식을 행동으로 옮기게 하면서 조직을 강화하는 결과를 가져온다.

5. 교육은 사회 변화를 위한 행동으로 연결되고, 다른 노조나 사회 운동 세력과 더 큰 연대를 만들어 낼 전략을 생각하게 한다.

6. 모든 점에서 나선형 모델은 평등에 대한 올바른 시각을 갖게

한다.

- Bev Burke and Others, 2002, 59쪽

　나선형 모델의 가장 큰 특징이자 강점은, 정해진 내용을 제시하지 않고 노동자의 경험과 지식에서 시작한다는 것이다. 따라서 노동자를 교육의 대상이 아닌 학습의 주체로 여기고, 강사 역시 '토론 진행자(discussion leader, 토론 강사)'라고 부르며, 강의식-주입식 교육을 비판하면서 참여식-문제 제기식 교육을 적용한다(박장현, 2010, 3쪽). 이 모델은 노동자가 지침서보다는 동료와의 대화나, 몸소 작업을 하면서 배우는 학습 경로와 경험을 소중히 여기면서, 새로운 정보와 지식을 보태어 경험과 이론을 결합하려 한다. 또한, 개인의 의식이 변화하는 과정보다는, 참가자가 함께 자신의 경험과 지식을 내어놓고 대화를 통해 집단적으로 서로 가르치는 것을 촉진하며, 실천을 통해 학습의 결과를 확인하려 한다. 이러한 과정은 프레이리의 생성적 학습 과정과 거의 유사하다. 나선형 모델에서는 노동자의 다양한 경험을 주제화하려고 여러 방법을 활용하는데, 그중 두 가지의 프로그램을 살펴보자.

역사와 나

　•교육목표: 우리 가족의 노동과 현대사/노동운동의 역사를 연결시켜 이해할 수 있다.

　•특징: 가족사에 따른 노동사를 보면서, 여성의 노동권, 시대의 주요한 사건, 노동자에 끼친 영향 등을 구체적으로 볼 수 있다.

노동과 학습의 새로운 만남을 위하여 •　　　　　　　　　　　255

•소요 시간: 2시간

•인원: 20명 내외 / 조별 작업

•교육장 준비: 전지에 아래와 같은 표를 그려 넣는다(빈 칸에 들어
갈 색지를 1인당 25장씩 돌아가게 준비).

	출생지	생년	직업	노동 환경	주요 역사적 사건
할아버지 할머니	황해도				
아버지 어머니					
나					

•진행

1. 4~6명이 되도록 조를 나눈다.

2. 위 표를 조당 1장씩 나눠 주고, 색지에 각자 해당사항을 적도록
   한다. 사실인지 확인은 되지 않아도 되고, 내가 가족에게 들었던
   것들을 채워도 된다(노동 환경: 밥만 먹으면 다행이었다, 일자리가 없어
   서 서울로 갔다 등). 자꾸 생각하다 보면 기억이 난다고 알려 준다.

3. 조에서 한 명씩 돌아가면서 가족사와 역사를 전지에 붙여 가며
   설명한다.

4. 발표를 듣고 느낀 점, 혹은 같이 이야기해야 할 점(세대간 불평등,
   여성 노동의 지위 변화, 역사적 사건과 연관된 개인의 노동 등)을 찾아
   본다.

5. 시간이 충분하면, 조에서 이야기된 것을 전체와 나눌 수 있다.

– 국제노동포럼 시연 자료 중

정체성 세포

• 목적

– 억압이나 특권과 관련된 우리의 모든 경험이 얼마나 복잡한지 알아보기 위하여

– 정체성이 조합원의 참여에 어떤 영향을 끼치는지 알아보기 위하여

– 연대 활동 또는 조직 활동을 함께하는 데 필요한 토대를 발전시키기 위하여

• 진행

1. 하나씩 제목을 붙일 '정체성 세포' 종이를 강의실 곳곳에 붙인다. 성, 나이, 장애 정도, 언어와 문화, 계급, 인종(피부색), 출생지, 성 정체성, 에이즈 유무, 종교(영적 지향) 등.

2. 우리 각자는 여러 가지 정체성을 동시에 가지고 있음을 설명하면서 이 실습을 소개한다. 우리 중 일부는 다수 집단 혹은 소수 집단(차별과 억압의 대상)에 속한다는 것을 설명한다. 이처럼 우리의 정체성이 복잡하고 이런 문제 때문에 노조에서 일하는 데 어려움이 발생할 수 있음을 보여 주려 한다. 이 실습은 다음 같은 점을 밝혀내는 데 도움이 된다.

– 사회에서 우리가 경험한 차별

- 우리가 가진 특권

- 우리가 노조 내부에서 경험한 차별

- 우리가 노조 내부에서 가지고 있는 특권

3. 정체성 세포를 다시 한 번 살펴보면서 모든 사람이 거기에 나열된 정체성들의 의미를 제대로 이해하고 있는지 확인하고 빠진 정체성은 없는지 찾아본다(예컨대, 신체 크기).

4. 모든 정체성 세포 제목 아래 다음 두 개의 문장이 적힌 차트를 부착한다.

- 나는 (   )을 보거나 듣거나 느낄 때, 이런 종류의 차별을 내가 사회에서 경험하고 있음을 안다.

- 나는 (   )을 보거나 듣거나 느낄 때, 이런 종류의 차별을 내가 노조에서 경험하고 있음을 안다.

5. 참가자들이 차별 경험과 관련된 정체성 세포를 선택하여 중요한 기억을 기록한다(15분). 진행자는 각 정체성 세포별로 기록하고 있는 참가자의 숫자를 기록한다.

6. 각 정체성 세포마다 기록한 내용을 보고 받는다(30분. 기록자의 수에 따라 시간 조절).

7. 다양하게 억압당한 경험들 사이에 발견되는 공통점과 차이점을 요약한다.

8. 이런 과정을 반복하되, 특권의 경험을 기록하게 한다. 정체성 세포마다 차트를 부착하고 "특권"에 대한 다음 문장을 쓴다.

- 내가 (   ) 할 (수 있을) 때, 이런 종류의 정체성이 지지받는 사회에서 나는 특권을 가진다.

- 내가 ( ) 할 (수 있을) 때, 이런 종류의 정체성이 지지받는 노조에서 나는 특권을 가진다.

특권이란 그것을 누리는 사람 스스로가 인식하기 매우 어렵고 그것을 일반적인 현상으로 보기 때문에 진행자는 이런 사례를 몇 가지 제시해야 한다(예컨대, 은행 창구 직원과 이야기하려면 일정 정도 크기의 키가 되는 사람이어야 한다).

9. 참가자가 "사회에서 누린 특권"[에 대한 정체성 세포]을 찾아 자신의 경험을 기록한다(15분). 진행자는 각 정체성 세포별로 기록에 참가한 사람의 숫자를 기록한다.

10. 각 세포로부터 보고를 듣는다(30분. 보고자 수에 따라 시간 조절).

11. 다양한 종류의 특권에 대한 경험들 사이에 발견되는 차이점과 공통점을 요약한다(15분). 또한, 그와 동시에 서론에 소개된 동맹자 역할을 강조한다.

12. 이상의 결과들이 노조 활동에서 가지는 의미를 소모임별로 토론하되 다음의 토론 주제를 사용한다.

- 우리 노조에 위의 실습에서 밝혀진 어떤 형태의 차별이 있다면 우리의 대책은 무엇인가?

- 우리 노조 내부에서 보다 정의로운 관계를 만들기 위하여 우리가 가진 특권을 어떻게 사용할 것인가?

13. 전체 모임에서 노조의 전략에 대한 토론 결과를 간략하게 보고하고 공유한다.

— 전국민주노동조합총연맹, 《2017 국제노동교육포럼 자료집》,
2017, 252-254쪽

위와 같은 방법론은 기본적으로 노동자가 자신의 이야기, 생각, 견해를 이야기하는 데서 출발하며, 노동에 대한 내용을 직접적으로 다룰 뿐만이 아니라 사회적 삶과 상황 속에서 노동을 연관 지어서도 다루고 있다. 또한, 정체성 세포 방법론에서 보듯이 노동운동, 조합 내부에서 힘의 관계를 성찰하기도 하고, 다양한 억압이 얽힌 사회적 구조와 상황에 대한 성찰도 진행하고 있다.

유급 교육 휴가 프로그램

이러한 교육은 주로 캐나다 전국 자동차, 항공, 운수 및 일반 노조(National Automobile, Aerospace, Transportation and General Workers Union of Canada 혹은 Canadian Auto Workers, CAW)를 중심으로 활용, 발전됐고, CAW는 매년 100~300여 명의 노조 활동가에게 4주 유급 휴가 프로그램을 제공하고 있다. CAW는 자동차 노조로 출발하여, 1996년에 제조업, 철도, 항공, 화물 등 운송, 공공, 서비스를 포함한 전국 단위 일반 노조로 전환했다. CAW는 노동자교육센터를 '노조의 심장'이라고 표현할 정도로 노동자에 대한 교육을 중요시하며, 단체교섭을 통해 교육 기금을 확보해 노조 자체 재정으로 모든 교육을 진행한다. 그래서 노동자교육센터를 전적으로 노조에서 운영하며, 전문 강사와 일방적 지식 전달 방식 대신 프레이리의 비판교육학과 민중교육 철학을 현대적으로 변형하여 구조화된 참여 교육으로 디자인했다(임영일, 2010). CAW의 핵심 교육은 4주간의 유급 교육 휴가 프로그램(Paid Education Leave Program, PEL)으로, 이 교육에서는 여러 주제의 관계성을 이해하는 것을 통해 노동자가 세계를 총체적으로 파악할 힘을 길러내는 데 주력한다. 4주간 유급 교육 휴가 프로그램 중 1주간의 프로그램을 소개하면 아래와 같다.

주제	강좌	시간	일정
교육론	상호 존중 학습 분위기	65분	입소 주말, 토요일
	노동교육 방법론(1)	75분	제1주, 월요일
노동조합	노동조합이란 무엇인가?	75분	입소 주말, 토요일
	노동조합에 대한 흑색선전과 진실	40분	입소 주말, 토요일
경제	경제(1): 경제 입문	160분	제1주, 수요일
	경제(2): 자본주의란 무엇인가?	185분	제2주, 월요일
	경제(3): 경제개혁, 노동자와 정치적 행동	160분	제2주, 목요일
사회계급	사회계급(0): 계급	30분	입소 주말, 토요일
	사회계급(1): 노동자, 사용자, 계급(1)	30분	제1주, 월요일
	사회계급(2): 노동자, 사용자, 계급(2)	140분	제1주, 화요일
작업장	작업장(1): 작업장	60분	입소 주말, 토요일
	작업장(2): 작업장 조건 평가, 도전과 변화	160분	제2주, 수요일
	작업장(3): 경영에 대한 전략적 대응	205분	제2주, 목요일

이 프로그램들 역시 노동자의 경험에 기반한 나선형 모델에 의해 진행되는데, 예를 들면 사회계급(1) 시간에 "만약 로또에 당첨된다면 지금 일하고 있는 직장으로 계속 일하러 가겠습니까?" "사장, CEO, 대주주들이 작업장에서 일하고 있습니까?" 등의 질문으로 노동자의 경험과 상식에서부터 이야기를 풀어 나간다. '자본주의란 무엇인가?'의 주제에서는 주로 이론적인 지식을 제공하며, 경제(3), 정치(3)에서는 작업장 수준에서부터 국가 수준

까지 노동조합 활동에 대한 실천 전략을 수립하며, 4주 동안 현장과 연수원을 계속 오가면서 팀별 프로젝트 과제(임시직 노동자 투쟁, 의료보장, 미조직 조직화 등)를 선정해 전문가들의 안내를 받으며 전략을 수립하기도 한다.

캐나다의 나선형 모델에 기반한 노동자교육은 이미 정리된 노동운동 지식을 전달하거나 노동운동에 필요한 선전, 선동의 내용을 제시하는 도구적 방식과 달리, 북미의 민중교육 실천과 프레이리의 생성적 교육 방식을 결합함으로써 노동자의 경험에 기반해 비판적 의식을 형성해 가는 교육 방법론이라고 할 수 있다.

노동자 스스로 지식 창출: 노동자 건강과 참여적 실행 연구

2010년 개봉한 독립다큐영화 〈보라〉의 제목인 '보라'는 시퍼렇게 멍든 색깔, 즉 통증에 대한 은유다. 이 영화는 노동, 노동자의 통증과 건강을 주요 내용으로 다루는데, 크게 두 가지 내용을 번갈아 보여 주는 방식으로 진행된다. 하나는 소음, 먼지, 쇳물, 약품, 유해물질, 용접불꽃 등이 난무하는 작업장들을 찾아다니면서 위험하기 그지없는 작업 현장을 덤덤하게 담아낸 내용이다. 다른 하나는 산업 보건의가 노동 현장을 방문해 일하는 노동자들을 진료하고 대화를 나누거나, 진단에 필요한 작업 공정을 확인하고 구체적 공정들에 관해 이야기를 나누는 내용이다. 이 두 내용은 서로 교차되면서, 작업환경과 노동자의 건강 문제가 어떻게 관계를 맺고 있는지 계속 생각하게끔 한다. 영화 중 산업 보건의가 자동차공장 현장을 탐방하는 장면이 나오는데, 아래는 노동자와 보건의의 대화 내용이다.

노동자: 오늘 뭐하는 건데?

보건의: 지난번에 근골격계 조사한 거, 그거 결과 보고 아픈 사람들 검진하는데, 의사들이 검진하려면 미리 현장도 봐야 하잖아.

노동자: 아 이래 작업을 한다고⋯.

보건의: 일하는 거 봐야 검진할 때 이해가 되잖아. ⋯ 저쪽에 도장에서 뭐라 그러는지 알아? "그래가지고 되나, 하루 일해 봐야 알지⋯."

노동자: 맞아. 하루 안 해도 된다. 하는 사람은 한 시간만 해도 안다.

보건의: 해 봐야지 자기가, 이게 머리로도 되고 마음으로도⋯.

노동자의 질병이, 작업 공정을 이해하지 않고는 그 원인을 이해하고 진단할 수 없음을 보여 주는 장면이다. 또한, 산업 보건과 안전이, 단순한 진료의 결과가 아니라 재해, 질병과 관련한 환경, 작업 공정 같은 복합적 상황과 질병의 원인을 정확하게 판단하는 지식들이 연관되어 있음을 보여 준다.

노동자 스스로 지식을 생산해 내는 노동교육

두 번째로 살펴볼 해외 사례는, 영화 〈보라〉에서 주목하고 있는 노동 보건, 안전 활동 영역에서 참여적 실행 연구를 활용한 사례다. 나선형 모델이 주로 노동자의 경험을 활용하는 방법론이 중심이었다면, PAR은 노동자가 자신의 관점과 입장에서 새로운 지식을 생산해 내는 과정과 활동에 초점을 맞춘다. 앞서도 언급했듯이, 노동야학에서 노동자는 자신에게 필요한 지식을 습득하고 당면한 여러 문제를 비판적으로 이해하고 다양한 감각을 문화를 통해 풀어내는 학습 과정을 거쳤지만, 자신의 경험과 조사를 통한 새로운 지식의 창출까지 시도하지는 못했다. 이에 반해, PAR은 노동자(민중, 시민)가 직접 자신의 문제와 관련된 내용을 조사, 분석하고 문제 해결을 위해 실천하는 과정이다. 최근에는 PAR이 노동 보건 운동에 많이 적용되고 있는데, 직업병, 산업재해 인정을 둘러싼 과정들이 이러한 지식 구성 과정에 해당한다고 할 수 있다.

국내에서 노동 안전 보건 관련 활동은 1980년대 후반부터 시작되었다. 1988년 협성계공(현 협성히스코)에서 문송면이라는 15세 노동자가 취업 두 달 만에 수은중독으로 사망했는데, 이 사건을 시작으로 탄광 노동자의 진폐증, 원진레이온 노동자의 이황화탄소 중독 사건에 대한 문제 제기 등을 통해 노동안전보건 관련한 논의와 활동이 더욱 활성화되기 시작했고, 최근에는 삼성반도체 노동자의 직업병 인정 투쟁으로까지 이어졌다. 이 활동을 중심적으로 해 온 한국노동안전보건연구소(한노보연)는 대항전문가oppositional experts와 현장 노동자의 전문성과 조직력을 이끌어 내는 데 PAR 방법론을 사용하기도 했다(김직수·이영희, 2015,

48쪽).*

PAR은 조사, 지식, 학습에서 '힘(권력)의 관계'에 주목한다. 랑시에르가 이야기한 "말과 앎으로 인정받고, 조사 분석과 계쟁을 통해 유의미한 지식으로 인정받고, 실천의 주체로서 몫을 요구하는" 활동이라고 할 수 있다. PAR은 오래된 전통과 다방면에 영향을 준 요소들을 가졌으며, '참여적 연구'라는 틀에서 본다면 굉장히 다양한 형태를 띠고 있다. 다음 쪽의 표는 참여적 조사의 다양성과, 연구와 실천이 전 세계적임을 보여 준다.

참여적 연구와 해방적 과정, PAR의 두 흐름

PAR의 흐름은 크게 두 가지로 나눌 수 있는데, 참여적 연구 (조사)를 강조하는 관점**과 새로운 '지식 창조를 통한 실천'을 강

---

* 이러한 관심과 노력은 지식인 집단에서도 이루어져, 현장과 함께하는 연구 활동을 시작했다. 노동 강도에 의한 근골격계 질환을 연구한 손미아 교수는 그 과정을 다음과 같이 정리했다.
1단계: 공정 조사의 조직화 - 현장 작업자들 중심으로 팀 구성.
2단계: 함께 모여서 신뢰 구축 - 연구 목적 논의, 조사 항목 선정.
3단계: 각 개별 공정에서 공정 조사를 통해 문제 파악 - 공정 조사와 인터뷰를 통해 서로 배우는 작업.
4단계: 개별 연구의 종합 - 집단적 문제가 무엇인지 종합.
5단계: 표현된 관심사 논의 - 연구자들의 동의 형성.
6단계: 향후 행동 지침(손미아, 2003).
** 참여적 연구와 관련한 국내 연구는 이론적 연구는 거의 없고, 현장에 적용한 사례 정도를 찾을 수 있을 뿐이다. 참여적 연구를 이론적으로 소개한 연구로는 정지웅 (2012)의 연구를 들 수 있는데, 학문에 대한 연구 방법론의 일환으로 인간의 무한한 학습 가능성을 강조하는 평생교육적 측면에서 소개하고 있다. 국내의 경우, 주로 농촌 분야에서의 교육에 적용됐다.

최근 참여적 실행 연구 사례들

- 실행 연구Action Research: Cornell University, USA(Greenwood)
- 실행 연구Action Research: Scandinavia(Gustavsen)
- 실행 연구Action Research: Austria(Schratz)
- 실행 연구Action Learning: Australia (McTaggart)
- 참여적 연구Participatory Research: International Council for Adult Education and Ontario Institute for Studies in Education, Toronto(Hall)
- 참여적 실행 연구Participatory Action Research: Germany(Tillman)
- 참여적 실행 연구Participatory Action Research: Peru(Salas)
- 참여적 실행 연구Participatory Action Research: Colombia(Fals-Borda)
- 참여적 실행 연구Participatory Action Research: India(Rahman)
- 참여적 실행 연구Participatory Action Research: USA(Park, Whyte)
- 참여적 실행 연구Participatory Action Reseach: University of Calgary, Canada(Pyrch)
- 페미니스트 참여 실행 연구 Feminist Participatory Action Research: USA(Brydon-Miller, Maguire)
- 참여적 공동체 연구Participatory Community Research: USA(Taylor, Jason, Zimmerman)
- 공동체 기반 연구Community-based Research: India(Tandon)
- 공동체 기반 참여 연구Community-based Participatory Research: USA(Stoeker)
- 부족 참여 연구Tribal Participatory Research: American Indian and Alaskan Native Communities, USA(Fisher and Ball)
- 구성주의 연구Constructionist Research: University of Texas, USA(Lincoln)
- 참여 학습 실천Participatory Learning and Action(PLA): University of Sussex, UK(Chambers)
- 공동 연구Cooperative Research: University of Bath, UK(Reason)
- 참여적 학습 실천Participatory Learning and Action(PLA): MYRADA, India(Shah)
- 비판적 시스템 이론Critical Systems Theory: University of Hull, UK(Hood)
    - Source: Brydon-Miller et al. 2003; Fals-Borda 2006; Authors' own analysis

---

— S. Kindon and R. Pain and M. Kesby, 2007, 12쪽

조하는 관점으로 나눌 수 있다. 첫 번째 흐름은 실용적인 면이 강조된 모델pragmatic or utilitarian approach로, 학자 중심의 실증주의적 연구 과정에 대한 대안적 시도라고 할 수 있다.

참여적 연구의 뿌리라고 불리는 독일의 사회심리학자 쿠르트 레빈Kurt Lewin의 실행 연구action research 이론이 가장 대표적인 사례라고 할 수 있다. 1940년대 중반에 등장한 실행 연구는 당시의 실증주의적인 방법론이 다양한 현장의 목소리와 지식을 배제하고 있다고 비판하면서, 연구자가 직접 현실 속으로 뛰어들어 참가자와 함께 공동체에 대한 정치, 사회, 경제, 가족적 맥락과 내용을 조사하고, 공통의 지식을 만들어 내는 새로운 방식을 고안해 낸 것이다. 이를 통해 연구 현장의 생동감 있는 조사와 신뢰도 높은 연구 내용을 만들어 내는 것이 실행 연구의 목표였다. 여기에서 행동–성찰action-reflection이 계속 순환하는 나선형 모델이 나왔으며, 이후 미국을 중심으로 한 공동체 기반 참여 연구community-based participatory research, CBPR라는 방법론으로도 이어져 미국의 공중 보건과 보건 정책 시스템에 큰 영향을 끼쳤다.

이와 비슷한 실용적 흐름으로, 1980년대부터 발전한 속성 지방 평가Rapid Rural Appraisal, RRA, 참여적 지방 평가Participatory Rural Appraisal, PRA 모델을 들 수 있다. 이 모델들은 영국의 인류학자 로버트 챔버스Robert Chambers가 발전시킨 모델로, 주로 제3세계의 개발 관련 분야에 광범위하게 사용하고 있다. 챔버스는 기존의 제3세계에 대한 원조, 개발이 제1세계의 관점에서, 도시의 관점에서, 외부 전문가의 관점에서 진행되어 온 데 문제 제기를 하고, 개발의 내용, 방식, 과정, 실행, 평가에 대한 조사에 지역 주민이 직접 참가해 진행하는 것을 특징으로 하는 방법론을 제시했다. 이 모델은 프레이리의 참여적 학습, 레빈의 실행 연구, 응용 인류학, 농업 생태계 분석 등의 방법론을 혼용해, 주로 시각적 매개물을 사용하는 방법들을 사용하며, 다양하게 변주되어 1990년대 이후 아시아, 아프리카의 농촌 개발 과정에 광범위하게 활용되고 있다.

PAR의 두 번째 흐름으로, 지식 생산 과정을 사회정치적으로 이해하고 사회변혁을 위한 해방적 과정으로서 PAR을 개발한 모델이 있다. 해방적 모델(emancipatory model. 이데올로기 모델이라고도 함)로 불리는 이 모델에서는, 단순히 연구의 다양성을 확보하기 위해 연구자와 참여자가 함께 참여하는 것을 넘어서서, 조사, 학습과 관련한 위계적 권력 관계를 해체하고, 지식의 해석과 생산, 통제 과정에 민중이 직접적이고 실천적으로 참여한다. 이 모델은 주로 제3세계에서 실행되었는데 가장 중심적인 이론가는 프레이리라고 할 수 있다. 프레이리의 해방신학, 풀뿌리운동에 기반한 문해 교육, 비판적 교육에서 지식 생산과 사회변혁은 민중이 직접 참여하는 과정이다.

1970년대 초반부터는 이 모델에 남미와 아시아, 아프리카에서 진행된 다양한 해방적 PAR 경험이 보태졌다. 먼저, 인도에서는 간디와 타고르가 중심이 되어 토착적 공동체, 기술, 지식으로 영적 힘soul power을 통해 영국의 제국주의에 맞섰다. 이러한 전통은 이후 탄돈 라제쉬Tandon Rajesh가 공동체 기반 연구community-based research를 시도하고, 아시아의 참여 연구 기구인 PRIAParticipatory Research in Asia를 만드는 데까지 이어졌다. 아프리카 탄자니아에서는 프레이리의 생성적 조사, 참여적 실천을 적용해 스웨덴 인류학자 스완츠Marja Liisa Swantz가 주민과 함께 참여적 연구를 진행하고, 함께 교육 프로그램을 만들고 평가했다. 남미에서는 팔스 보르다Fals Borda 같은 민중교육자들이 PAR을 만들어 냈다.

1990년대에는 북미와 남미가 함께 참여적 연구 그룹Participatory Research Group, PRG을 만들어 지역 환경 운동, 원주민 운동, 이주민 언어 교육, 민중 예술, 억압받은 자들을 위한 연극, 니카라과의 산디니스타 혁명 등에 영향을 주었다. 이후 이 작업들은 제3세계 민중교육운동으로 변화, 발전했다.

1960년대 중반 이탈리아 노동자 보건 영역에서 시도된 노동자 모델worker's model은 바로 이러한 해방적 모델의 맥락에서 볼 수 있다. 노동자 모델은 1960년대 이탈리아의 자동차 노조에서 시작한 방법으로, 노동자의 경험을 중심으로 작업환경에 대한 조사를 실시하고 위험 지도 작성, 노동자 건강 문제 개입 등을 해나가는 방식이다.

PAR의 특징

PAR의 두 가지 흐름은 사회 현실에 대한 조사, 분석을 전문가에게만 맡기지 않고 이해 당사자, 특히 소수자를 참여시킨다는 점에서는 공통점을 갖는다. 하지만 지식 생산에 대해서는 차이가 있다. 실용주의적 접근은 참가자들과의 공동 연구로 과정에서의 관계성을 이해하기는 하지만, 다양한 문제 속에서 현실성을 축소해 지식을 생산하는 지배적 과학 패러다임은 변하지 않는다. 이와 달리 해방적 접근은 지식 생산이 권력관계 속에 있기에, 지식의 생산, 해석 권한에 대해 '위임 없음의 원칙the principle of no delegation'을 갖고 문제 당사자가 직접 지식을 생산해야 한다고 주장한다. 이 책에서는 두 입장 모두를 함께 다루지만, 주로 후자의 방식에 초점을 맞추고 있다.

PAR은 기존의 조사, 분석 방식과 다른 다음과 같은 특징을 가지고 있다.

• 불합리, 부정의, 불충분한 실존 상태를 사회적 매개, 사회적 구조, 실천으로 변화시키는 것을 목적으로 한다.

• 참여자들을 조사 과정의 모든 부분에 참여하는 반응적 행위자, 적임자로 여긴다.

• 맥락-의존적이고 실제적인 삶의 문제를 다룬다.

• 조사와 결과를 활용하는 핵심에 토착적 공동체의 신념과 가치를 통합한다.

• 지식 창조를 위한 집합적 과정에 참가자와 조사자를 통합한다.

• 조사 과정을 풍부히 하는 기회로서 공동체 내 다양한 전문가를 다룬다.

• 행동에 대한 성찰을 통해 새로운 의미의 구성을 이끈다.

• 공동체의 자기 결정을 늘리고 문제해결 행동에 사람들을 포함하는 것에 따라, 과정에서 실행을 결론짓는 지식의 타당성/신뢰성을 측정한다.

－S. Kindon and R. Pain and M. Kesby, 2007, 14쪽

PAR은 레빈과 프레이리의 방법론을 따라 행동-성찰의 순환

과정을 반복적으로 진행한다. 두 이론가 모두 조사자와 참여자의 상호작용, 주체와 객체의 상호작용, 이론과 실천의 통합을 중요시했기에, 아래 표처럼 각 활동을 점검하고, 반성하는 과정이 꼭 들어간다. 이러한 순환 과정은 앞에서 소개한 나선형 모델처럼 점차적으로 확장되는 형태를 가진다.

PAR은 조사와 분석 방법에서도, 이해 당사자의 경험, 지식을 끄집어내고 연결해야 하기에 현실 상황에 따라 다양한 방식을 사용하는데, 주로 대화를 통하거나, 시각적 매개물을 사용하거나, 집단적 토론과 분석의 방법을 활용한다. PAR에서 주요

항목	활동
행동	모든 조사자 사이의 공동 아젠다 관계를 창출. 집합적 스코프 이슈와 정보. 시간 프레임에 동의
성찰	조사 디자인, 윤리, 힘 관계, 지식 구성 과정, 재현, 책무성에 관하여 성찰
행동	관계 구축 역할, 책임, 윤리적 과정 확인하기 이해에 대한 각서 만들기 바라는 행위 결과를 토론하고 확인하기
성찰	조사 질문, 디자인, 작업 관계, 정보 구비 등에 관하여 성찰
행동	데이터 수집과 조사 과정 시행을 모아 작업 다른 것들에 대한 참여 가능하게 하기 생성된 조사들 집합적으로 모으기 함께 계획 실천 시작하기
성찰	조사 과정, 다른 사람들에 대한 재현과 참여 측정, 다양한 행동 옵션이나 심도 있는 조사에 필요한 측정에 관한 성찰
행동	다른 영향자와 참가자의 피드백을 포함한 조사-형성된 실천 계획
성찰	전체 과정과 실천 평가에 관하여 성찰
행동	아카데믹한 조사자 없는 참여적 조사와 행동의 추가적 옵션 확인하기

- S. Kindon and R. Pain and M. Kesby, 2007, 15쪽

하게 사용하는 방법은, 참여 관찰Participant observation, 조사Surveys, 2차 데이터 분석Secondary data analysis, 대화Dialogue, 러닝 바이 두잉 Learning by doing, 정치적 행동Political action, 스토리텔링Storytelling, 매핑Mapping, 인터뷰Interviewing, 다이어그램Diagramming, 공동체 예술과 미디어Community art and media, 교육 캠프Educational camps, 프로그램 교환Exchange programmes, 랭킹 앤 스코어링Ranking and scoring, 분석-작문-프리젠테이션 공유Shared analysis, writing and presentations 등이다(S. Kindon and R. Pain and M. Kesby, 2007, 17쪽).

실용적 접근 방식의 PAR에서는 연구의 현장성과 신뢰도를 높이기 위해 자료 수집의 방법으로 명목 집단 기법Nominal Group Technique, 초점 집단focus groups 토론, 참여 관찰, 인터뷰, 비저닝Visioning, 포토보이스Photovoice 등의 방법을 사용한다(C. MacDonald, 2012). 명목 집단 기법은 이해 당사자들을 소그룹으로 나누어 관련 주제에 대한 응답 목록을 작성, 발표해 의견을 총망라한다. 초점 집단 토론은 일종의 그룹 인터뷰 형태로, 다양한 이해 당사자를 10명 내외로 구성한 뒤 최적화된 대화 환경을 조성해 함께 토론한다. 포토보이스는 시각적 매개물(사진)과 스토리텔링을 결합한 형태로, 당장 논리적 지식을 구성하기 쉽지 않은 소수자의 지식, 경험을 구성해 내는 데 활용한다.

노동교육에서 PAR의 활용

그렇다면 PAR은 노동교육에서 어떻게 활용될 수 있는가? PAR은 앞서 이탈리아 모델에서 잠깐 언급했듯이 노동 안전 보건 같은 이슈에 가장 많이 활용된다. 노동 안전 보건은 노동자의 생산 관련 활동 속에서 재해, 직업병 등에 대한 판단과 규정을 둘러싸고 자본가와 노동자, 전문가와 비전문가(노동자)가 서로의 이해관계로 충돌하고, 계쟁하는 특성을 가진 지식 정치의 영역이다(김직수·이영희, 2015). 자본은 재해와 직업병에 비용을 지불하지 않으려 하고, 그래서 작업장이나 생산 과정의 책임이 아니라 노동자 개인의 과오, 건강 문제로 돌리려 할 것이다.* 이 과정에서 자본은 자신의 이해관계를 증명해 줄 의료, 법률 전문 지식인들을 고용한다. 노동자들은 안정된 작업환경, 정기적 검진, 몸의 이상(건강 문제)과 작업환경 등의 조건들이 서로 관련 있음을 주장하고, 노동 보건 운동 활동가들과 전문가들이 결합한다. 김종영은 이 구조를 "지배 지식 동맹과 대항 지식 동맹"으로 명명하면서, 전문성과 지역적 지식, 연구실과 현장, 연구 문제와 사회 문제, 삶과 앎 등이 연결된 문제로 파악한다(김종영, 2017, 108쪽). 그래서 지식을 위한 지식, 현장과 동떨어진 지식, 대학과 연구실에 갇힌 지식을 배격하고, 노동자-환자들의 현장 중심 지식, 지역적 지식을 겸손한 과학, 절박한 과학desperate science, 사려 깊은 과학thoughtful science이 결합된 형태로 파악한다. 이런 의미에서 본다면, PAR 과

* 산재 판정을 받을 경우, 사업장이 부담해야 하는 건강보험료가 늘어난다. 그래서 기업은 개인적 보상으로 처리하려 하고, 산재 판정을 받지 않으려 한다. 이런 부분에서 가장 많이 등장하는 직업병의 종류로 근골격계 질환을 들 수 있는데, 특정 신체 부위가 반복되는 하중으로 생기는 이 병이 작업 과정과 환경 때문에 생기는지, 개인적 퇴행성 때문에 생기는지가 주요 논쟁점이 된다.

정을 통해 지식을 생산하고 경합하는 과정은 몫 없는, 지식 없는 이들의 지식의 몫을 요구하는 계쟁적 활동이다.

노동 안전 보건에 PAR을 직접적으로 이용한 사례는 1960년대 중반 이탈리아의 '노동자 모델(또는 노동조합 모델union model)'이다. 이탈리아의 노동운동은 1920년대부터 내려온 노동자 평의회운동의 전통을 계승해 노동자의 직접적인 참여를 중요시했는데, '노동자 모델'은 GGIL, CISL, UIL 등의 노조가 중심이 되어, 노동자의 건강, 안전 문제를 직접 참여와 집합적 조사를 통해 풀어 나간 사례라고 할 수 있다. 노조에서는 계속 진행해 온 노동자 건강, 안전과 관련한 실증주의적 조사가 현실을 제대로 반영하지 못한 조사라고 판단하고, 노동자가 직접 현장 맥락적 지식을 생산해 내는 참여적 접근법을 활용했다. 다른 사전적 지식들을 배제한 채, 오로지 노동자들의 전문성과 경험, 관찰만으로 작업환경에 대한 조사를 진행한 것이다. 이 방법은 토리노 지역에서 자동차를 생산하는 피아트Fabbrica Italiana Automobili Torino, FIAT 공장에서 시도했는데, 이 공장은 종업원 5만 명에, 세계에서 네 번째로 많은, 한 해 500만대의 자동차를 생산하는 큰 공장이었다. 작업현장과 노동자 건강, 안전의 관련성을 조사하는 이 작업은, 변화를 위한 지식을 생성하고, 환경과 위험을 이해하는 데 노동자의 주관성과 경험을 중요시하는 것을 전제로 했는데, ① 위임 없음the principle of no delegation ② 노동자의 경험(주관성)the workers' experience or subjectivity ③ 동종 그룹the homogeneous group ④ 합의를 통한 검증validation by consensus의 네 가지 원칙(R. Loewenson, C. Laurell, C. Hogstedt, 1994, 13쪽)을 두었다.

노동자들의 자연스럽고 자발적인 관찰과 경험을 통한 조사 과정은 네 그룹으로 나누어 진행했다.

- •1그룹: 집에 있을 때와 같은 요소들 – 소음, 밝기, 습도, 온도, 환기
- •2그룹: 집과는 달리 작업장 환경에 전형적인 요소 – 증기, 가스, 먼지, 연기, 연무, 진동, 복사열
- •3그룹: 물질적 피로를 만들어 내는 근육 활동 관련
- •4그룹: 정신적 피로를 만들어 내는 작업 보조, 화, 권위적 관계 등

이 네 영역은 개인의 건강 상태만을 조사했던 방식과는 달리, 객관적으로 판단할 수 있는 환경에 대한 조사와 함께 노동자들의 문제 제기와 판단으로 조사할 수 있는 내용까지 포함했다. 기본적인 조사와 함께 이 내용들을 토대로 원인-효과에 대한 집단적 토론을 진행했고, 이후 다음 쪽과 같은 각 작업 공정에서의 위험 지도를 작성했다.

조사의 결과는 사용자와의 집단 교섭, 보건 당국에 대한 문제 제기, 노조 활동에 대한 변화 전략을 짜는 데 중요한 자료로 활용됐다. 노동조합에 의해 진행된 일련의 집단적 과정을 통해, 특정 상황에 필요한 특정 지식을 노동자들이 직접 창출하고 이후 과정 역시 노동자들의 주도로 진행할 수 있었다. 또한, 당시 노동자에게 심각했던 규폐증(silicosis) 방지를 위해 흡인기를 도입하고, 마스크를 사용하는 등 공장의 변화도 이끌어 냈다. 노

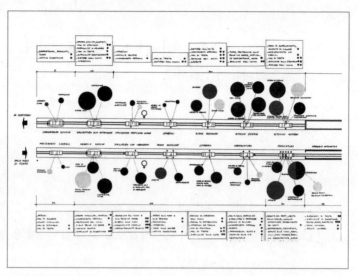

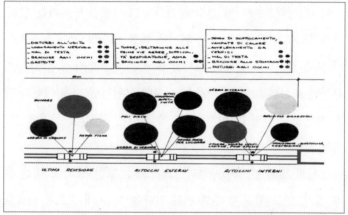

− Diego Alhaique, 2016

동자 모델은 1970년대를 넘어서면서 이탈리아 전역으로 확산됐고, 2000년대까지 활용되면서 다양한 요소가 직업병의 요인으로 판정 받았다. 노동자 모델의 위험 지도 방식은 이탈리아 국립보건서비스 네트워크에서 현재도 이용하고 있다. 또한, 노동자 모델 방식은 라틴아메리카, 아프리카에서도 집단 조사지The collective questionnaire 등의 방식으로 발전되어 활용되고 있다(Asa Cristina Laurell, Mariano Noriega, Susana Martinez, Jorge Villegas, 1992).

포토보이스 활용 사례

노동자 건강과 관련한 또 하나의 PAR 세부 방법론으로 최근 여러 영역에서 많이 활용되고 있는 포토보이스Photovoice를 들 수 있다. 포토보이스는 사진과 스토리텔링이 결합된 형태의 방법론으로 노숙인, 시골 마을 여성, 방과후 아이들, 이민자 청소년, 노동자 등 주변화되고 목소리를 낼 기회가 별로 없었던 인구 집단에 주로 이용되며, 지역사회의 건강과 사회문제를 해결해 나가는 공동체 기반 참여 연구CBPR의 주요 방법론으로도 활용되고 있다. 포토보이스의 철학은 시각적 이미지를 통해 공동으로 지식을 창조해 가는 프레이리의 교육 방법론에 토대를 두고 있고, 다큐멘터리 사진 기법, 페미니즘 등과 접목돼 발전됐다(C. Wang & M. A. Burris, 1997). 포토보이스 역시 이탈리아 모델처럼 노동자의 시각과 경험, 맥락에서 건강, 안전 문제를 제기하는 하나의 방식이라고 할 수 있다.

포토보이스는 보통 ① 포토보이스 실시에 대한 공감과 동의 ② 포토보이스 과정에 대한 교육 이해 ③ 사진 촬영 ④ 토론-SHOWED* ⑤ 분석-사진 선정-맥락 짓기-부호화 ⑥ 전시 ⑦ 발표(공동의 의견으로 확장하는 과정. 보도자료, 직접 발표 등) ⑧ 결과 공유 ⑨ 실천(유승현, 2015, 78-80쪽) 같은 과정에 의해 진행된다.

마리안은 포토보이스를 활용해, 작업장 안전에 대한 사례 분석을 진행했다(Marian R. 외, 2010). 마리안은 포토보이스를 '목소리가 없는 사람들'에게 목소리를 쥐어 주는 PAR의 방법으로 이해하며, 주로 근골격계 질환 감소를 위한 참여적 인체공학Participatory Ergonomics, PE 프로그램에도 자주 사용하는 방법론으로 소개한다.

이 사례에서는 로웰Massachusetts Lowell 대학교의 경비(관리인)들과 함께 직업 안전, 건강 관련한 포토보이스를 진행했다. 관리인은 주로 1~2인이 고립적인 일을 하는데, 건물의 시설 관리, 청소 등을 할 때 소음, 전기, 화학적 위험, 리프팅, 캐어링, 불편한 자세 등에 노출되어 있지만, 그것을 크게 신경 쓰지 않는다는 데 주목했다. 노조는 AFSCMEAmerican Federation of State, County, and Municipal Employees와 함께 경비원들을 대상으로 포토보이스 작업을 진

---

* 토론을 위한 5가지 질문 방식에 대한 약자.
1. 보기See: 그림과 대화에 대한 특별한 질문(무슨 상황? 몇 명? 뭐 하냐? 등)
2. 문제 정의Happening: 무엇이 문제냐?
3. 경험 공유Our(lives): 중요하고, 비교되는 경험을 나누기(어떻게 느끼느냐? 유사한 경우가 있었냐? 전에 다른 일은 일어났냐?)
4. 왜Why: 그 문제가 왜 일어났는지 묻는다.
5. 행동Do: 취할 수 있는 행동, 전략. 주변의 사람들이 할 수 있는 일.

행했다. 16명의 경비원이 참여해, ① 참여자 모집과 일정 잡기 recruitment and scheduling ② 소개orientation ③ 사진 촬영photography ④ 발표, 분류, 순위 결정debriefing, categorization,and prioritization(가장 의미 있는 사진을 6~10장 정도 골라내는 과정으로, 이야기, 토론을 통한 위험 사항 종합) ⑤ 공동체와 의사 결정자들에게 보고서 제출report back to the community and decision-makers, 이렇게 5단계로 진행됐다.

아래 사진들은 포토보이스를 통해 최종적으로 선택된 것 중

− Marian R. 외, 2010, 1153-1154쪽

일부다.

사진들에서 볼 수 있듯이, 경비원들은 휴지통을 비우거나 높은 곳의 타월을 꺼내기 위해 어깨, 등, 팔 등이 긴장하는 자세를 자주 취하고, 전기 관리를 위해서는 책상 위에 사다리를 놓고 올라가야 하는 위험한 상황에 노출되어 있었다. 또한, 하수, 여름철 쓰레기, 최신 청소약품 등 화학적으로도 위험한 상황에 노출되어 있었다.

사진과 함께 정리된 작업 결과물들을 가지고 다른 경비원들과 관계자들이 참석한 상태에서 세션별로 발표회를 가졌다. 관리인들은 다른 관리인들과 함께 이 문제를 풀어 가기를 원했고, 확대된 캠퍼스 포럼을 열고 상호 소통적인 집단적 해결 과정을 만들어 냈다.

포토보이스는 시각적 매개를 통해, 일상적이거나 특수한, 또는 소수적 상황에서 잘 드러나지 않는 작업환경, 피해 요소들을 드러내게 하고, 함께 해결책을 모색하는 방법으로 활용된다고 할 수 있다. 그래서 포토보이스는 산업 보건 영역 이외에도 공동체 기반 참여 연구, 지역 보건, 사회복지, 특수교육, 등 다양한 소수자를 위한 교육에 활용되고 있다.

노동-학습 연계의 사회적 모델: 스웨덴 사례를 중심으로

스웨덴의 노동교육 사례는 노동-학습이 연계된 사회적 모델이다. 앞의 두 모델이 미시적인 측면에서 노동교육의 세부적인 방법론, 새로운 교육과정에 해당한다면, 스웨덴의 사례는 노동교육에 대한 제도화를 통해 노동운동뿐만이 아니라 시민의 풀뿌리 사회운동과 민주주의를 성장시켜 가는 거시적 사례라고 할 수 있다. 거의 잘 활용되고 있지는 않지만, 국내에도 노동자의 교육, 학습을 제도적으로 지원하는 제도가 법으로 규정되어 있다. 2008년 개정된 평생교육법 제8조에 노동자에 대한 학습 휴가 및 학습비 지원에 대한 법적 근거를 마련했지만, 의무사항이 아니라 실효성이 없는 상태라고 할 수 있다. 한국 사회에서 일하는 노동자가 자신의 기술이나 업무, 또는 미래를 대비한 학습을 기업이나 국가로부터 보장받는 경우는 거의 보기 힘든데, 한국이 OECD 국가들 중 평생직업능력개발 참여율이 최하위권이라는 사실은 이를 뒷받침해 준다(오정록·신범석, 2008). 또한, 노동자 관련 학습을 실시하고 있는 기업이나 정부기관이 있더라도 업무와 관련한 기술적 내용에 그치는 것이 대부분이다. 대규모 사업장이 이런 실정이라면 노동시간이 더 길고 임금이 더 적은 중소 규모 사업장에서 유급 학습 휴가는 꿈꾸기도 어렵다고 할 수 있다. 노동야학이 하려던 노동자의 자기 인식, 목소리, 사회와 노동운동에 대한 인식은 여전히 노동자와 노동 현장이 감당해야 하는 몫이다.

　스웨덴에서는 19세기부터 우리의 야학과 같은 민중교육기관들이 설립되어 민중에 대한 계몽, 민주주의에 대한 이해를 도왔다. 이러한 흐름들은 20세기 초반 친노동적인 사회민주당이 집권하고 노사 대타협과 사회적 연대라는 스웨덴 모델을 수십 년간 지속하고 유지하면서 노동-복지국가를 만들어 냈다고 할 수 있다. 그래서 이 책에서는 스웨덴 모델이 만들어지는 역사적 과정을 먼저 살펴본 뒤, 그 핵심 요소인 폴크빌드닝Folkbildning과 학습소모임을 소개하고, 스웨덴의 노동교육 체계를 알아보고자 한다.

스웨덴 노동교육의 역사

스웨덴의 민중을 위한 교육의 역사는 19세기로 거슬러 올라간다. 스웨덴은 17세기부터 기초 교육을 실시하기 시작했는데, 왕과 동맹을 맺어 귀족으로부터 자신을 지킨 자유농민의 전통 때문이라고 할 수 있다(정하윤, 2017). 이러한 전통에 힘입어 18세기에 모든 도시와 농촌에 학교가 설립되었고, 19세기에 벌써 기초 교육을 의무화했다. 자유농민과 지역을 중심으로 한 코뮌 자치를 통해 대중운동이 강화됐고, 캘빈주의 전통을 가진 자유교회 운동, 그리고 당시 스웨덴에서 중요한 사회문제였던 알코올중독 해결을 위한 금주·절제 운동, 그리고 노동운동 등 다양한 사회운동이 활성화됐다. 이러한 배경은 일찍부터 민중을 위한 교육운동이 사회를 형성하는 중요한 요소로 자리 잡게 하는 데 영향을 끼쳤다.

스웨덴에서는 1868년에 2개의 민중고등학교가, 1907년에는 최초의 민중대학인 브룬스빅 민중대학이 설립됐다(인수범, 2002, 116쪽). 이 민중학교들은 노동운동 진영에서 세운 노동자교육기관이었다. 1912년에는 정부가 민중교육기관들과 학습스터디들을 지원하는데, 노동운동과 진보적 사회민주당은 학습스터디 활성화를 위해 노동자교육을 전문으로 하는 노동자교육협회Arbetarnas

Bildnings Förbund, ABF를 설립했다.

스웨덴의 정치적 민주주의는 문화 민주주의에 기반하고 있다고 할 수 있는데, 학습스터디에 대한 지원과 함께 1921년 도서관에 대한 지원, 1928년 오케스트라에 대한 지원, 1930년 복지국가 모델에 기반한 문화 정책으로 확장했다. 1932년 사회민주당이 집권, 1938년 살트셰바덴 협약the Saltsjöbaden agreement의 노사 대타협(생산은 자본가가, 정책 결정은 국가-노조가)을 이루어 내고, 이후 60여 년이 넘는 기간 동안 집권을 하면서, 사회민주주의, 조합주의, 복지국가 등 스웨덴식 모델을 만들어 갔다(주은경, 2010). 스웨덴은 덴마크나 노르웨이 같은 국가들에 비해 정치적 민주화는 좀 늦었지만, 세계대전의 혼돈 속에서도 민주화의 기조가 크게 흔들리지 않으면서 민주주의와 도서관과 시민교육협회 등 시민교육이 비약적으로 발전했다. 1944년 발간된 자유성인교육보고서에는 그간의 역사를 담아 시민교육의 핵심 원리로 무상교육, 자발적 참여, 민주주의 강화를 명시하고 있다(정하윤, 2017).

사민당은 1950년대 동일 노동-동일 임금, 적극적 노동시장 정책, 높은 수준의 사회복지 등을 골자로 하는 렌메이드네르Rehn-Meidner 모델로 안정적 경제성장을 가져가면서, 차차 민중대학을 확대하고, 교육을 총체적 단일 교육 체제로 개혁했다(한국교육개발원, 2005, 42쪽). 이 개혁은 교육의 평등화를 기반으로 하고, 노동교육, 순환교육, 평생교육 등을 중심으로 실천적 제도로 만드는 개혁이었는데, 이를 계기로 모든 도서관이 지자체에 귀속되고 시민교육은 확대됐다. 1970년대에는 노동시장 개혁과 함께 노조

업무 관련 교육 시간을 보장하고, 교육 활동가들이 휴가를 얻어 다른 사업장의 임무도 수행할 수 있게 하며, 모든 작업장의 모든 노동자가 모든 종류의 학습과 교육을 받을 수 있는 기본적인 조건을 마련했다.

1980년대에 경기가 침체하기 시작하고, 신자유주의가 들어서면서 이 흐름에도 변화가 생겼다. 스웨덴의 사민당과 노조는 이 상황을 사회적 연대와 학습 체계를 통해 대응하고자 했는데, 경기 침체기에 학습소모임은 도리어 더 활성화됐다(인수범, 2002, 119쪽). 하지만 실업 문제가 점점 커지면서 이러한 흐름도 효율성을 중요시하지 않을 수 없었고, 1991년 보수 정부의 등장으로 국가교육위원회가 해체되면서, 통일되었던 교육 정책들은 다시 하위 교육청과 지방으로 분할됐다. 대신 시민교육을 행정과 함께 풀어갈 거버넌스 조직으로 다양한 비영리 교육협회가 생겨 스터디연합과 포크하이스쿨(시민학교)에 대한 정부 지원금을 받아 계획 수립, 배분 등의 역할을 했다. 사민당 정권 당시에 비해 정부 지원이 감소하고, 이에 따라 전통적 학습동아리가 약화되고 기능적 (효율성을 중심으로 하는) 학습동아리가 활성화되기도 했지만, 청년 실업, 이민자(10명 중 한명) 증가 등 새로운 현실을 반영하면서 변화하고 있다.

폴크빌드닝(Folkbildning)과 학습동아리 활동

스웨덴 인구 900만 명 중 100만 명이 시민교육에 참여하고, 성인 중 75%가 한 번 이상 학습소모임에 참여할 정도로 스웨덴의 시민교육은 활성화되어 있다. 앞서 스웨덴 민주교육의 역사에서도 보았듯이, 스웨덴 시민교육은 노동교육, 민중교육, 노동운동, 민주주의에 강력한 영향을 받아 형성됐고, 시민의 정치적 감수성과 민주주의 습관을 함양하는 교육과 학습을 통한 문화적 힘을 중요시하는 경향성이 강하다(김인춘, 2017, 122쪽). 그래서 스웨덴의 노동교육은 시민교육과 떼어 놓고 생각할 수 없다. 스웨덴에서 시민교육은 폴크빌드닝Folkbildning이라고 하는데, 스웨덴어로 폴크는 민중, 빌드닝은 계몽을 뜻한다. 즉, 폴크빌드닝은 민중 스스로가 진행하고 책임지는 계몽이라고 할 수 있는데, 이러한 폴크빌드닝, 즉 시민교육 활동Learning for Active Citizenship은 시민학교와 학습동아리 활동으로 나눌 수 있다.

먼저, 시민학교는 지역 곳곳에 있는 학교로, 주로 보통학교를 일찍 그만둔 성인이 다니는 학교다. 모든 시민학교(전국적으로 150여 개)는 무료이고, 주로 민중운동기관에서 운영하는데 일부는 지자체에서 운영하기도 한다. 교육과정에는 대학처럼 전공교육을 최장 4년까지 진행하는 장기 교육 프로그램과, 전문직업교육, 문화 활동을 진행하는 단기 강좌가 있다.

또 하나의 대표적 학습 체계와 내용으로는 학습동아리가 있다. 1902년 오스카 올손Oscar Olsson에 의해 세워진 학습동아리는 스웨덴 평생교육의 가장 대표적 방식과 활동이라고 할 수 있다. 이는 참가자들이 원하는 다양한 지식을 제공하면서, 모임에 대한 민주적 참가와 운영, 협동을 경험하고, 인간에 대한 이해를 심화시키는 학습 모임이라고 할 수 있다. 학습 목표 면에서 본다면 노동야학과 가장 비슷한 형태라고 할 수 있다. 학습동아리는 5~15명 정도로 구성되는데, 학습 주제와 내용을 누가 제시하는 것이 아니라 구성원들이 스스로 결정하는 수평적 자율 조직이다. 학습동아리에서 중요한 것은 학습 자체만이 아니라, 함께 지식을 찾고 민중적 의사소통 체계를 만드는 것이다. 따라서 학습동아리는 사회운동의 뿌리와 같은 기능을 하며, 각종 정치이슈, 정책에 대한 의견 수렴이 이루어지는 장이기도 하다(한숭희외, 2006). 매주 2~4시간, 짧게는 15주, 길게는 1년 정도의 기간으로 운영되며, 노조 강당, 민중의집Folkets Hus, 작업장 등에서 진행하는데, 매년 30여 만 개의 공부 모임, 25만여 개의 문화 프로그램에 200만 명 이상이 참여할 정도로 활성화되어 있다. 이 학습동아리 역시 정부에서 지원하고 있는데, 11개 정도의 성인교육협의회(300여 개 시민단체 소속 활동, 900여 개 지역 단위로 구성)를 통해 지원된다.

노동자교육협회

스웨덴의 경우 노조와 사민당이 오랫동안 집권하면서 사회철학과 조직적 뿌리를 만들어 왔기 때문에 시민교육과 노동교육을 분리해 사고하지 않으며, 작업장과 이를 둘러싼 사회 역시 연관성속에서 파악해 왔다고 할 수 있다. 스웨덴에서는 노조 조직률이 80%가 넘고 노총과 산업노조가 높은 권력을 가지고 있으며 작업장 차원에서도 공동 결정체를 유지하는 산업 민주주의를 실현하고 있다(인수범, 2002, 110쪽). 그래서 기본적으로 노동교육 역시 시민교육과 민중교육적 전통 속에 포함되어 있다고 할 수 있다.

이러한 전통은 1912년에 만들어진 노동자교육협회ABF를 통해 확인할 수 있다. 노동자교육협회는 앞에서 보았듯이 1912년 학습동아리의 활성화를 위해 사회민주당과 노조가 연계해 세운 노동자교육기관이다. ABF는 학습동아리를 운영하는 협회 중 가장 오래된 조직이며, 전국적으로 대중 시민교육의 30%에 해당하는 9만여 개의 학습동아리에 75만 명이 참여하는 학습동아리를 운영하고 있다. 24개의 지역 본부에 300개의 지부를 가지고 있으며, 3,000여 명의 조직 대표가 활동하고 있다.

노동자교육협회는 기본적으로 교육을 위한 조직이지만 학습동아리 활동을 중심으로 하는 문화조직, 노동조직, 정치조직이라고 할 수 있다.* 여기서 실시하는 교육 내용은 굉장히 다양한데, 컴퓨터부터 외국어, 그림, 음악, 댄스, 헌법, 국회 운영, 신문기사 읽기, 국제관계 등까지 다양한 강좌와 함께, 주제 교육으로 학습소모임 리더 훈련, 현장위원 훈련 과정, 작업환경 개선, 정치이면, 유럽 통합 노조와 경제 등의 프로그램을 진행한다. 이외에도 노동조합 정치 훈련을 위한 이브닝 스쿨 등도 겸하고 있다(인

---

* ABF 10대 과제를 보면 더 자세히 이해할 수 있다.
1. 계급사회 폐지 2. 민주주의 발전 3. 모든 사람의 차이에 기반한 평등 4. 대중운동 강화 5. 비영리 부문의 발전 6. 모두를 위한 문화 7. 페다고지 차원의 과제: 교수법 개발을 위한 끊임없는 노력, 대중운동과 리더들의 성장, 일상생활에서 접근하기 쉬운 교육방법 개발 등 8. 평생교육 9. 건강과 만족스러운 일터 10. 전 지구적 과제: 시장 주도의 지구화 반대, 글로벌 민주주의와 지구화의 민주적 전환, 노동운동의 발전, 국제연대 및 정의로운 운동을 창출하는 새로운 저항에 참여하고 배우기(정경섭, 2014, 217쪽).

수범, 2002, 138-139쪽). 아래 표는 ABF의 2000년 가을학교 노조 교육 프로그램이다.

노동자교육협회는 학습동아리의 진행, 운영, 토론, 대화를 민

주제	기간	대상	내용
LO[스웨덴 노총] 연금 및 복지 캠페인 교육	1일	연금 및 복지 관련 학습 소모임 리더가 될 현장위원	캠페인 소개 / 신연금체계 정보 학습소모임 리더의 역할 학습소모임의 운영
노조 간부 발전 과정	3일	클럽과 지부의 간부	노조 활동에 필요 목록 / 노조 활동 계획 / 노조 간부의 활동 방식 / 개인적 리더십 / 노조 활동 평가
총무 및 회계 교육	1단계: 1일 2단계: 3일	총무 및 회계	1단계: 회계의 목적 / 회계에 관한 법률과 규정 / 예산 계획 실습 / 부기 2단계: 컴퓨터로 회계 작업 하기 / 부기에 대한 짧은 복습 / 실습
학습 조직가 교육	3일	작업장이나 지부에서 학습 조직가가 될 현장위원	학습에 대한 목표 설정 / 학습조직가의 역할과 의무 / 노조 학습의 계획 / 노동 생활의 문화 / 운영
비서 교육	3일	노조의 비서	회의록 작성법 / 비서의 역할 / 회의 기술 / 운영 / 스웨덴어 / 컴퓨터 실습
선동 및 발표력 교육	3일	노조 현장위원	주장 발표 기술 / 조합원 모집 / 발표력 / 집단 앞에서 발표하기
지부 및 분회 위원장 교육	3일	예비위원장	회의 기술 / 리더십 / 집단 동학 / 노조 활동 방식
학습소모임 리더 기본 교육	2일	학습소모임 리더가 될 현장위원	학습소모임의 정의 / 학습소모임 리더의 역할 / 준비 작업과 수행 / 교육학 / 방법론 / 집단 동학 / 운영
현장위원 기본 교육	1단계: 3일 2단계: 2일	노조 현장위원	1단계: 노조 조직 / 노조의 소개 / 노조 활동 방식 및 계획 / 민주 조직의 리더십 2단계: 사회적 시각에서 본 노조 / 스웨덴과 세계 / 유럽의 노조 활동

– 2000년 가을학교 ABF의 LO 노조 교육 프로그램, 인수범, 128쪽

주적으로 끌고 나갈 수 있는 리더의 역할이 굉장히 중요하다고
판단해 리더 양성교육을 별도로 진행한다. 리더십 프로그램은
오리엔테이션(3시간. ABF에 대해 배우기, 학습동아리 활동은 무엇인
가 등을 배움), 기초 훈련(학습동아리 활동 형태를 기준으로 약 25시
간), 연속 훈련(약 80시간), 문학 교육 및 리포트 쓰기, 대학 수준
의 시민교육 방법론으로 진행된다(정경섭, 2014, 221쪽). 이처럼
생산직을 중심으로는 ABF가, 그리고 사무직 노총 대상으로는
TBV(사무직 교육협회)가 시민교육과 노동교육을 위한 소중한 역
할을 진행하고 있다. 이외에도 노동대학을 통한 선임 현장위원
교육, 스웨덴 대학을 통한 노조 간부 대상 교육, 기업 이사회 노
조 대표들과 작업장 노조 상근자에 대한 교육 등이 있다.

스웨덴 노동교육의 가장 큰 특징은 전인적 교육이라고 할 수 있
는데, '노동계급'인 동시에 사회적 책임감과 도덕심을 지닌 '시민'으
로 양성하는 과정임을 강조한다(인수범, 2000, 31쪽). 즉, 노동교육이
시민교육과 분리되지 않듯이, 노동운동 역시 가정, 사회와 작업장,
노동조합을 분리하지 않고 통합되어야 함을 중요시하며, 그래서
가정, 사회, 세계를 아우르는 교육이 되어야 함을 강조한다.

나오며

'노동'과 '야학'을
넘어

'노동'과 '학습'을 하지 않는 사람은 없다. 사람은 생명을 유지하고 일상에 필요한 생산을 하고 그 생산을 통해 존재 의미를 실현하기 위해 노동을 한다. 또한, 그러기 위해 태어날 때부터 죽을 때까지 '배우고 익힌다'. 이렇듯 노동과 학습은 인간 활동의 동전의 양면이라고 할 수 있는데, 학습은 노동을 통해 현실화되며 인간의 노동은 학습을 통해 체계화되고 계획된다. 두 가지 모두 선택할 수 있는 것이 아니라 자연발생적인 것이고, 끊임없이 상호 영향을 주고받을 수밖에 없다.

하지만 자본주의에서 노동은 더 많은 이윤을 남겨야 인정받는 것으로 전락했고, 학습은 학교라는 전문성을 담보로 하는 틀 내에서 이뤄지는 것으로 제한되었다. 자본주의 초기, 학교는 아동들을 보호하는 기능도 있었지만, 어린 노동자를 양성하는 곳이기도 했다. 노동과 학습은 '이윤 창출'을 위해 결합되어, 학력은 질 높은 노동을 보증해 주고 인적 자본의 가치를 높이기 위해 학교를 넘어 전 생애, 전 영역에서 학습을 강요하고 있는 것이 지금의 현실이다.

노동과 학습의 자본화, 도구화에 반기를 들고, 인간을 위한 노동과 학습을 되찾기 위한 운동이 바로 노동운동과 민중교육(대안교육)이라고 할 수 있다. '인간화 교육'으로부터 시작한 노동야학 역시 비인간적 노동 상황과 교육현실을 변화시키려 한 시도였다. 학강들은 열악한 작업환경 속에 있고 못 배운 자로 무시당했지만, 노동야학에서 의미 있는 노동자이자 말하고 생각하고 토론할 수 있는 존재로 변화했으며, 자신만을 위한 배움을 넘어 다른 사람들과 함께 살아가는 데 필요한 '참 배움'을 실천하려 했다. 추상적 꿈이 아니라 구체적인 현실의 변화를 꿈꾸었기에 노동야학은 노동운동 현장과도 연결됐고, 사회 변화를 위한 치열한 논쟁의 장으로도 들어갔다.

노동야학에서 '노동'은 구체적으로는 '노동운동'을 뜻했다. 노동자가 오는 곳인 동시에, 노동운동을 지향하는 학습공간이었다. 하지만 '1980년대'로 상징되는 급진적이고 관념화된 운동 방식은 노동운동을 결정론적 정치투쟁의 장으로 변화시켰다. 노동을 둘러싼 상황은 투쟁과 탄압, 그리고 소모적 사상 갈등으로 대중으로부터 점점 멀어지고 있었고, 노동야학 역시 노동자들을 주체화하기보다는 과학적 지식으로 정체화시키는 경향이 강했다. 노동과 학습을 해방시키기 위한 활동이 경직된 노동운동과 과학적 사상 속에 갇히면서 노동야학은 자신의 생명력을 잃어 갔다고 할 수 있다. 여기에 권위적 국가와 이윤을 우선시하는 기업은 노조마저도 정상적 시장 질서를 위협하는 '떼쓰는 집단'으로 매도하면서, 일반 대중과 노동운동 집단 사이에 심리적, 물리적 거리를 만들어 버렸다.

새로운 '노동자의 밤'은 이 심리적, 물리적 거리를 어떻게 극복하고 노동자들의 산 경험과 감각을 일깨워 주체화할지 진지하게 고민하고 성찰해야 한다. 노동야학은 사라졌지만, 노동야학이 가졌던 '인간을 위한 노동과 학습'을 되찾기 위한 문제의식이 사라진 것은 아니다. 새로운 '밤'을 위해서는, '노동'과 '야학'을 넘어서야 한다. 가령 '기본소득'과 같은 최근 제안은 노동운동에 대한 논의에서, 임금 노동자의 권익 향상과는 다른 '노동'에 대한 문제의식을 필요로 한다. 기본소득은 임금을 받을 정도로 가치 있는 노동을 하는 사람에게만 주는 소득이 아니라 생존을 위해 살아가는 모든 사람에게 소득을 주는 방식인데, 노동과 상관없이 주는 임금이 아니라, 생존과 생활로써 노동을 하는 인간의 존재 가치를 전제로 하는 관점이라고 할 수 있다. 이러한 맥락에서는 학습도 자신의 자본 가치를 높이는 교육과 다른, 인간의 삶의 질을 변화시키는 차원에서 여러 논의를 할 수 있을 것이다. 이러한 문제의식처럼, 새로운 노동자의 밤은 노동운동이라는 차원에만 국한되지 않는 '노동'에 대해 좀 더 본질적으로 접근할 필요가 있다.

또한, 과거 노동야학의 교육적 한계들도 넘어서야 한다. 노동야학이 짧은 시간에 전국적으로 확산될 수 있었던 데는 1970~80년대 학생운동이 크게 기여했다고 할 수 있는데, 학생운동을 통해 수많은 대학생이 노동자들과 함께하려고 노동야학으로 간 것이다. 하지만 대학생들에게 노동야학은 이후 활동을 위한 준비 과정으로 인식되면서, 교육적 전문성은 축적되거나 질적 발전을 겪지 못하고, 순간순간의 고민과 시도에 그칠 수밖에 없었다. 노동자들의 인식이 성장하고 노동을 둘러싼 환경도 변화하는 상황에서 노동야학은 그 변화들에 제대로 대응할 수 없는 한계를 가지고 있었다.

지금 한국 사회의 노동교육에서는 7장의 해외 사례에서 살펴본 다양한 노동교육 방법론과 학습과정, 제도적 시스템처럼, 노동자의 경험을 토대로 지식을 생성하고, 다양한 노동자의 감각을 일깨우며, 작업장 단위에서부터 국가 단위까지의 학습 환경, 학습 과정, 학습 방법에 대한 대안을 마련해 해방적 운동을 성장시킬 수 있는 전문성이 필요하다. 이를 위해서는 당연히 노동자 교육을 전담하는 교육기관이 필요하며, 일반 시민에게도 '노동'을 교육하고, 노동자 역시 학습스터디 같은 일상의 민주주의 학습을 통해 노동운동을 뿌리에서부터 성장시켜 가는 활동에 참여해야 할 것이다.

과거 노동운동의 모토는 비인간적인 강요와 폭력에 의한 노동으로부터 벗어나는 '노동해방'이었다. 지금도 고통스러운 현장이 계속 존재하지만, 이제는 새로운 노동해방을 꿈꿔야 하지 않을까 생각해 본다. 힘겹고 탈출하고픈 노동에서 가치 있고 자유로운 노동으로, 노동자를 위한 노동운동에서 노동하는 모든 시민을 위한 노동운동으로, 이윤 창출을 위한 경쟁적 교육에서 서로의 감각을 일깨우는 수평적 학습으로 변화하는 꿈을.

미주

1) http://www.huffingtonpost.kr/2014/07/29/story_n_5628929.html 참조.
2) http://www.ohmynews.com/NWS_Web/View/at_pg.aspx?CNTN_
CD=A0001608119&CMPT_CD=P0001 한윤수의 인터뷰 참조.
3)

제목	형태	출판년도	펴낸 곳	관련 야학
비바람 속에 피어난 꽃	단행본	1980	청년사	겨레터야학, 봉천YMCA야학, 희망야학 등
인간답게 살자	단행본 (수기집)	1985	녹두	확인
거칠지만 맞잡으면 뜨거운 손	단행본 (수기집)	1988	광주	백제, 성덕, 미리내, 황토, 무등터, 한얼, YWCA, 바램, 계명, 밀알야학
그러나 이제는 어제의 우리가 아니다	단행본 (수기집)	1986	돌베개	
등불 1~3호(통합본)	문집	1985	시정의 배움터	시정의 배움터
들불 1~3호	문집	1978~80	들불야학	들불야학
일꾼의 소리 3~6호	문집	1983~84	Y근로청소년교실	Y근로청소년교실
밀알 글모음 2호	문집	1980	밀알야학	밀알야학
생활야학 3기	문집	?	생활야학	생활야학
메아리 3집	문집	?	메아리야학	메아리야학
다운 3집	문집	1982	다운야학	다운야학
마침내 전선에 서다	단행본 (수기)	1992	노동자의 벗	
우리들 가진 것 비록 적어도	단행본 (수기)	1983	돌베개	
민중 2호	소식지	1982	대전 민중교회야학	대전민중교회야학
야학일지		1985	실천문학사	

4)

이름	형태	출신 야학
김덕님	인터뷰	겨레터야학(서울)
노현주	인터뷰	디딤돌야학(의정부)
김안기	인터뷰	남부야학(서울)
김영선	인터뷰	시정의 배움터(서울)
김미성	구술 녹취록	한마음회(자취방야학)
김영미	구술 녹취록	한마음회(자취방야학)
배옥병	구술 녹취록	새얼야학
이경숙	구술 녹취록	제일교회 형제의집 야학

5) 당시 야학 출신으로 청계노조에서 주요한 활동을 한 노동자들은 다음과 같다.

교회	야학	참여노동자
경동교회	동화모임	정석호, 김준용(대우어패럴 위원장), 황만호(청계 위원장), 김주삼, 서재덕/김덕수/이애경/이남숙(82년 청계 모임 주도), 박해창, 고영화, 홍지연, 김정숙, 정영옥, 서경애, 박연준 등. 김영대(84년 사무장, 88년 위원장), 박계현(85년 부위원장)
제일	형제의 집	이승숙, 이경숙, 정경숙(청계모임 85년 노조 간부) 등 10여 명
형제교회	야학	김영선(노조위원장) 등 10명
동대문성당	야학	김영대, 신광용 등
시온교회	시정의 야학	서애경, 이연순, 지수희(85년 노조 간부)
연동교회	적십자야학	검정고시야학 성격. 30~40명.

– 유경순, 2011a, 371쪽

6) http://www.newstomato.com/ReadNews.aspx?no=789259 (서울시노동아카데미)
7) http://www.nocutnews.co.kr/news/4916507

참고문헌

강창동. 1994. 〈한국 학력주의의 형성과정과 성격〉.《교육사회학연구》4(1)

_____. 2016. 〈한국의 학력상징계와 라캉의 인정욕망에 관한 연구〉.《한국교육학
　　연구》. 22권 4호

경동교회. 1976. 〈동화모임 교육프로그램〉

_____. 1977. 〈국어 한자교재〉

고경임. 2000. 〈노동자 주체성의 특징과 교육적 형성과정에 대한 연구〉. 숙명여대
　　교육학과 박사학위논문

고경임·신병현. 1994. 〈문화와 정치 형태로서의 노동자교육: 노동조합 교육을 중
　　심으로〉.《동향과 전망》1994년 5월. 한국사회과학연구회

고혁준·유성상. 2011. 〈의식화 개념의 한국적 해석 논의〉.《교육문제연구》41집

곽원일. 2011. 〈한국교회와 도시산업선교에 대한 구술사연구-1960, 70년대 여성
　　노동운동을 중심으로〉. 한신대 석사학위논문

관악지역야학협의회. 1989. 〈야학운동의 위상과 전망. 관악지역 야학협의체를 중
　　심으로〉.《관야협 2기 심포자료집》

_____. 1990. 〈관야협의 연혁과 발전전망〉

광주전남지역생활야학협의회. 1988.《거칠지만 맞잡으면 뜨거운 손. 노동형제들
　　의 생활글 모음》. 광주

기독교야학연합회. 1985.《민중야학의 이론과 실천》. 풀빛

김경숙 외. 1986.《그러나 이제는 어제의 우리가 아니다-80년대 노동자 생활글
　　모음》. 돌베개.

김경일. 2005. 〈1970년대 민주노조운동의 쟁점-여성과 지식의 문제를 중심으
　　로〉.《역사비평》73호. 역사비평사

_____. 2006. 〈출세의 지식, 해방의 지식. 1970년대 민주노동운동과 여성노동
　　자〉.《민주사회와 정책연구》통권 9호.

김기수. 2013. 〈70, 80년대 대구 노동야학 회고〉

김덕근. 2016. 〈검정고시 제도의 변천과정 분석을 통한 검정고시 제도의 발전 방

안 탐색〉.《교육문화연구》22권 5호

김대성. 2014. 〈해방의 글쓰기-1980년대 노동자 생활글 재론〉.《대동문화연구》 86집

김동춘. 1990. 〈레닌주의와 80년대 한국의 변혁운동-레닌주의의 한국적 수용과 청의 비판적 검토〉.《역사비평》13호

김동춘. 2014. 〈절반의 노조, 절반의 민주주의〉.《한겨레》7월 8일자. 8쪽

김미영. 1992.《마침내 전선에 서다》. 노동자의 벗.

김민호. 1994. 〈한국 현실에 적합한 노동교육 모형 탐색-노동교육의 용어와 쟁점 에 관한 비판을 중심으로〉.《제주교육대학교 논문집》. 23집. 제주대학교

_____. 1997. 〈노동교육운동에 관한 연구: 인천노동자대학을 중심으로〉. 서울대 박사학위논문

_____. 1998. 〈인천 '노동자 대학' 합법화 운동, 1988-1995〉.《사회교육학연구》 4권 1호. 309-

김민호·노일경·박혜경·강연배. 2002.《평생교육제도와 노동교육》. 한국노동사회 연구소

김부태. 2014. 〈한국 학력, 학벌 연구의 사적 교찰: 1980~2017〉.《교육사회학연 구》. 24권 1호

김상숙. 2007. 〈지역과 젠더통제, 여성노동자들의 저항-80년대 대구지역 섬유산 업을 중심으로〉. 경북대학교 사회학과 박사학위논문

김선미. 2016. 〈1970년대 후반 부산지역 학생운동 연구-1978년을 중심으로〉.《지 역과 역사》39호

김양선. 2016. 〈70년대 노동현실을 여성의 목소리로 기억/기록하기〉.《여성문학연 구》37호

김영철. 1989. 〈뿌리내리는 '민중의 배움터'-사회운동단체 부설학교와 교양강좌〉. 《말》4월호

김원. 2004. 〈1970년대 민주노조와 교회 단체 : 도시산업선교회와 지오세 담론의 형성과 모순〉.《산업노동연구》.

____. 2010. 〈노동사로부터 거리두기: 재현, 역사서술 그리고 정치적인 것〉.《사회 와 역사》. 85집. 한국사회사학회

____. 2014. 〈구로동맹파업과 선일섬유, 1984년 6월〉, 한내 뉴스레터 66호. 노동 자 역사 한내

____. 2015. 〈구로공단이라는 장소의 소멸-90년대 구로공단의 '재영토화'를 중심 으로〉.《한국학논집》59호. 계명대학교 한국학연구원

김용희. 연도 미상. 〈야학과 작문수업〉.《야학협의회》

김인춘. 2017. 〈문화민주주의와 시민민주주의: 스웨덴 민주주의와 대중시민교육〉. 《스칸디나비아연구》 19호. 한국스칸디나비아학회

김정원. 1984. 〈근로 청소년 교육의 문제점-야학을 마치고 나서〉.《교육 연구》 52호. 이화여대 사범대학 교육학과

김정일. 2006. 〈노동교육의 평생교육적 의의와 개념 정립에 관한 소고〉.《평생교육, HRD연구》 2권 1호

김종영. 2017.《지민의 탄생-지식민주주의를 향한 시민지성의 도전》. 휴머니스트

김직수, 이영희. 2015. 〈한국 노동안전보건운동의 전개 : 노동안전 시민권의 형성 과 전환을 중심으로〉. 한국산업노동학회 봄 정기학술대회 자료집

김은경. 1988. 〈야학운동의 진일보를 위하여〉.《寶雲》 17호. 충남대학교 교지편집 위원회

김한수. 2018.《프레이리 선생님 어떻게 수업할까요?: 〈페다고지〉의 문해 수업 실천》. 학이시습

_____. 2018(출간 예정).《교육, 사회운동을 만나다-의식화와 조직화(한국의 공동 체 운동(Community Organization)의 역사)》. 동연

김형규. 1997. 〈청년학생과 노동, 그 만남의 복원을 위하여-야학운동의 위기와 전 망〉.《학회평론》 13호. 학회평론 편집부

김형묵. 2002. 〈야학운동의 의의와 연구동향〉.《사학연구》 66호. 한국사학회

김홍옥. 1992. 〈노동야학 참여관찰 연구〉. 서울대 석사학위논문

나보순 외. 1983.《우리들 가진 것 비록 적어도: 근로자들의 글모음》. 돌베개.

남채봉. 2013. 〈우리도 이야기 할 수 있다: 청소년 참여실행연구가 다문화시대 비 판시민교육에 지니는 의의〉.《시민교육연구》 45권 2

노동자교육연구회. 1992. 〈노동자정치교육의 현황과 전망〉.《노동자교육연구회 2차 간담회》

노동자대학 서울사업부. 1990. 〈노동자정치교육의 문제점과 발전방향〉

노영택. 1980. 〈노동야학의 시대〉.《뿌리 깊은 나무》 6-7월 합본호

노일경. 2008. 〈1970-80년대 생산직 노동자의 일-학습 양식에 관한 탐색적 연 구〉. 서울대 교육학과 박사학위논문

다운야학. 1982.《다운문집》 세 번째. 다운야학

대한YMCA연맹. 1990.《노동조합과 노동자교육》

목영해. 2012. 〈프레이리와 랑시에르의 해방교육론 비교〉.《교육철학연구》 34권 4호

민주화운동기념사업회. 2003.《박영진(시대의 불꽃9)》. 민주화운동기념사업회

민중야학. 1983.《민중》 2호. 대전민중교회 민중야학

밀알야간학교. 1980.《밀알 글모음》. 밀알야간학교

박기순. 2014. 〈랑시에르의 민중개념-민중에 대한 낭만주의적 해석과 그 대안의 모색〉.《진보평론》 59호

박나래. 2013. 〈미감적 경험의 사회적 함의: 랑시에르의 감성론을 중심으로〉. 서울대 미학과 석사학위논문

박장현. 2010. 〈CAW 교안의 특징-프레이리 교육학과 나선형 모델〉.《캐나다 자동차일반노조 (CAW) 교육사업 및 교안》. 전국금속노동조합

_____. 2016. 〈학습 없는 운동의 앞날은?〉.《비정규 노동》 118호. 한국비정규노동센터

박정옥. 1980. 〈야학의 현황과 문제점〉.《이화》

박주영. 2012. 〈감정노동: 가면의 노동, 허물어지는 건강〉.《노동과 건강》가을·겨울호. 노동건강연대

박호재·임낙평. 2007.《윤상원 평전》. 풀빛

부산YMCA근로청소년교실. 연도 미상. 〈근로청소년 y 의 조직 및 운영 방안〉

_____. 1983.《일꾼의 소리》 3호, 4호

_____. 1984.《일꾼의 소리》 5호, 6호

서울지역야학운동협의회. 1990. 〈서울지역 야학운동의 현황과 과제〉

서인영. 1988.《노동자 교육을 어떻게 할 것인가》. 이성과 현실사

손미아. 2003. 〈노동강도강화저지와 근골격계질환근절투쟁, 핵심은 무엇인가?〉.《진보평론》 16호

손종현·김부태. 2016. 〈한국 학력, 학벌기반 연줄사회의 실재성과 그 이데올로기적 성격〉.《열린교육연구》 24권 2호

손준종. 2003. 〈일제 식민지 시기 학력 담론의 출현과 분화〉.《한국교육학연구》 9권 1호

송아영·김아래미. 2017. 〈지역사회기반참여연구의 사회복지적 적용가능성에 관한 연구〉.《비판사회정책》 54호

송대헌. 1985. 〈야학일지〉.《민중교육 1》. 실천문학사

시정의 배움터. 1985.《등불》 1-3호 통합본. 시정의 배움터

신명아. 2012. 〈랑시에르의 민주주의와 인민: 지성적 평등과 프롤레타리아의 밤〉.《비평과 이론》 17권 2호

신병현. 2014. 〈비고츠키와 랑시에르 ; 새로운 교육문화운동 패러다임의 탐색을

위하여〉.《문화연구》 3-1호. 컴북스. 한국문화연구학회

신순애. 2012. 〈1960-70년대 한 여성 노동자의 삶〉.《내일을 여는 역사》. 48호. 내일을 여는 역사

심임섭. 1985. 〈야학운동의 반성과 전망〉.《민중교육 1》. 실천문학사

안승천. 2002.《한국노동자 운동, 투쟁의 기록》. 박종철출판사

안재성. 2007.《청계 내 청춘》. 돌베개

야학문제연구회. 1991. 〈야학노동자들의 객관적 처지와 조건은 어떠하며, 그에 따른 야학교육의 과제와 임무는 무엇인가?〉.《야문연 보고서》 1-6

야학졸업생일동. 1984. 〈우리의 입장, 우리는 왜 노동자가 되었는가〉

야학협의회. 1980a.《회보》 창간호

_____. 1980b.《문집》 1

양대종. 2015. 〈자주적 의식과 과감한 참여로의 지적인 촉구-자크 랑시에르 정치철학의 가능성과 한계〉.《철학연구》 136호

여정남기념사업회·경북대학교 학생운동사편찬위원회. 2017.《청춘, 시대를 깨우다-경북대학교 학생운동사 1946-1979》. 삼천리

영등포산업선교회. 1988. 〈현재 영등포 구로지역의 야학운동의 현황과 그 전망〉

오정록·신범석. 2008. 〈평생교육법상 유급학습휴가제의 개선방향에 관한 연구-개정법률(안)의 법적 타당성 분석을 중심으로〉.《인간개발연구》 2008. 10(1)

오정록. 2013. 〈평생학습 관점에서 고찰한 한국 노동교육 법제의 현황과 발전 방향: 노동조합 부설 평생교육시설에 대한 입법론적 검토를 중심으로〉.《아시아교육연구》 14권 1호. 서울대교육연구소

유경순. 2001. 〈1984년 '구로지역 민주노조운동'의 전개와 특징-구로동맹파업의 주체형성 과정에 대하여〉.《역사연구》 9. 역사학연구소

_____. 2007.《같은 시대, 다른 이야기: 구로 동맹 파업 의 주역들, 삶을 말하다》. 메이데이

_____. 2011a. 〈1970년대 청계피복노동조합 노동자와 지식인의 연대관계형성 및 상호영향〉.《한국사학보》 44호. 고려사학회

_____. 2011b.《나, 여성 노동자 1》. 그린비

_____. 2015a.《1980년대 변혁의 시간, 전환의 기록 2》. 봄날의 박씨

_____. 2015b. 〈1980년대 학생운동가들의 노학연대 활동과 노동현장투신 방식의 변화〉.《기억과 전망》 32호

유승현. 2009. 〈건강증진을 위한 지역사회 기반 참여연구의 적용방안〉.《보건교

육건강증진학회지》26(1)

_____. 2015. 〈지역사회 건강증진 연구방법 및 전략으로서의 포토보이스〉.《보건
교육, 건강증진학회지》. 32(1). 한국보건교육. 건강증진학회

윤도경. 2015. 〈'사람중심 노동교육'의 구현에 관한 사례연구 : 민주노총교육원 「노
동운동지도자과정」을 중심으로〉. 서울대 석사학위논문 .

윤영광. 2014. 〈탈정체화의 정치-랑시에르 정치철학에서 주체화의 문제〉.《문화과
학》77호. 문화과학사

이광옥. 2005. 〈1970년대 청계지역 노동자들의 소모임 활동과 노동자 의식의 변
화〉.《역사연구》제15호. 역사학연구소

이남희. 2015.《민중만들기-한국의 민주화운동과 재현의 정치학》. 후마니타스

이동환. 1985. 〈노동교육의 측면에서 바라본 야학소사〉.《노동-일터의 소리 1》. 지
양사

이성흥. 2009. 〈70~80년대 부산 지역 노동 야학 운동사 개관〉.《성찰과 전망》
4호. 민주주의사회연구소

이슬지. 2013. 〈알코올중독자의 삶에 대한 현상학적 연구-포토보이스를 활용하
여〉. 부산대 사회복지학 박사논문

이옥지·강인순 등. 2001.《한국여성노동자운동사 1》. 한울

이장원. 1982.《야학비판: 학생운동 비판을 겸하여》. 야학 21

이현경. 2000. 〈홀리스틱 노동교육 사례 연구: 영등포산업선교회 「노동교실」을 중
심으로〉. 고려대 석사논문

이훈도. 1997a. 〈한국 야학의 교육, 문화 사상사적 연구〉. 논문

_____. 1997b. 〈광복 후 한국야학의 유형과 교육사적 의의〉.《교육철학》15집

_____. 1997c. 〈야학의 한국교육 문화사상사적 연구〉. 박사학위 논문

이흔정. 2011. 〈프레이리의 생성적 교육과정 연구〉.《한국교육학연구》17(1)

인수범. 2000. 〈스웨덴과 덴마크 노동교육〉.《노동사회》11월호

_____. 2002. 〈스웨덴 노동교육체계의 특성과 시사점〉.《스칸디나비아 연구》
3호. 한국스칸디나비아학회

임영일·샘긴딘. 2010. 〈CAW와 캐나다 노동운동의 현황과 과제〉.《실천문학》
2010년 2월호. 실천문학사

임진희. 2016. 〈'교육 대상'이 아닌 '학습 주체'인 노동자〉

장미경. 2004. 〈근대화와 1960-70년대 여성노동자-여성노동자 형성과정을 중심
으로〉.《경제와 사회》61호. 비판사회학회

전국민주노동조합총연맹. 2017.《2017 국제노동교육포럼 자료집》

전국민중교육단체협의회추진위원회. 1993. 〈노동자 민중교육을 위한 교육활동가 교실〉

전점석. 1980. 《1970년말 노동야학 매뉴얼》

_____. 1985. 《인간답게 살자-부산지역 야학노동자 글모음》. 녹두

전정식 외. 2013. 〈포토보이스를 활용한 지적장애인의 사회적 포함연구〉. 《지적장애연구》 15집 2호

전태일기념관건립위원회. 1983. 《어느 청년노동자의 삶과 죽음: 전태일 평전》. 돌베개

정경섭. 2014. 〈배우고 고민하는 스웨덴 시민사회〉. 《민주》 10권. 민주화운동기념사업회

정미숙. 1993. 〈70년대 여성노동운동의 활성화에 관한 경험세계적 연구-섬유업을 중심으로〉. 이화여대 석사학위논문

정민승. 1993. 〈한국 사회 공동체화를 위한 생활공동체 운동의 현황과 역할; 생활야학을 중심으로〉. 대화출판.

_____. 2012. 〈학습자 중심성 준거로서의 평등 : 랑시에르 이론을 중심으로〉. 《평생교육학연구》 18권 4호

정의진. 2017. 〈문학개념의 역사적 재구성과 노동자 글쓰기: 1830-50년대 프랑스 노동자들의 텍스트와 전태일의 유고에 대한 비교연구 시론〉. 《한국학연구》 제 45집

정재호, 배충진, 김경국, 이강복. 2007. 〈들불야학의 역사적 평가를 위한 시론〉

정종현. 2014. 〈노동자의 책읽기, 1970-80년대 노동(자) 문화의 대항적 헤게모니 구축의 독서사〉. 《대동문화연구》 86집

정지웅. 2012. 〈평생교육에서의 참여연구의 기원과 발전〉. 《평생교육학연구》 18(4)

정하윤. 2017. 〈스웨덴의 정치발전과 시민교육〉. 2017 KAIS 춘계학술회의. 한국국제정치학회

정현백. 2004. 〈여성노동자 자서전을 통해 본 삶과 심성세계〉. 《여성과 역사》

정호기. 2016. 《민주장정 100년. 광주전남지역 사회운동 연구-노동운동》. 광주전남지역사회운동 간행위원회

조윤정. 2010. 〈식민지 조선의 교육적 실천, 소설 속 야학의 의미〉. 《민족문화연구》 52호. 고려대 민족문화연구원

조정아. 1997. 〈노동자대학 연구〉. 서울대 석사학위논문

종로야학. 1982. 1982년도 종로직업소년학교 신입생 모집

_____. 1985. 수습교사 연수

_____. 2005. 2005 종로야학 신입교사 연수 자료집

주은경. 2010. 〈스웨덴 민주주의의 힘은 시민교육에서 나온다〉. 《시민교육》 3호. 민주화운동기념사업회

주형일. 2012. 《랑시에르의 무지한 스승 읽기》. 세창미디어.

진태원. 2015. 〈정치적 주체화란 무엇인가? 푸코, 랑시에르, 발리바르〉. 《진보평론》 63호

채장수. 2006. 〈대구경북지역 학생운동의 정점, 1980년대 역사성과 현재성〉. 《대구경북학 연구논총》 제3집. 대구경북연구원

천성호. 2009. 《한국야학운동사》. 학이시습

천정환. 2011. 〈서발턴은 쓸 수 있는가: 1970-80년대 자기재현과 '민중문학'의 재평가를 위한 일고〉. 《민족문학사연구》 47권. 민족문학사학회·민족문학사연구소

_____. 2014. 〈그 많던 '외치는 돌멩이'들은 어디로 갔을까-1980-90년대 노동자문학회와 노동자 문학〉. 《역사비평》. 역사비평사

편집부. 1990. 《학생운동논쟁사》. 일송정

푸른공동체. 1988. 〈지역노운에서 엔씨가 차지하는 역할〉

한국교육개발원. 2005. 〈북유럽 평생학습정책 추진 사례분석을 통한 한국의 평생학습추진 전략 수립 연구〉

한국기독교사회문제연구원. 1986. 《부산지역 실태와 노동운동》. 민중사

한국기독교야학연합회. 1985. 《교회야학》 창간호

한국기독교청년협의회 야학문제대책위원회. 1983. 〈민주야학운동을 밝힌다〉

한국기독학생회총연맹. 1981. 《야학활동 안내서》

한국민주주의연구소. 2003. 민주화운동 연구보고서 2003. 민주화운동관련 사건, 단체 사전 편찬을 위한 기초조사연구보고서. 1980년대 단체편. 《한국민주주의연구소 연구보고서》. 민주화운동기념사업회

_____. 2004. 민주화운동 연구보고서 2004. 대전충남 민주화운동 사전편찬 자료집. 《한국민주주의연구소 연구보고서》. 민주화운동기념사업회

_____. 2005. 민주화운동 연구보고서 2005. 민주화운동 관련 사건, 단체 사전 편찬을 위한 기초조사 연구보고서. 광주·전남지역. 《한국민주주의연구소 연구보고서》. 민주화운동기념사업회

_____. 2005. 민주화운동 연구보고서 2005. 지역 민주화운동사 편찬을 위한 기초조사연구. 인천. 《한국민주주의연구소 연구보고서》. 민주화

운동기념사업회

_____. 2005. 민주화운동 연구보고서 2005. 지역 민주화운동사 편찬을 위한 기초조사연구. 전북.《한국민주주의연구소 연구보고서》. 민주화운동기념사업회

_____. 2006. 민주화운동 연구보고서 2006. 지역 민주화운동사 편찬을 위한 기초조사연구. 경기.《한국민주주의연구소 연구보고서》. 민주화운동기념사업회

_____. 2006. 민주화운동 연구보고서 2006. 지역 민주화운동사 편찬을 위한 기초조사연구. 대구경북.《한국민주주의연구소 연구보고서》. 민주화운동기념사업회

_____. 2006. 민주화운동 연구보고서 2006. 지역 민주화운동사 편찬을 위한 기초조사연구. 부산경남.《한국민주주의연구소 연구보고서》. 민주화운동기념사업회

한숭희. 2001.《민중교육의 형성과 전개》. 교육과학사

한숭희·김경애·이정은. 2006. 〈북유럽 국가의 평생학습체제: 오래된 미래〉.《아시아교육연구》7권 4호

한완상·허병섭 외. 1985.《한국민중교육론-그 이념과 실천전략》. 학민사

한윤수 엮음. 2000.《비바람 속에 피어난 꽃》. 책소리

한주미. 1990. 〈산업체학교를 통한 기업의 노동력 확보 필요와 취학노동자의 교육욕구간의 갈등 분석〉. 이화여대 석사학위논문

한영인. 2014. 〈글쓰는 노동자들의 시대. 1980년내 노동자 생활글 다시 읽기〉.《대동문화연구》86집

허병섭. 1987.《스스로 말하게 하라: 한국 민중교육론에 관한 성찰》. 한길사

홍성식. 2012. 〈서발턴의 생활글과 민족문학론의 재구성〉.《한국문예비평연구》38집

홍유희. 2010. 〈미군정기 조선노동조합전국평의회의 노동자 학습활동에 관한 연구〉.《한국교육사학》32권. 한국교육사학회

홍윤기 외. 2009.《민주청서 21: 2008년도 민주시민교육 종합보고서 연구용역 사업》. 민주화운동기념사업회

홍은광. 2010.《파울로 프레이리 한국교육을 만나다》. 학이시습

홍현영. 2005. 〈도시산업선교회와 1970년대 노동운동〉.《1970년대 민중운동 연구》. 민주화운동기념사업회

작자 미상. 연도 미상. 〈소그룹론〉
작자 미상. 연도 미상. 〈후속에 대하여〉

강명자 구술. 2005. 박수정 면담. 오픈아카이브 구술 아카이브
김미성 구술. 2005. 유경순 면담. 오픈아카이브 구술 아카이브
김영미 구술. 2005. 유경순 면담. 오픈아카이브 구술 아카이브
배옥병 구술. 2009. 이경은 면담. 오픈아카이브 구술 아카이브
심명화 구술. 2013. 차성환 면담. 2013년 국사편찬위원회 구술자료수집사업
이성홍 구술, 2013. 차성환 면담. 2013년 국사편찬위원회 구술자료수집사업
이장원 구술. 2013. 유경순 면담. 2013년 국사편찬위원회 구술자료수집사업
정근식 구술. 2013. 유경순 면담. 2013년 국사편찬위원회 구술자료수집사업
정해랑 구술. 2013. 유경순 면담. 2013년 국사편찬위원회 구술자료수집사업
이경숙 구술. 2014. 유경순 면담. 2014년 국사편찬위원회 구술자료수집사업
이진걸 구술. 2002. 노기영 면접. 2002년 민주화운동기념사업회 민주화운동관련
　　인사구술사료수집사업
MBC. 2005. 〈이제는 말할 수 있다-한국의 진보 3부작〉

Asa Cristina Laurell, Mariano Noriega, Susana Martinez, Jorge Villegas. 1992.
　　participatory research on worker's health. Social Science & Medicine
　　Volume 34, Issue 6. March 1992. Pages 603-613
Bev Burke and Others. 2002. Education for Changing Unions Between the Lines,
　　Toronto (Ontario). 2002
BL. Hall. 2005. In from the cold? Reflections on participatory research from
　　1970-2005. Convergence 38 (1), 5-24
Cathy Macdonald. 2012. Understanding participatory action research: A
　　qualitative research methodology option, Canadian Journal of Action
　　Research, 13(2): 34-50
C. Wang. and M. A. Burris. 1997. Photovoice: Concept, methodology, and use for
　　participatory needs assessment. Health Education & Behavior, 24(3), 369-
　　387
D. Archer and P. Costello. 1990. Literacy and power: The Latin American
　　Battleground.
김한수·김경래 역. 2014. 《문해교육의 힘-라틴아메리카 혁명의 현장》. 서울: 학이

시습

Diego Alhaique. 2016. 'The FIM-FIOM-UILM guide' and the methodology of workers' investigation for a participatory approach to prevention'

J. Rancière. 1987. Le maitre ignorant, Fayard. 양창렬 역. 2008. 《무지한 스승》. 궁리

Marian R. Flum. Carlos Eduardo Siqueira. Anthony DeCaro and Scott Redway4. 2010. Photovoice in the Workplace: A Participatory Method to Give Voice to Workers to Identify Health and Safety Hazards and Promote Workplace Change.A Study of University Custodians. AMERICAN JOURNAL OF INDUSTRIAL MEDICINE 53:1150,1158

M. Glassman and G. Erdem. 2014. Participatory Action Research and Its Meanings: Vivencia, Praxis, Conscientization. Adult Education Quarterly, vol. 64 (3) 206-221

P. Freire. 1972a. Pedagogy of the oppressed. 성찬성 역. 1995. 《페다고지: 억눌린 자를 위한 교육》. 한마당

P. Freire. 1997. Pedagogy of the heart. 교육문화연구회 역. 2003. 《망고나무 그늘 아래서》. 아침이슬

Rick Arnold and Others. 1991. Educating for a Change. Between the Lines, Toronto (Ontario).; Doris Marshall. Inst

R. Loewenson and C. Laurell and C. Hogstedt. 1994. "Participatory Approaches in Occupational Health Research". Sweden: National Institute of Occupational Health

R. Loewenson and C. Laurell and C. Hogstedt and L. D'Ambruoso and Z. Shroff. 2014. Participatory action research in health systems: a methods reader. Regional Network for Equity in Health in East and Southern Africa (EQUINET)

S. Kindon and R. Pain and M. Kesby. 2007. 'Participatory action research : origins, approaches and methods.' in Participatory action research approaches and methods : connecting people, participation and place. London: Routledge, pp. 9-18. Routledge studies in human geography. (22).